U0870180

财务会计"云"系列智慧型教材 微课版

财 务 会 计

主　编　徐　曦　李志芳　黄芝花
副主编　傅景丽　张艳洁　杨　波

電子工業出版社
Publishing House of Electronics Industry
北京·BEIJING

内 容 简 介

“财务会计”课程是会计学专业的主干课程，是会计学各专业的重要专业基础课。该课程对培养学生的财会技能具有非常重要的作用。通过“财务会计”课程的理论学习和实践操作，学生可以较为完整地掌握会计确认、计量、记录、报告全过程的各项基本业务。

全书分为14个项目，分别为认识财务会计；货币资金；应收及预付款项；存货；金融资产；长期股权投资；固定资产；无形资产；投资性房地产；流动负债；非流动负债；所有者权益；收入、费用与利润；财务报告。

本书配有智慧学习平台，将教学视频、动画演示、在线实操、实时测评等教学资源和教材紧密结合，为课堂教学提供了强有力的补充，使教师易教、学生易学。

本书适合各类职业院校会计专业的学生使用，也适合企业会计从业人员培训及各类自考人员使用。

未经许可，不得以任何方式复制或抄袭本书的部分或全部内容。
版权所有，侵权必究。

图书在版编目（CIP）数据

财务会计 / 徐曦，李志芳，黄芝花主编 . — 北京：电子工业出版社，2019.8
ISBN 978-7-121-36951-3
Ⅰ . ①财… Ⅱ . ①徐… ②李… ③黄… Ⅲ . ①财务会计－高等职业教育－教材 Ⅳ . ① F234.4
中国版本图书馆 CIP 数据核字（2019）第 128635 号

责任编辑：张云怡　　特约编辑：田学清
印　　刷：涿州市京南印刷厂
装　　订：涿州市京南印刷厂
出版发行：电子工业出版社
　　　　　北京市海淀区万寿路 173 信箱　　　　邮编：100036
开　　本：787×1092　1/16　　印张：21　　字数：537.6 千字
版　　次：2019 年 8 月第 1 版
印　　次：2019 年 8 月第 1 次印刷
定　　价：59.90 元

凡所购买电子工业出版社图书有缺损问题，请向购买书店调换。若书店售缺，请与本社发行部联系，联系及邮购电话：（010）88254888，88258888。

质量投诉请发邮件至 zlts@phei.com.cn，盗版侵权举报请发邮件到 dbqq@phei.com.cn。

本书咨询联系方式：（010）88254573，zyy@phei.com.cn。

前　言

“财务会计”课程是会计专业的核心课程之一。该课程主要讲授如何运用会计核算的专门方法对企业发生的经济业务进行确认、计量与报告，从而向各有关信息使用者提供合格的、对决策有用的信息。本书以《教育部关于加强高职高专教育人才培养工作的意见》等文件内容为指导思想，以修订的《企业会计准则》和营改增相关法律法规为依据，以培养高素质、技能型财会人才的目标为出发点，力争打造“主体教材 + 会计实训 + 网络教学资源”的“书网互动”新形态教材。

教材是教师和学生的重要沟通媒介。本书通过智慧学习平台，将“教”与“学”紧密结合。教师通过平台实时发布任务，学生能够迅速反应，提交任务。同时，作者将实务操作融入教材之中，既保持会计框架体系，又注重实际操作技能的训练，将理论知识学习与实践技能训练、专业能力培养、职业素质培养融为一体，提升学生会计综合职业能力。

本书在夯实理论知识的基础上，突出岗位职业技能训练，利用网络技术和智慧学习平台将教学视频、动画演示、在线实操、实时测评等教学资源和教材紧密结合起来，为课堂教学提供了强有力的补充，使教师易教、学生易学。本书具有以下几个特色。

1. 知识内容新

本书根据修订的《企业会计准则》和营改增相关法律法规进行编写，体例新颖，知识内容时效性强，呈现形式多样化。

2. 编写理念新

本书根据企业实际岗位需求设计实训内容，旨在真正提高学生实践操作技能。全书嵌入二维码，通过智慧学习平台使师生在课上和课下形成良好互动，打破传统学习在时间和空间上的限制。

（1）教师可以通过智慧学习平台控制学生学习进度，省时高效地对学生进行管理，同时还可以和学生进行深度互动，既可以分析学生成绩数据和不同题目的掌握情况，又可以分析学生每周的学习进度和期末成绩，真正做到通过数据掌控教学进度和学生认知接受程度。

（2）学生可以通过观看视频、动画、文本等直观清晰的教学资源加强对所学知识点的理解和掌握，在智慧学习平台进行交互仿真随堂实训练习，真实感受现实经济业务中的会计处理，还可以在线提交完成的学习任务。

学生通过网络可以在移动端随时进行预习、复习、练习，教师可以随时答疑批复，不再受传统课堂面授形式时间和空间的限制。

3. 体例形式新

本书在编写上力求将内容要点化、步骤化、图表化、案例化，增强启发性。每个项目都设计了教学目标、关键知识点、技能点提示、案例实训等辅助环节，各环节力求结合实际，增强学生的感性认识，以达到便于理解、快速掌握的目的。

4. 教学资源多

本书配有丰富的教学资源，实用性强。在多年的教学经验和教材编写经验的积累过程中，作者沉淀了丰富的课程资源，包括视频、习题、案例、实训等种类齐全的各类教学及学习资源。本书将其直观、生动地表现出来，可满足广大教师和学习者的需要。

本书由湖南工程职业技术学院徐曦、山西财贸职业技术学院李志芳、湖南理工职业技术学院黄芝花担任主编；天津工业大学傅景丽、唐山学院张艳洁、辽宁生态工程职业学院杨波担任副主编。湖南有色金属职业技术学院陈思洁、邯郸学院武安分院何晚霞、唐山科技职业技术学院张杰、邢台技师学院任瑞波参与了本书的编写工作。

本书在编写过程中，参考了许多财务会计类专著、教材、期刊，以及网上相关资料，在此一并向其作者表示感谢。

由于编者水平有限，书中难免存在疏漏和不足之处，敬请广大读者批评、指正。

作　者

目　录

1 认识财务会计

——揭开面纱了解财务会计

CFO 导语

作为一个会计要知道：

1. 财务会计的概念和财务会计的目的是什么？
2. 财务会计核算是在什么条件下工作的？
3. 会计信息质量有什么要求？
4. 财务会计计量属性的内容是什么？
5. 企业会计准则体系是什么？

本项目架构

- 什么是财务会计
- 财务会计基本假设
- 财务会计信息质量要求
- 财务会计计量属性和企业会计准则

1.1 什么是财务会计

——财务会计是一项怎样的工作

cfo 要求你知道

什么是财务会计——财务会计的含义
满足各方面需求——财务会计的目的

关键术语

财务会计（Financial Accounting）

1.1.1 财务会计的含义

财务会计是通过对会计要素的确认、计量、记录和报告，向会计信息使用者提供会计信息的一项管理活动。财务会计是现代会计的一个分支，又称对外报告会计，它同管理会计相配合共同服务于市场经济条件下的现代企业。

理解

财务会计主要为企业外部提供信息，同时它对企业内部的经营管理也是不可缺少的；管理会计信息虽然主要用于企业内部管理，但也会为企业外部报告提供相关信息，其计量、记录也会运用一些财务会计相关的方法。

1.1.2 财务会计的目的

财务会计的目的是指通过会计实践活动所期望达到目的的结果。企业财务会计的目的可以概括为“向企业会计信息使用者提供有用信息”。它主要涉及三个方面：一是向谁提供信息；二是为何提供信息；三是提供何种信息。财务会计目的分析图如图 1-1 所示。

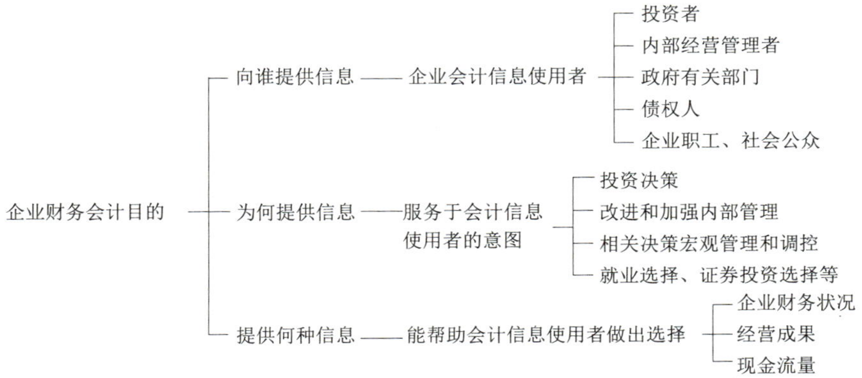

图 1-1　财务会计目的分析图

1.2 财务会计基本假设
——财务会计是在怎样的条件下工作的

cfo 要求你知道

财务会计核算是在一定条件下进行的——财务会计核算的前提

财务会计核算的空间范围——财务会计主体假设

财务会计核算的时间范围——财务会计分期假设

财务会计计量的方式——货币计量假设

关键术语

会计基本假设（Basic Assumptions of Accounting）
会计主体（Accounting Entity）
持续经营（Going Concern）
会计分期（Accounting Periods）
货币计量（Monetary Measurement）

会计基本假设是企业会计确认、计量、记录和报告的前提，是对会计核算所处时间、空间环境等所进行的合理设定。会计基本假设包括会计主体、持续经营、会计分期和货币计量四项。

1. 会计主体

会计主体，即“为谁做账”，其规范了会计工作的空间范围。会计主体又称会计实体，它划定了会计活动的空间范围和会计人员的职权范围。会计主体应是一个独立经营、自负盈亏、责权利结合的经济单位，典型的会计主体是企业。

【情景 1-1】2018 年 5 月 1 日，华信食品股份有限公司向红星粮油批发公司以 100 000 元的价格购进一批特制面粉，作为生产糕点的原材料，款项未支付。在本例中，华信食品股份有限公司与红星粮油批发公司属于不同的会计主体，应分别进行各自的会计核算工作，如图 1-2 所示。

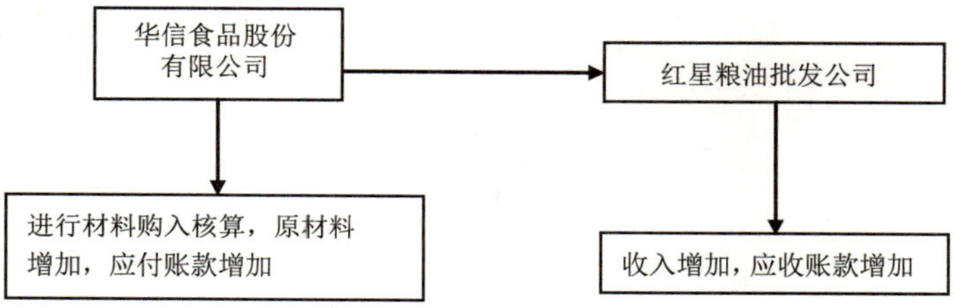

图 1-2　会计主体

会计主体与法律主体不是对等的概念。一般情况下，法律主体必然是一个会计主体，但是会计主体不一定是法律主体。

理解

华信食品股份有限公司作为一个法律主体，应当建立财务会计系统，独立反映其财务状况、经营成果和现金流量。

在华信食品股份有限公司中，一个母公司拥有若干个子公司，母公司与子公司是不同的法律主体，但是母公司对其子公司拥有控制权。为了全面反映企业集团的财务状况、经营成果和现金流量，有必要将企业集团作为一个会计主体，编制合并财务报表，如表 1-1 所示。

表 1-1 法律主体与会计主体

组　织	法律主体	会计主体
华信集团（母公司 + 子公司）	×	✓
华信食品股份有限公司（母公司）	✓	✓
华信烘焙厂（子公司）	✓	✓
华信信息建设部（事业部）	×	✓
华信河北区域部（分公司）	×	✓

2. 持续经营

持续经营是会计确认、计量、报告的前提，其明确了会计核算的时间范围。持续经营是指企业的生产经营活动将按照既定的目标持续下去，在可以预见的将来，不会面临破产。持续经营假设可以与会计主体假设结合，即会计要为特定的会计主体在不会面临破产清算的情况下进行会计核算。

理·解

2018 年 5 月 5 日，华信食品股份有限公司以 150 000 元购入 10 台整形机，使用年限为 5 年，则在对该项固定资产进行折旧时，应按 5 年计算，每年计提 30 000 元。会计处理上，应考虑华信食品股份有限公司在未来 5 年时间内不会面临破产和解散。

3. 会计分期

会计分期是指将会计主体持续不断的经营活动，人为地划分为若干个相等的时间阶段。它是对会计工作时间范围的具体划分。我国的会计期间划分为年度、季度和月份，即应当按年、按季和按月分期结算账目，编制会计报表。其中，年度、季度和月份的划分与公历日期相同，即每年的 1 月 1 日至 12 月 31 日为一个会计年度，再按日历确定会计半年度、会计季度和会计月度。

理·解

会计分期假设可以与会计主体假设、持续经营假设结合，即会计要为特定的会计主体在不会面临破产清算的情况下分期进行会计核算。

【情景 1-2】2018 年 5 月 31 日，华信食品股份有限公司编制了第一季度财务报表，及时向管理层提供了第一季度财务状况和经营成果。2018 年 12 月 31 日，华信食品股份有限公司又编制了年度财务报告，来反映本企业年度财务情况。

4. 货币计量

货币计量，是指会计主体在财务会计确认、计量和报告时应以货币作为主要的计量单位。《中华人民共和国会计法》规定，会计核算以人民币为记账本位币，业务收支以人民币以外的货币为主的单位，可以选定其中一种货币作为记账本位币，但是编报财务会计报表时应当折算为人民币。

提示

货币计量假设可以与会计主体假设、持续经营假设、会计分期假设结合，即会计要以货币为主要计量单位，为特定的会计主体在不会面临破产清算的情况下分期进行会计核算。

【情景 1-3】华信食品股份有限公司购入一批特质面粉，数量为 100 公斤，单价为 10 元 / 公斤，同时购入白砂糖 40 千克，单价为 8 元 / 千克，这些原料准备用于制作面包。如果采用数量进行计量，数量单位“公斤”和“千克”不能统一，就无法全面反映企业财务状况和经营成果。因此，只能通过货币这一量度进行会计核算，即原材料入账金额为 100×10+40×8=1 320 元。

1.3 财务会计信息质量要求

——对财务会计信息质量是有要求的

cfo 要求你知道

支付下年度房屋租金本月不计入费用——会计核算的基础

会计核算必须建立在真实可靠的基础上——会计信息的质量要求

关键术语

可靠性（Reliability）

相关性（Relevance）

可理解性（Understandability）

可比性（Comparability）

实质重于形式（Substance Over Form）

重要性（Materiality）

谨慎性（Prudence）

及时性（Timeliness）

1-3

1.3.1 可靠性

可靠性原则要求企业以实际发生的交易或者事项为依据进行确认、计量和报告，如实反映符合确认和计量要求的各项会计要素及其他相关信息，保证会计信息真实可靠、内容完整。

提示

会计信息要有用，必须以可靠为基础，如果财务报告所提供的会计信息不可靠，就会对投资者等财务报告使用者的决策产生误导，甚至带来损失。

【情景 1-4】2017 年年末，华信食品股份有限公司发现企业销售萎缩，无法实现年初确定的销售收入目标，但考虑到在 2018 年春节前后，公司销售可能会出现较大幅度的增长，公司提前预计库存商品销售，在 2017 年年末制作了若干存货出库凭证，并确认了销售收入实现。 公司这种处理不是以其实际发生的交易事项，而是以虚构的交易事项为依据，违背了会计信息质量要求的可靠性原则。

1.3.2 相关性

相关性原则要求企业提供的会计信息应当与财务会计报告使用者的经济决策需要相关，从而帮助财务会计报告使用者对企业过去、现在或者未来的情况做出评价或者预测。如果提供的信息对会计信息使用者的决策没有作用，不能满足会计信息使用者的需要，就不具有相关性。

提示

会计信息质量的相关性原则要求企业在确认、计量和报告会计信息的过程中，充分考虑使用者的决策模式和信息需要。但是，相关性是以可靠性为基础的，两者之间并不矛盾，不应将两者对立起来。也就是说，会计信息要在可靠性前提下，尽可能地做到相关性，以满足投资者等财务报告使用者的决策需要。

1.3.3 可理解性

可理解性（清晰性）原则要求企业提供的会计信息应当清晰明了，便于投资者等财务报告使用者理解和使用。

会计信息质量可理解性的具体要求：①会计的数据记录和文字说明必须清晰、简明、易懂。②对复杂的经济业务应该用规范文字加以表述。③会计记录准确、清晰。④填制会计凭证、登记会计账簿必须做到合法。⑤账户对应关系清楚，文字摘要完整。⑥在编制会计报表时，项目勾稽关系清楚、项目完整、数字准确。

理·解

华信食品股份有限公司 2018 年资产负债表的附注中说明“货币资金期末余额较期初余额上升 72%，主要系本期末银行存款增加所致”。由于银行存款是货币资金的主要组成部分，货币资金增加银行存款自然会增加，这种说法没有指出根本原因，不符合可理解性原则。报表附注可改为“货币资金期末余额较期初余额上升 72%，主要系本期改变了应收款回收政策，加强了应收款的回款力度所致”。

1.3.4 可比性

可比性原则要求企业提供的会计信息应当相互可比，主要包括两层含义。

1. **同一企业不同时期可比**

同一企业不同时期发生的相同或者相似的交易或者事项，应当采用一致的会计政策，不得随意变更。

理·解

华信食品股份有限公司对子公司的长期股权投资，2016 年以前是按权益法核算，2016 年以后改为成本法核算。为使会计政策无缝对接，需要将 2016 年以前会计政策的权益法追溯调整为成本法，与 2016 年以后的成本法衔接一致。这种比较为纵向比较。

2. **不同企业相同会计期间可比**

不同企业同一会计期间发生的相同或者相似的交易或者事项，应当采用规定的会计政策，确保会计信息口径一致、相互可比，以使不同企业按照一致的确认、计量和报告要求提供有关会计信息。

提·示

2007 年 1 月 1 日起在所有企业实施统一的新企业会计准则，保证各类型企业会计信息口径一致。这种比较为横向比较。

1.3.5 实质重于形式

实质重于形式原则要求企业按照交易或者事项的经济实质进行会计确认、计量和报告，不应仅以交易或者事项的法律形式为依据。一般情况下，经济实质和法律形式是一致的，但也有不一致的情况。例如，融资租赁方式租入的资产从法律形式看，企业不拥有其所有权，但是由于租赁合同中规定的租赁期接近于该资产的使用寿命，租赁期结束时承租企业有优先购买该资产的选择权，在租赁期内承租企业有权支配资产并从中受益，所以，从其经济实质看，该资产应列入企业的资产负债表。

理解

2018 年 5 月，华信食品股份有限公司以 150 000 元融资租入 10 台整形机，使用寿命为 15 年。从法律层面看，华信食品股份有限公司并不拥有整形机的所有权，但是由于租赁合同中规定的租赁期相当长，为 14 年，接近于该项固定资产的使用寿命，从经济实质上看，与整形机相关的收益和风险已经转移给华信食品股份有限公司，所以华信食品股份有限公司应该将其视同自有固定资产，一并计提折旧和大修理费用。

1.3.6 重要性

重要性原则要求企业提供的会计信息应当反映与企业财务状况、经营成果和现金流量有关的所有重要交易或者事项。如果会计信息的省略或者错报会影响投资者等财务报告使用者据此做出决策，该信息就具有重要性。

提示

重要性的应用需要依赖职业判断，企业应当根据其所处环境和实际情况，从项目的性质和金额大小两方面加以判断。

理解

企业一般应按单个存货项目计提存货跌价准备，但对于数量繁多、单价较低的存货，也可以按照存货类别计提跌价准备。

1.3.7 谨慎性

谨慎性又称稳健性。企业对交易或者事项进行会计确认、计量和报告要保持应有的谨慎，不应高估资产或者收益，低估负债或者费用。需要注意的是，这并不意味着企业可以任意设置各种秘密准备，企业应避免出现重大会计差错。

理 解

2018 年 6 月，华信食品股份有限公司以 100 000 元向顺凯生活购物超市销售一批糕点，发票已开，款项未收到。2018 年 12 月末，由于零售商品销售网店销量火爆，顺凯生活购物超市效益急剧下降，为了避免由于损失的发生对企业正常经营的影响，需要对应收账款计提坏账准备（假设采用应收账款余额百分比法，计提比例为 5‰，应收账款期初余额为零）。华信食品股份有限公司对应收账款计提坏账准备为 100 000×5‰ =500。

1.3.8 及时性

企业对于已经发生的交易或者事项，应当及时进行会计确认、计量和报告，不得提前或者延后。只有及时进行确认、计量和报告，才能及时提供各种会计指标，有关部门才能迅速发现经营管理中的问题，及时采取改进经营管理的措施。否则，会计将失去其在经营管理中应有的作用。

【情景 1-5】2018 年 7 月，华信食品股份有限公司购入鸡蛋 100 千克，每千克价格为 10 元，价款已由银行存款支付。该项业务发生在 2018 年 7 月，因此应在当月入账，而不得提前在 6 月或延后到 8 月入账。

1.4 财务会计计量属性和企业会计准则
——财务会计工作以什么为规范

cfo 要求你知道

会计要素金额的确定基础——会计计量属性
会计工作的规范——企业会计准则

关键术语

历史成本（Historical Cost）
重置成本（Reset Cost）
可变现净值（Net realizable Value）
公允价值（Fair Value）
企业会计准则（Accounting Standards for Enterprises）

1-4

1.4.1　会计计量属性

会计计量属性是会计要素金额的确定基础。企业应当按照规定的会计计量属性进行计量，确定相关金额，主要包括历史成本、重置成本、可变现净值、公允价值和现值。

1. 历史成本

历史成本又称实际成本，是指以取得资产时实际发生的成本作为资产的入账价值。一般情况下，在计量会计要素时均采用历史成本。

2. 重置成本

重置成本是指企业重新取得与其所拥有的某项资产相同或与其功能相当的资产需要支付的现金或现金等价物。盘盈存货、盘盈固定资产的入账成本均采用重置成本计价。

3. 可变现净值

可变现净值是指按照资产正常对外销售所能收到的现金或现金等价物的金额，扣减该资产至完工时估计将要发生的成本、估计的销售费用及相关税费后的价值。如存货跌价准备的计提中，存货应当按照成本与可变现净值孰低计量。

4. 公允价值

公允价值亦称公允市价、公允价格，是指熟悉情况的买卖双方在公平交易的条件下所确定的价格，或无关联的双方在公平交易的条件下一项资产可以被买卖的成交价格。如非货币性资产交换采用公允价值计价。

5. 现值

现值也称在用价值，是指对未来现金流量以恰当的折现率进行折现后的价值。现值的特点是从未来现金流量的角度考虑货币时间价值，主要适用于长期资产。

【情境 1-6】华信食品股份有限公司有一条生产线，已知信息如下：①该生产线为 3 年前以 500 000 元的价格购得的。②预计可使用 10 年，10 年后预计残值率为 5%，估计可能发生清理费用 10 000 元。③该设备现市价为 280 000 元。市场上具有同等生产能力的生产线市价为 300 000 元。④该设备未来 7 年预计每年能带来 50 000 元的收益。市场利率为 10%。

该设备的历史成本是购买价格 500 000 元；重置成本是拥有同等生产能力的生产线的价格，因此重置成本是 300 000 元；该设备市价 280 000 元，将来还要支付清理费用 10 000 元，则实际可收回 270 000 元，可变现净值为 270 000 元；公允价值即市价 300 000 元；该设备每期带来 50 000 元的收入，折现系数为 4.868 4，现值为 243 420 元。

1.4.2 企业会计准则

企业会计准则是企业会计工作的规范，是处理会计实务、评价企业会计工作质量的准绳。我国企业会计准则包括基本会计准则、具体会计准则和应用指南三部分。

1. 基本会计准则

基本会计准则主要就会计核算的一般要求和会计核算的主要方面做出原则性规定，并为制定具体准则和企业会计制度提供依据。我国于 1993 年 7 月 1 日实施第一个基本会计准则，新的《企业会计准则——基本准则》于 2006 年 2 月颁布，2007 年 1 月 1 日起在所有企业实施。这一基本会计准则共有十章五十条，内容包括：①总则，具体包括制定宗旨、适用背景和范围、财务会计目标、财务会计假设和会计基础；②会计信息质量要求；③会计要素的定义和确认；④会计计量；⑤财务会计报告；⑥附则。基本会计准则在整个会计准则体系中起统驭作用，是设立在中国境内不同所有制、不同行业的企业（包括公司，下同）必须共同遵守的会计规范。

2. 具体会计准则

具体会计准则是根据基本会计准则的要求，对各会计要素和具体的交易或者事项的会计处理方法和程序做出的具体规定。它主要用于规范企业各类交易或者事项的会计处理，为企业处理会计实务问题提供具体而统一的标准。其具体内容可分为一般业务准则、特殊行业和特殊业务准则、财务报告准则三大类。

1992 年我国颁布实施了第一个具体会计准则，随后陆续颁布实施了一系列的具体会计准则。2006 年 2 月为适应形势的变化，财政部重新修订和完善了我国企业会计准则体系，颁布了 38 项具体会计准则。这 38 项具体会计准则从 2007 年 1 月 1 日起在上市公司实施，鼓励其他企业执行。

3. 应用指南

应用指南从不同角度对企业具体准则进行强化，解决实务操作中的问题，包括具体准则解释部分、会计科目和财务报表部分。

2 货币资金

——处于货币形态的那部分资产

CFO 导语

作为一个会计要知道：

1. 现金结算规定有哪些？
2. 库存现金业务如何核算？
3. 银行存款账户如何管理？
4. 银行存款业务如何核算？
5. 银行存款余额调节表如何编制？
6. 其他货币资金包括哪些内容？如何进行核算？

本项目架构

- 货币资金概述
- 库存现金
- 银行存款
- 其他货币资金

2.1 货币资金概述

——货币资金核算是一项怎样的工作

cfo 要求你知道

处于货币形态的资金——货币资金的概念
三分类——货币资金的内容
流动性最强——货币资金的特点

关键术语

货币资金（Monetary Funds）
货币形态（Monetary Form）
流动性（Mobility）

2-1

2.1.1 货币资金的概念

货币资金是指在企业生产经营过程中处于货币形态的那部分资金，按其形态和用途不同可分为库存现金、银行存款和其他货币资金。

库存现金是指通常存放于企业财会部门、由出纳人员经管的货币。银行存款是指企业存入银行或其他金融机构的各种款项。其他货币资金是指企业除库存现金、银行存款以外的各种货币资金。

提示

在流动资产中，货币资金的流动性最强，并且是唯一能够直接转化为其他任何资产形态的流动性资产，也是唯一能代表企业现实购买力水平的资产。

2.1.2 货币资金的管理

1. 严格职责分工

不相容职务相分离制度是一项严密的内部牵制制度，即将涉及货币资金不相容的职责分由不同的人员担任，以减少和降低货币资金管理上舞弊的可能性。

2. 实行交易分开

为防止出现将现金收入直接用于现金支出的坐支行为，必须实行交易分开原则，即将现金支出业务与现金收入业务分开处理。

3. 实施内部稽核

内部稽核制度是会计内部控制制度的重要一环，即设置内部稽核单位和人员，建立内部稽核制度，以加强对货币资金管理的监督，及时发现货币资金管理中存在的问题并予以改进。

4. 实施定期轮岗制度

轮岗制度指对涉及货币资金管理和控制的业务人员实行定期轮换岗位，以减少货币资金管理与控制中产生舞弊的可能性，及时发现有关人员的舞弊行为。

2.2 库存现金
——放在企业的货币资金

cfo 要求你知道

使用现金的要求——现金结算规定
库存现金的科目设置和账务处理——库存现金的核算
库存现金的账实核对——库存现金的清查

关键术语

库存现金（Cash in Hand）
现金结算（Cash Settlement）
备用金（Spare Gold）

2-2

库存现金是企业流动性最强的资产。企业应当严格遵守国家有关现金管理制度，正确进行现金收支的核算，监督现金使用的合法性与合理性。

2.2.1 现金结算

现金结算是指在商品交易、劳务供应等经济往来中，直接使用现金进行应收应付款结算的一种行为。其在我国主要适用于单位与个人之间的款项收付，以及单位之间的转账结算起点金额以下的零星小额收付。

1. 现金结算的范围

开户单位可以在下列范围内使用现金：

（1）职工工资、津贴；

（2）个人劳务报酬；

（3）根据国家规定颁发给个人的科学技术、文化艺术、体育等各种奖金；

（4）各种劳保、福利费用及国家规定的对个人的其他支出；

（5）向个人收购农副产品和其他物资的价款；

（6）出差人员必须随身携带的差旅费；

（7）结算起点以下的零星支出；

（8）中国人民银行确定需要支付现金的其他支出。

除上述第（5）、（6）项外，开户单位支付给个人的款项，超过使用现金限额的部分，应当以支票或者银行本票支付；确需全额支付现金的，经开户银行审核后，予以支付现金。

提示

我国规定结算起点为 1 000 元。结算起点的调整，由中国人民银行确定，报国务院备案。

2. 库存现金限额

单位库存现金使用的限额，由开户行根据单位的实际需要核定，一般按照单位 3 至 5 天日常零星开支所需确定。边远地区和交通不便地区的开户单位的库存现金限额，可按多于 5 天，但不得超过 15 天的日常零星开支的需要确定。经核定的库存现金限额，开户单位必须严格遵守。

对没有在银行单独开立账户的附属单位也要实行现金管理，必须保留的现金，也要核定限额，其限额包括在开户单位的库存限额之内。商业和服务行业的找零备用现金要根据营业额核定定额，但不包括在开户单位的库存现金限额之内。

3. 现金收支的规定

开户单位现金收支应当依照下列规定办理。

（1）开户单位现金收入应当于当日送存开户银行，当日送存确有困难的，由开户银行确定送存时间。

（2）开户单位支付现金，可以从本单位库存现金中支付或从开户银行提取，不得从本单位的现金收入中直接支付，即不得“坐支”现金，因特殊情况需要坐支现金的单位，应事先报经有关部门审查批准，并在核定的范围和限额内进行，同时，收支的现金必须入账。

（3）开户单位从开户银行提取现金时，应如实写明提取现金的用途，由本单位财会部门负责人签字盖章，并经开户银行审查批准后予以支付。

（4）因采购地点不确定、交通不便、抢险救灾及其他特殊情况必须使用现金的单位，应向开户银行提出书面申请，由本单位财会部门负责人签字盖章，并经开户银行审查批准后予以支付。

提·示

不准用不符合国家统一的会计制度的凭证顶替库存现金，即不得“白条顶库”；不准谎报用途套取现金；不准用银行账户代其他单位和个人存入或支取现金；不准用单位收入的现金以个人名义存入储蓄；不准保留账外公款，即不得“公款私存”，不得设置“小金库”等。银行对于违反上述规定的单位，将按照违规金额的一定比例予以处罚。

2.2.2 库存现金的核算

1. 账户设置

为了总括地反映企业库存现金的收入、支出和结存情况，企业应当设置“库存现金”账户，如图 2-1 所示。

借　　库存现金	贷
借方登记现金的增加	贷方登记现金的减少
期末借方余额反映期末企业实际持有的库存现金的金额	

图 2-1 “库存现金”账户

2. 库存现金的账务处理

为了全面、连续地反映和监督库存现金的收支和结存情况，企业应当设置现金总账和现金日记账，分别进行企业库存现金的总分类核算和明细分类核算。

现金日记账由出纳人员根据收付款凭证，按照业务发生顺序逐笔登记。每日终了，应当在现金日记账上计算出当日的现金收入合计额、现金支出合计额和结余额，并将现金日记账的账面结余额与实际库存现金额相核对，保证账款相符；月度终了，应当将现金日记账的余额与现金总账的余额进行核对，做到账账相符。

1）银行提现

借：库存现金

　　贷：银行存款

【情景 2-1】2018 年 12 月 3 日，华信食品股份有限公司因库存现金不足，出纳开具现金支票，到银行提取现金 5 000 元。存根如图 2-2 所示。

借：库存现金　　　　　　　　　　　　　　　　　　　　5 000

　　贷：银行存款　　　　　　　　　　　　　　　　　　　　5 000

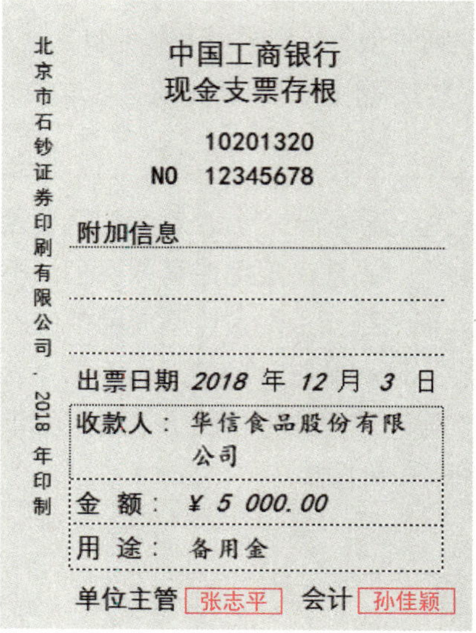

北京市石钞证券印刷有限公司 · 2018 年印制

中国工商银行
现金支票存根

10201320
NO　12345678

附加信息

出票日期 2018 年 12 月 3 日

收款人：华信食品股份有限公司

金　额：¥ 5 000.00

用　途：备用金

单位主管 张志平　会计 孙佳颖

图 2-2　存根

2）收取罚款、出售废品等非营业收入

借：库存现金

　　贷：营业外收入

【情景 2-2】2018 年 12 月 4 日，财务部出售旧报纸，收到现金 180 元交出纳员。收据如图 2-3 所示。

借：库存现金　　　　　　　　　　　　　　　　　　　　180

　　贷：营业外收入　　　　　　　　　　　　　　　　　　　　180

收据

2018 年 12 月 4 日　　字 1 号

今收到 财务部

交来 出售旧报纸

人民币（大写）壹佰捌拾元整

现金收讫　¥ 180.00

华信食品股份有限公司 财务专用章

收款单位负责人

收款人 孙佳颖

交款人

第三联　记账

图 2-3　收据

3）收到保证金（押金）

借：库存现金

　　贷：其他应付款

【情景 2-3】2018 年 12 月 5 日出纳收到万家购物超市交来的包装物押金 5 000 元，出纳员开具收据。收据如图 2-4 所示。

借：库存现金　　　　5 000

　　贷：其他应付款　　　　5 000

收据

2018年 12 月 5 日　　　字 6 号

今收到 万家购物连锁超市

交来 包装物押金

人民币(大写) 伍仟元整

现金收讫　　¥ 5 000.00

收款单位负责人　　收款人 孙佳颖　　交款人

第三联　记账

华信食品股份有限公司 财务专用章

图 2-4　收据

4）支付员工借款

借：其他应收款

　　贷：库存现金

【情景 2-4】2018 年 12 月 4 日公司办公室主任杨红出差预借差旅费 1 500 元。借款单如图 2-5 所示。

借：其他应收款——杨红　　　　1 500

　　贷：库存现金　　　　1 500

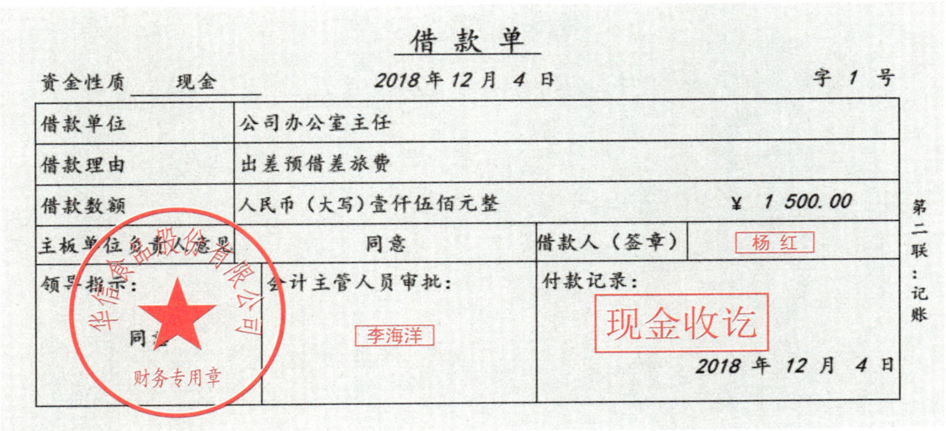

借款单

资金性质 现金　　2018年 12 月 4 日　　字 1 号

借款单位	公司办公室主任		
借款理由	出差预借差旅费		
借款数额	人民币（大写）壹仟伍佰元整 ¥ 1 500.00		
主板单位负责人意见	同意	借款人（签章）	杨红
领导指示：同意	会计主管人员审批：李海洋	付款记录：现金收讫 2018 年 12 月 4 日	

第二联：记账

华信食品股份有限公司 财务专用章

图 2-5　借款单

5）员工报销借款（交回多余资金）

借：库存现金

管理费用 / 销售费用 / 制造费用

贷：其他应收款

【情景 2-5】2018 年 12 月 15 日，办公室主任杨红从外地出差回来，公司报销差旅费 1 400 元，杨红交回多余款现金 100 元。差旅费报销单和收据如图 2-6 和图 2-7 所示。

借：库存现金　　100

管理费用　　1 400

贷：其他应收款——杨红　　1 500

差旅费报销单

部门 办公室　　2018 年 12 月 15 日　　单位：元

出差人				杨红					出差事由		外地开会					
出发				到达				交通工具	交通费		出差补贴		其他费用		
月	日	时	地点	月	日	时	地点		单据张数	金额	天数	金额	项目	单据张数	金额
12	4	8	北京	12	4	3	上海	火车	2	600.00	7	150.00	住宿费	1	600.00
12	10	9	上海	12	10	2	北京	火车					市内车费	2	50.00
													邮电费		
													办公用品费		
													不买卧铺补贴		
													其他		
合计										600.00		150.00			650.00
报销总额	人民币（大写）	壹仟肆佰元整							予借旅费	¥ 1 500.00			补领金额		
													退还金额	¥ 100.00	

附件 3 张

总经理 张志平　财务主管 李海洋　审核 孙佳颖　部门主管 杨 红　制单 杨 红

图 2-6　差旅费报销单

收据

2018年 12 月 15 日　　字 5 号

今收到 公司办公室主任

交　来 出差交回多余款

人民币（大写）壹佰元整

现金收讫　¥ 100.00

（印章：华信食品股份有限公司 财务专用章）

收款单位负责人　　收款人 孙佳颖　　交款人 杨 红

第三联 记账

图 2-7　收据

3. 备用金的核算

备用金是企事业单位拨付给非独立核算的内部单位或工作人员周转使用的资金，如备作差旅费、零星采购、零星开支用的款项等。

1）备用金管理

备用金可采用定额管理与非定额管理两种办法。

定额管理是指按用款部门的实际需要，核定备用金定额，并按定额拨付现金的管理办法。

用款部门按规定的开支范围支用备用金后，凭有关支出凭证向财会部门报销，财会部门如数付给现金，使备用金仍与定额保持一致。一般对用于费用开支的小额备用金，实行定额管理的办法；对用于销售找零用的备用金，按营业柜组核定定额，并拨给现金。各柜组可从销货款中经常保留核定的找零款，不存在支出和报销的问题。

非定额管理是指用款部门根据实际需要向财会部门领款的管理办法。

用款部门凭有关支出凭证向财会部门报销，可作为减少备用金处理，直到用完为止。如需补充备用金，再另行办理拨款和领款手续。对用于收购农副产品的备用金，在集中收购旺季时一般采用非定额管理的办法，在淡季零星收购时则采用定额管理的办法，实行交货补款。

提示

两种办法在使用时都要建立健全备用金的领用、保管和报销等手续制度，并指定专人负责经管备用金。经管人员发生变动时，必须办理交接手续，以明确经济责任。

2）备用金的账务处理

备用金的核算，可在“其他应收款”账户内进行，也可单独设置“备用金”账户。“备用金”账户属于资产类账户，借方登记增加数，贷方登记减少数，余额表示库存的备用金数额，并按照领用单位或个人设明细分类账户核算。

【情景 2-6】华信食品股份有限公司对生产部采用非定额管理的方式拨付备用金，2018 年 12 月与储运部门发生与备用金有关的经济业务如下。

第一，拨付备用金 5 000 元供储运部门使用，如图 2-8 所示。

借：备用金——储运部门　　5 000

　　贷：库存现金　　5 000

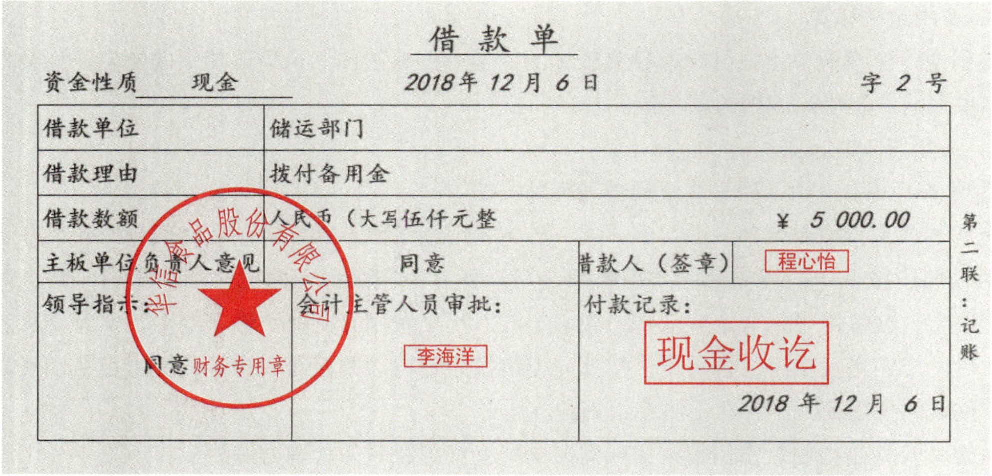

借 款 单

资金性质 现金　　2018 年 12 月 6 日　　字 2 号

借款单位	储运部门		
借款理由	拨付备用金		
借款数额	人民币（大写伍仟元整		¥ 5 000.00
主板单位负责人意见	同意	借款人（签章）	程心怡
领导指示：同意	会计主管人员审批：李海洋	付款记录：现金收讫 2018 年 12 月 6 日	

第二联：记账

华信食品股份有限公司 财务专用章

图 2-8　借款单

第二，储运部门报销运费 4 500 元，增值税普通发票如图 2-9 所示。

借：管理费用——储运部门　　4 500

　　贷：备用金——储运部门　　4 500

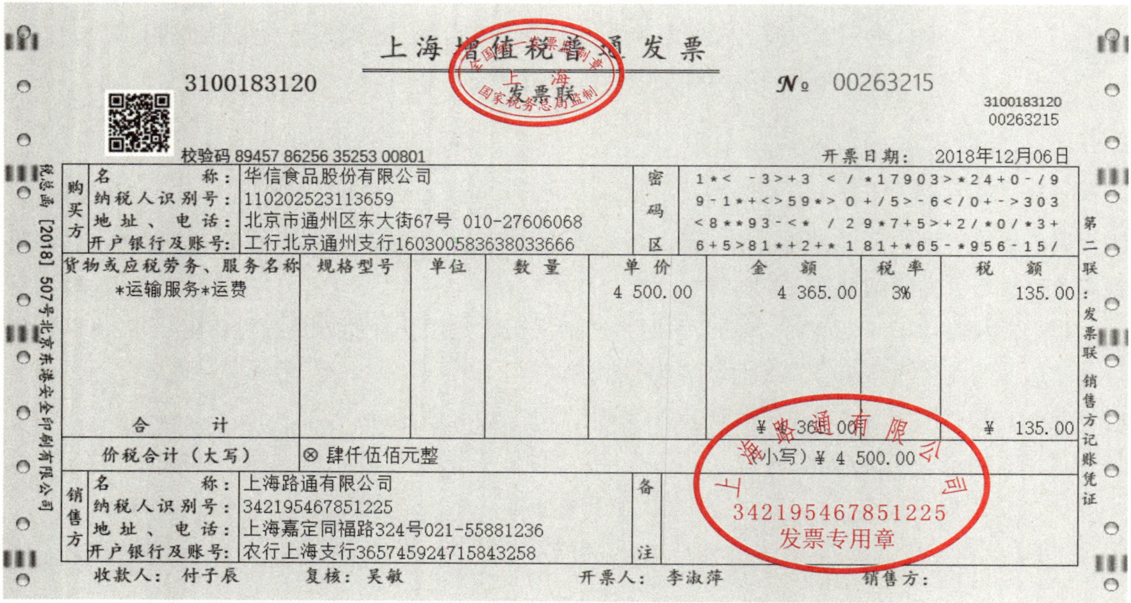

上海增值税普通发票

3100183120　　№ 00263215

3100183120

00263215

校验码 89457 86256 35253 00801　　开票日期：2018年12月06日

购买方	名　　称：华信食品股份有限公司 纳税人识别号：110202523113659 地 址 、 电 话：北京市通州区东大街67号 010-27606068 开户银行及账号：工行北京通州支行16030058363803366	密码区	1*< -3>+3 < / *17903>*24+0-/9 9-1*+<>59*> 0+/5>-6</0+->303 <8**93-<* / 29*7+5>+2/*0/*3+ 6+5>81*+2+* 1 81+*65-*956-15/

货物或应税劳务、服务名称	规格型号	单位	数量	单价	金额	税率	税额
*运输服务*运费				4 500.00	4 365.00	3%	135.00
合　　计					¥ 4 365.00		¥ 135.00
价税合计（大写）	⊗ 肆仟伍佰元整				（小写）¥ 4 500.00		

销售方	名　　称：上海路通有限公司 纳税人识别号：342195467851225 地 址 、 电 话：上海嘉定同福路324号021-55881236 开户银行及账号：农行上海支行365745924715843258	备注	

收款人：付子辰　　复核：吴敏　　开票人：李淑萍　　销售方：

第二联：发票联 销售方记账凭证

税总函［2018］507号北京未港安全印制有限公司

上海路通有限公司 342195467851225 发票专用章

图 2-9　增值税普通发票

第三，储运部门将备用金的余额交回财会部门，收据如图 2-10 所示。

借：库存现金　　500

　　贷：备用金——储运部门　　500

图 2-10 收据

2.2.3 库存现金的清查

现金清查是指对库存现金的盘点与核对，包括出纳人员每日终了前进行的现金账款核对和清查小组进行的定期或不定期的现金盘点、核对。现金清查一般采用实地盘点法。清查小组清查时，出纳人员必须在场。清查的内容主要是检查是否挪用现金、白条抵库、超限额留存现金，以及账款是否相符等。

（1）如为现金短缺，属于应由责任人赔偿或保险公司赔偿的部分，计入其他应收款；属于无法查明原因的，计入管理费用。

【情景 2-7】华信食品股份有限公司 2018 年 12 月 15 日在对现金进行清查时，发现短缺 20 元，库存现金盘点表如图 2-11 所示。

借：待处理财产损溢——待处理流动资产损溢　　20

　　贷：库存现金　　20

上述现金短缺，无法查明原因，转入管理费用。

借：管理费用　　20

　　贷：待处理财产损溢——待处理流动资产损溢　　20

库存现金盘点表

单位：华信食品股份有限公司 2018 年 12 月 15 日

面额	张数	金额	面额	张数	金额
壹佰元	10	1 000.00	伍元	25	125.00
伍拾元	15	750.00	壹元	25	25.00
贰拾元	10	200.00	伍角		
拾元	20	200.00	壹角		
合计		2 150.00	合计		150.00

第二联 会计记账

财务主管 张志平　记账 孙佳颖　出纳 孙佳颖　盘点人 王宏宇

图 2-11 库存现金盘点表

（2）如为现金溢余，属于应支付给有关人员或单位的，计入其他应付款；属于无法查明原因的，计入营业外收入。

【情景 2-8】华信食品股份有限公司 2018 年 11 月 15 日在对现金进行清查时，发生溢余 50 元，库存现金盘点表如图 2-12 所示。

借：库存现金　　50

　　贷：待处理财产损溢——待处理流动资产损溢　　50

现金溢余原因不明，经批准计入营业外收入。

借：待处理财产损溢——待处理流动资产损溢　　50

　　贷：营业外收入——盘盈利得　　50

库存现金盘点表

单位：华信食品股份有限公司　2018 年 11 月 15 日

面额	张数	金额	面额	张数	金额
壹佰元	8	800.00	伍元	30	150.00
伍拾元	20	1 000.00	壹元	20	20.00
贰拾元	10	200.00	伍角		
拾元	13	130.00	壹角		
合计		2 130.00	合计		170.00

第二联会计记账

财务主管 张志平　记账 孙佳颖　出纳 孙佳颖　盘点人 王宏宇

图 2-12　库存现金盘点表

2.3　银行存款

——存入银行的货币资金

cfo 要求你知道

银行存款结算——银行存款账户的管理

银行存款科目设置和账务处理——银行存款的核算

银行存款的账实核对——银行存款的清查

关键术语

银行存款（Deposit in Bank）

银行存款结算（Bank Deposit Settlement）

银行存款余额调节表（Bank Reconciliation Statement）

2.3.1 银行存款结算

企业应当根据业务需要，按照规定在其所在地银行开设账户，运用所开设的账户，进行存款、取款及各种收支转账业务的结算。进行银行存款的收付时应严格按照银行结算制度的规定。

银行存款与库存现金一样，应由出纳进行管理，并负责办理收付业务。企业支取现金需要开具现金支票。向其他单位支付款项时应签发转账支票或其他结算凭证等。企业收到支票、银行汇票、银行本票等有价证券应到银行进账，记入银行存款账户。

2.3.2 银行存款的核算

1. 账户设置

为了总括地反映企业银行存款的收入、支出和结存情况，企业应当设置“银行存款”账户，如图 2-13 所示。

借　　　　银行存款	贷
借方登记存入银行或其他金融机构的款项	贷方登记从银行提取或支付的款项
期末借方余额反映企业存在银行或金融机构的各种款项	

图 2-13 “银行存款”账户

2. 银行存款的账务处理

企业应当设置银行存款总账和银行存款日记账，分别进行银行存款的总分类核算和明细分类核算。企业可按开户银行和其他金融机构、存款种类等设置“银行存款日记账”，根据收付款凭证，按照业务的发生顺序逐笔登记。每日终了，应结出余额。

（1）收到支票、银行汇票、银行本票或电汇入账通知等。

借：银行存款

　　贷：应收账款

或

借：银行存款

　　贷：主营业务收入

　　　　应交税费——应交增值税（销项税额）

（2）开具现金支票提取现金。

借：库存现金

　　贷：银行存款

（3）开具现金支票或转账支票支付货款或欠款。

借：应付账款

　　贷：银行存款

或

借：材料采购

　　应交税费——应交增值税（进项税额）

　　贷：银行存款

【情景 2-9】2019 年 7 月 6 日，采购部采购员张小凡持购买原材料采购发票、入库单等来财会部门申领转账支票 1 张。已知购买特制面粉 2 000 千克，单价 10 元，金额 20 000 元，增值税 2 600 元，价税合计 22 600 元。原始凭证如图 2-14 至图 2-16 所示。

借：原材料——特质面粉	20 000	
应交税费——应交增值税（进项税额）	2 600	
贷：银行存款		22 600

北京增值税专用发票

1100183130　　发票联　　№ 00123688

机器编号：894578625987　　1100183130 00123688

开票日期：2019年07月06日

购买方	名称：华信食品股份有限公司 纳税人识别号：110202523113659 地址、电话：北京市通州区东大街67号 010-27606068 开户银行及账号：工行北京通州支行160300583638033666	密码区	1*< -9>+1 </*55258>*73+1-/6 1-4**<>25*>5+/2>-6</8+->238 <1**16-<* /31*5+2>+7/*5/*9+ 5+0>35**6+*1 15+*22-*706-37/

货物或应税劳务、服务名称	规格型号	单位	数量	单价	金额	税率	税额
*谷物细粉*小麦粉		千克	2 000	10.00	20 000.00	13%	2 600.00
合计					¥20 000.00		¥2 600.00
价税合计（大写）	⊗贰万贰仟陆佰元整				（小写）¥22 600.00		

销售方	名称：红星粮油批发公司 纳税人识别号：110603001112228 地址、电话：北京市丰台区万绿街26号 010-89956283 开户银行及账号：北京市工行丰台区支行 156252003595010150	备注	

收款人：甘婷　　复核：陆彤　　开票人：江红　　销售方：（章）

税总函[2018]507号北京东港安全印刷有限公司

第三联：发票联 购买方记账凭证

红星粮油批发公司 110603001112228 发票专用章

图 2-14　增值税专用发票

材料入库单

2019 年 7 月 6 日　　　　第 1 号

材料名称	计量单位	入库数量	单位成本	金　额	用途
特质面粉	千克	2 000	10.00	20 000.00	
合　计				20 000.00	

第三联财务部门记账

财务经理 李海洋　　部门主任 赵 田　　制表 李 丁

图 2-15　材料入库单

北京市石钞证券印刷有限公司 · 2019 年印制

中国工商银行
转账支票存根

10235875
NO 35876451

附加信息

出票日期 2019 年 7 月 6 日

收款人：红星粮油批发公司

金 额：¥ 22 600.00

用 途：购买原材料

单位主管 张志平　会计 孙佳颖

图 2-16　转账支票存根

【情景 2-10】2019 年 7 月 6 日，华信食品股份有限公司向上海佳美购物连锁超市出售面包 4 000 箱，单价 100 元。收到银行汇票，增值税发票列明价款 400 000 元，增值税 52 000 元。原始凭证如图 2-17 和图 2-18 所示。

借：银行存款　　　　452 000

　　贷：主营业务收入——面包　　　　400 000

　　　　应交税费——应交增值税（销项税额）　　　　52 000

北京增值税专用发票

1100183130　　此联不做报销、扣税凭证使用　　№ 00125632　　1100183130 00125632

机器编号：894575349782　　开票日期：2019年07月06日

购买方	名称：上海佳美购物连锁超市 纳税人识别号：362102321469625 地址、电话：上海市浦东区开山路20号 021-56921032 开户银行及账号：工行上海浦东支行102362100525692012					密码区	0*< -3>+7 </*48149>*25+6-/5 6-1*+<>25*>8+/8>-7</7+->831 <5**76-<* /65*4+6>+3/*7/*9+ 6+8>14**9+*768+*02-*572-28/	
货物或应税劳务、服务名称	规格型号	单位	数量	单价	金额	税率	税额	
*焙烤食品*面包		箱	4 000	100.00	400 000.00	13%	52 000.00	
合计					¥ 400 000.00		¥ 52 000.00	
价税合计（大写）	⊗ 肆拾伍万贰仟元整				（小写）¥ 452 000.00			
销售方	名称：华信食品股份有限公司 纳税人识别号：110202523113659 地址、电话：北京市通州区东大街67号 010-27606068 开户银行及账号：工行北京通州支行160300583638033666					备注		

收款人：孙佳颖　　复核：李海洋　　开票人：王宏宇　　销售方：

税总函 [2018] 507号北京东港安全印刷有限公司

第一联：记账联 销售方记账凭证

图 2-17　增值税专用发票

工商银行　进账单（回单）

2019 年 7 月 6 日

出票人	全称	上海佳美购物连锁超市	收款人	全称	华信食品股份有限公司
	账号	102362100525692012		账号	160300583638033666
	开户银行	工行上海浦东支行		开户银行	工行北京通州支行
金额	人民币（大写）	肆拾伍万贰仟元整		亿千百十万千百十元角分	¥45200000
票据种类	银行汇票	票据张数	壹	工商银行通州支行 2019.07.06 转讫	
票据号码					
复核：	记账：			收款人开户银行签章	

此联是收款人开户银行交给收款人的收账通知

图 2-18　进账单

2.3.3　银行存款清查

银行存款的清查是指企业银行存款日记账的账面余额与其开户银行转来的对账单的余额进行的核对。双方余额不一致的原因除记账错误外，还可能是存在未达账项。由于企业与银行取得有关凭证的时间不同，可能会出现一方已经取得凭证登记入账，另一方由于未取得凭证尚未入账的情况。尚未入账的款项即未达账项。未达账项的形成有以下四种情况。

一是银行已经收款入账，而企业尚未收到银行的收款通知因而未收款入账的款项，（银行已记收款而企业未记收款）如委托银行收款等。

二是银行已经付款入账，而企业尚未收到银行的付款通知因而未付款入账的款项，（银行已记付款而企业未记付款）如借款利息的扣付、托收无承付等。

三是企业已经收款入账，而银行尚未办理完转账手续因而未收款入账的款项，（企业已记收款而银行未记收款）如收到外单位的转账支票等。

四是企业已经付款入账，而银行尚未办理完转账手续因而未付款入账的款项，（企业已记付款而银行未记付款）如企业已开出支票而持票人尚未向银行提现或转账等。

出现第一种和第四种情况时，开户单位银行存款账面余额将小于银行对账单的存款余额；出现第二种和第三种情况时，结果则相反。未达账项应通过编制“银行存款余额调节表”进行检查核对，使双方余额相等。

银行存款余额调节表的具体编制方法是，在银行与企业的存款账面余额的基础上，加上各自的未收款，减去各自的未付款，然后再计算出各自的余额。经调节，双方余额如果相等，说明双方记账没有错误，该余额就是企业银行存款的实有数；双方余额如果不相等，表明记账有差错，应当立即查明错误原因。

【情景 2-11】华信食品股份有限公司 2018 年 12 月 30 日的银行存款日记账如图 2-19 所示，银行对账单如图 2-20 所示，经逐笔核对（核对情况如图 2-21 和图 2-22 所示），发现以下未达账项：

（1）12 月 20 日企业开出转账支票 6 000 元，持票人尚未到银行办理转账，银行尚未入账。

（2）12 月 24 日企业委托银行代收款项 5 000 元，银行已收托入账，但企业未接到银行收款通知，因而未登记入账。

（3）12 月 26 日，企业送存购货单位签发的转账支票 20 000 元，企业已登账，银行尚未登记入账。

（4）12 月 29 日，银行代企业支付水电费 1 000 元，企业尚未接到银行付款通知，故未登记入账。

编制银行存款余额调节表如图 2-23 所示。

银行存款日记账

2018年		凭证号		摘要	借方											√	贷方											√	余额										
月	日	字	号		亿	千	百	十	万	千	百	十	元	角	分		亿	千	百	十	万	千	百	十	元	角	分		亿	千	百	十	万	千	百	十	元	角	分
12	1			期初余额																												6	0	0	0	0	0	0	0
	10	收	3	收到销货款				1	0	0	0	0	0	0	0																	7	0	0	0	0	0	0	0
	16	付	5	支付材料款																	8	5	0	0	0	0	0					6	1	5	0	0	0	0	0
	20	付	8	支付欠款																		6	0	0	0	0	0					6	0	9	0	0	0	0	0
	26	收	6	收回欠款					2	0	0	0	0	0	0																	6	2	9	0	0	0	0	0

图 2-19　银行存款日记账

银行对账单

账号：1002362125422136 21

单位：华信食品股份有限公司　　2018 年　12　月　30　日

交易日期	交易摘要	票号	借方（支出）	贷方（收入）	余额
2018. 12. 01	期初余额				600 000. 00
2018. 12. 10	收到销货款	2563215		100 000. 00	700 000. 00
2018. 12. 16	支付材料款	2001251	85 000. 00		615 000. 00
2018. 12. 24	委托收款	6262102		5 000. 00	620 000. 00
2018. 12. 29	支付水电费	6521542	1 000. 00		619 000. 00

图 2-20　银行对账单

银行存款日记账

2018 年		凭证号		摘要	借方											√	贷方											√	余额										
月	日	字	号		亿	千	百	十	万	千	百	十	元	角	分		亿	千	百	十	万	千	百	十	元	角	分		亿	千	百	十	万	千	百	十	元	角	分
12	1			期初余额																												6	0	0	0	0	0	0	0
	10	收	3	收到销货款				1	0	0	0	0	0	0	0	√																7	0	0	0	0	0	0	0
	16	付	5	支付材料款																	8	5	0	0	0	0	0	√				6	1	5	0	0	0	0	0
	20	付	8	支付欠款																		6	0	0	0	0	0					6	0	9	0	0	0	0	0
	26	收	6	收回欠款					2	0	0	0	0	0	0																	6	2	9	0	0	0	0	0

图 2-21　核对银行存款日记账

银行对账单

账号：16030058363803 3666

单位：华信食品股份有限公司　　2018 年　12　月　30　日

交易日期	交易摘要	票号	借方（支出）	贷方（收入）	余额
2018. 12. 01	期初余额				600 000. 00
2018. 12. 10	收到销货款	2563215		√ 100 000. 00	700 000. 00
2018. 12. 16	支付材料款	2001251	√ 85 000. 00		615 000. 00
2018. 12. 24	委托收款	6262102		5 000. 00	620 000. 00
2018. 12. 29	支付水电费	6521542	1 000. 00		619 000. 00

图 2-22　核对银行对账单

银行存款余额调节表

2018 年 12 月 30 日

项 目	金 额	项 目	金 额
企业方银行存款账面余额	629 000.00	银行方对账单余额	619 000.00
加：银行已收款记账、企业尚未记账的款项	5 000.00	加：企业已收款记账、银行尚未记账的款项	20 000.00
减：银行已付款记账、企业尚未记账的款项	1 000.00	减：企业已付款记账、银行尚未记账的款项	6 000.00
调节后的存款余额	633 000.00	调节后的存款余额	633 000.00

图 2-23 银行存款余额调节表

2.4 其他货币资金

——库存现金和银行存款之外的货币资金

cfo 要求你知道

其他货币资金包括哪些——其他货币资金的内容

其他货币资金的科目设置和账务处理——其他货币资金的核算

关键术语

银行汇票存款（Bank Draft Deposit）

银行本票存款（Cashier Check Deposit）

信用卡存款（Credit Card Deposit）

信用证保证金存款（Letter of Credit Margin Deposit）

外埠存款（Deposit in Other City）

2-4

2.4.1 其他货币资金的内容

其他货币资金主要包括银行汇票存款、银行本票存款、信用卡存款、信用证保证金存款、存出投资款、外埠存款等。

1. 银行汇票存款

需要使用银行汇票的单位或个人，向银行提交申请，将款项交付给银行即可办理银行汇票。银行汇票是指由出票银行签发的，由其在见票时按照实际结算金额无条件支付给收款人或者持票人的票据。银行汇票的出票银行为银行汇票的付款人。单位和个人各种款项的结算，均可使用银行汇票。银行汇票可以用于转账，填明“现金”字样的银行汇票也可以用于支取现金。

2. 银行本票存款

需要使用银行本票的单位或个人，向银行提交申请，将款项交付给银行即可办理银行本票。银行本票是指银行签发的，承诺自己在见票时无条件支付确定的金额给收款人或持票人的票据。单位和个人在同一票据交换区域需要支付的各种款项，均可使用银行本票。银行本票可以用于转账，注明“现金”字样的银行本票可以用于支取现金。

3. 信用卡存款

信用卡存款是指企业为取得信用卡而存入银行信用卡专户的款项。信用卡是银行卡的一种。

4. 信用证保证金存款

信用证保证金存款是指采用信用证结算方式的企业为开具信用证而存入银行信用证保证金专户的款项。企业向银行申请开立信用证时，应按规定向银行提交开证申请书、信用证申请人承诺书和购销合同。

5. 存出投资款

存出投资款指企业已存入证券公司但尚未进行短期投资的现金。

6. 外埠存款

外埠存款是指企业为了到外地进行临时或零星采购，而汇往采购地银行开立采购专户的款项。

2.4.2 其他货币资金的账务处理

为了反映和监督其他货币资金的收支和结存情况，企业应当设置“其他货币资金”账户，如图 2-24 所示。

借	其他货币资金　　　贷
借方登记其他货币资金的增加数	贷方登记其他货币资金的减少数
期末余额在借方，反映企业实际持有的其他货币资金	

图 2-24 “其他货币资金”账户

该账户应按其他货币资金的种类设置明细科目。其他货币资金的会计处理大致可以分为办理（开立）、收到发票账单、退回余款三个阶段，其会计处理流程如图 2-25 所示。

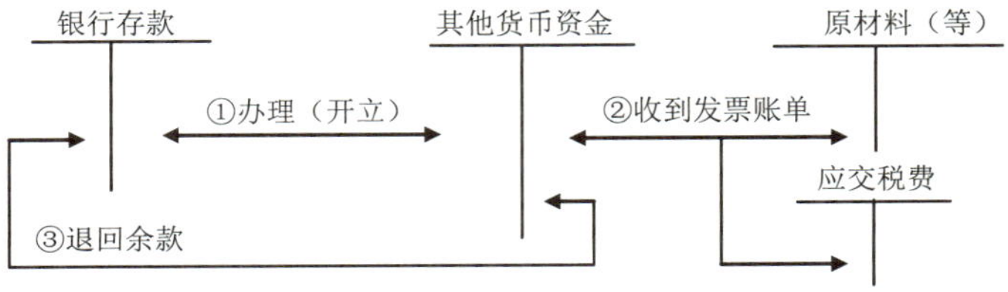

图 2-25　其他货币资金的会计处理流程

1. 银行汇票存款的核算

（1）企业填写“银行汇票申请书”，将款项交存银行时：

借：其他货币资金——银行汇票

　　贷：银行存款

（2）企业持银行汇票购货，收到有关发票账单时：

借：材料采购、原材料或库存商品

　　应交税费——应交增值税（进项税额）

　　贷：其他货币资金——银行汇票

（3）采购完毕收回剩余款项时：

借：银行存款

　　贷：其他货币资金——银行汇票

（4）企业收到银行汇票，填制进账单到开户银行办理款项入账手续时：

借：银行存款

　　贷：主营业务收入

　　　　应交税费——应交增值税（销项税额）

【情景 2-12】2019 年 7 月，华信食品股份有限公司发生如下业务，分别进行账务处理。

第一，7 月 6 日，采购部准备去上海路通有限公司购买原材料一批，价税合计预计 45 200 元。采购部向领导申请用银行汇票进行结算。出纳至银行办理面值为 50 000 元的银行汇票 1 张。原始凭证如图 2-26 和图 2-27 所示。

借：其他货币资金——银行汇票　　　　50 000

　　贷：银行存款　　　　50 000

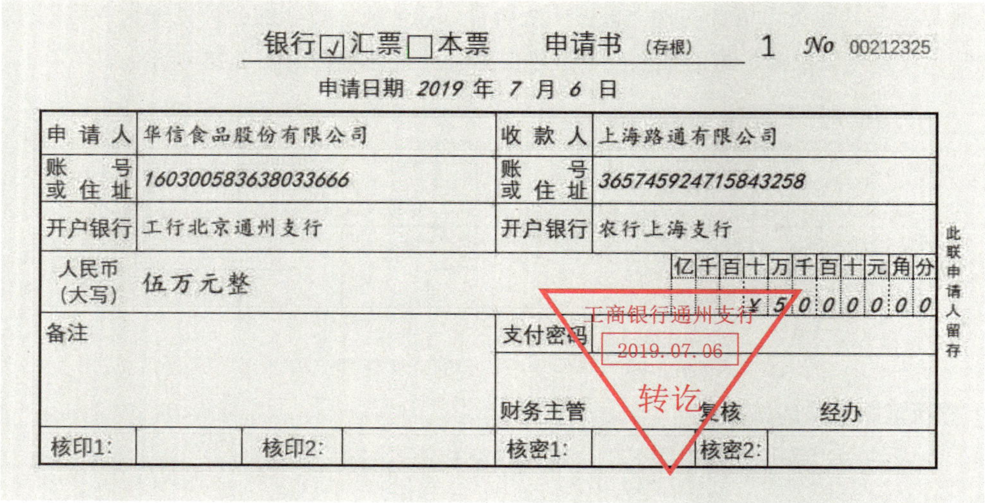

银行☑汇票□本票　申请书（存根）　1　No 00212325

申请日期 2019 年 7 月 6 日

申请人	华信食品股份有限公司	收款人	上海路通有限公司
账号或住址	1603005836380336666	账号或住址	365745924715843258
开户银行	工行北京通州支行	开户银行	农行上海支行
人民币（大写）	伍万元整	亿千百十万千百十元角分	¥5000000
备注		支付密码	
		财务主管　复核　经办	
核印1:	核印2:	核密1:	核密2:

此联申请人留存

工商银行通州支行 2019.07.06 转讫

图 2-26　银行汇票申请书

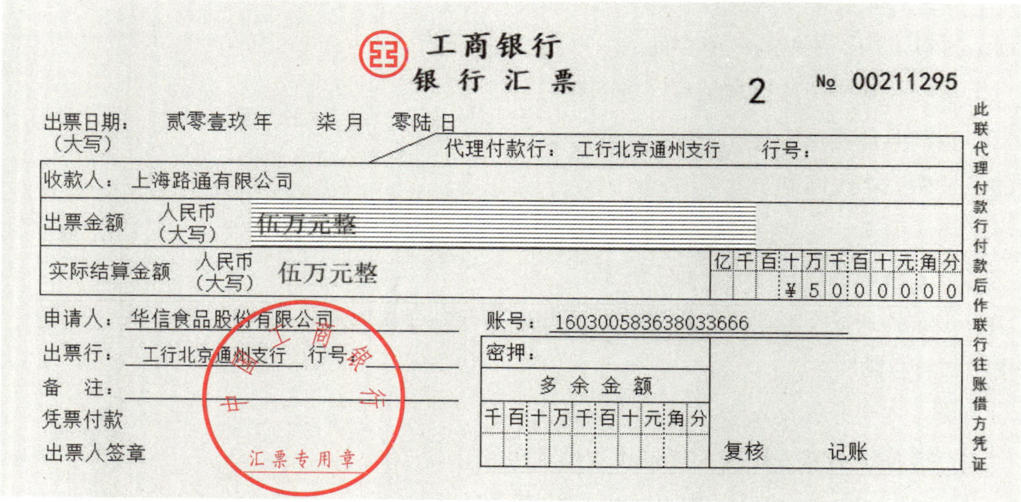

工商银行　银行汇票　2　№ 00211295

出票日期：（大写）贰零壹玖年　柒月　零陆日

代理付款行：工行北京通州支行　行号：

收款人：上海路通有限公司

出票金额　人民币（大写）伍万元整

实际结算金额　人民币（大写）伍万元整　亿千百十万千百十元角分　¥5000000

申请人：华信食品股份有限公司　账号：160300583638033666

出票行：工行北京通州支行　行号：　密押：

备注：　多余金额　千百十万千百十元角分

凭票付款

出票人签章　复核　记账

中国工商银行 汇票专用章

此联代理付款行付款后作联行往账借方凭证

图 2-27　银行汇票

第二，7 月 10 日，采购部购白砂糖入库。采购人员持有关发票账单至财务部报销。发票列明价税合计 45 200 元，数量 5 000 千克，单价 8 元，采购员交回的银行汇票复印件上列明实际结算金额。原始凭证如图 2-28 至图 2-30 所示。

借：原材料——白砂糖　40 000

　　应交税费——应交增值税（进项税额）　5 200

　　贷：其他货币资金——银行汇票　45 200

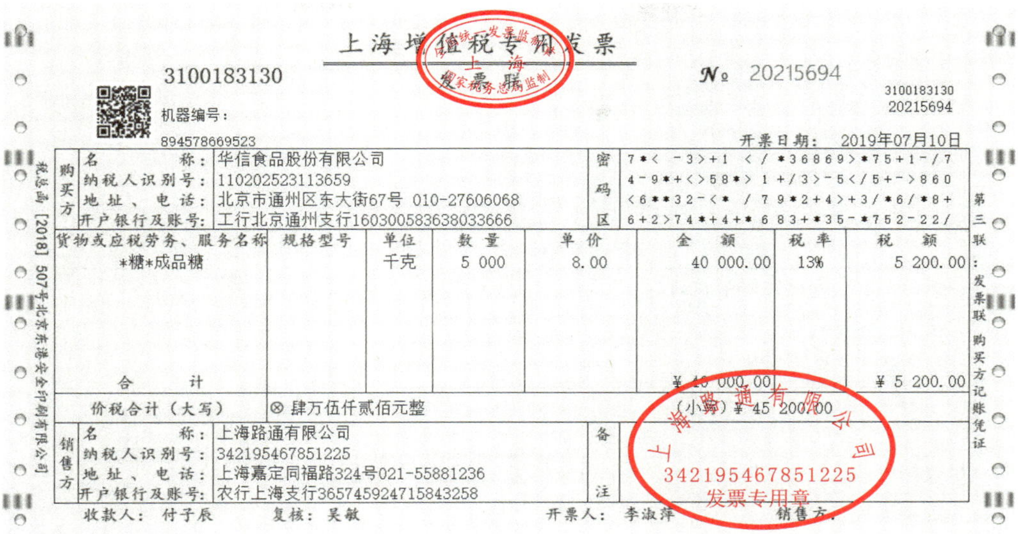

上海增值税专用发票

3100183130　　机器编号：894578669523

№ 20215694　　3100183130　20215694

开票日期：2019年07月10日

购买方	名称：华信食品股份有限公司 纳税人识别号：110202523113659 地址、电话：北京市通州区东大街67号 010-27606068 开户银行及账号：工行北京通州支行16030058363803366			密码区	7*< -3>+1 </*36869>*75+1-/7 4-9*+<>58*> 1+/3>-5</5+->860 <6**32-<* / 79*2+4>+3/*6/*8+ 6+2>74**4+* 683+*35-*752-22/		
货物或应税劳务、服务名称	规格型号	单位	数量	单价	金额	税率	税额
*糖*成品糖		千克	5 000	8.00	40 000.00	13%	5 200.00
合计					¥ 40 000.00		¥ 5 200.00
价税合计（大写）	⊗ 肆万伍仟贰佰元整				（小写）¥ 45 200.00		
销售方	名称：上海路通有限公司 纳税人识别号：342195467851225 地址、电话：上海嘉定同福路324号021-55881236 开户银行及账号：农行上海支行365745924715843258			备注			

收款人：付子辰　　复核：吴敏　　开票人：李淑萍　　销售方：

第三联：发票联　购买方记账凭证

税总函［2018］507号北京东港安全印刷有限公司

图 2-28　增值税专用发票

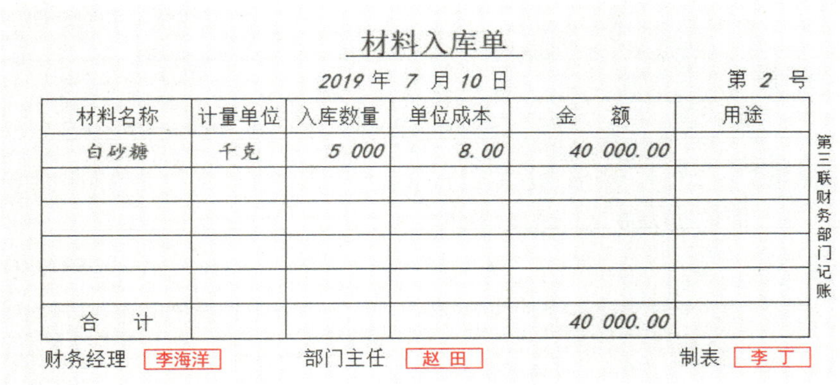

材料入库单

2019 年 7 月 10 日　　第 2 号

材料名称	计量单位	入库数量	单位成本	金额	用途
白砂糖	千克	5 000	8.00	40 000.00	
合计				40 000.00	

财务经理 李海洋　　部门主任 赵田　　制表 李丁

第三联财务部门记账

图 2-29　材料入库单

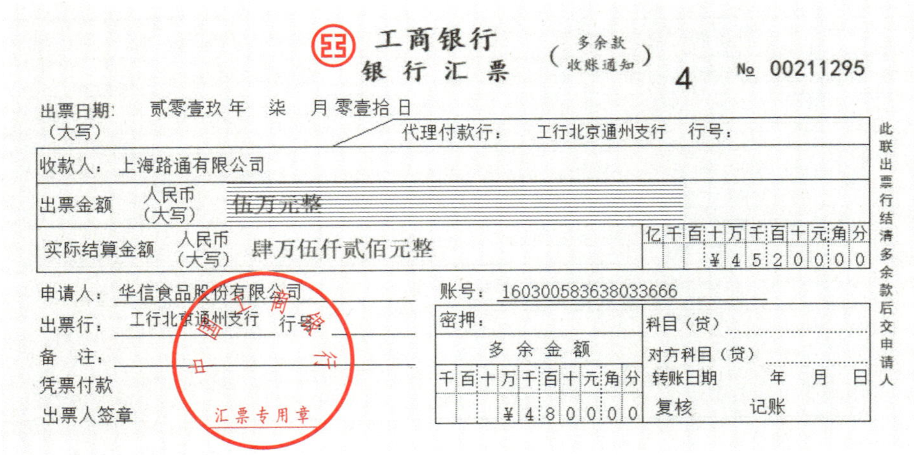

工商银行　银行汇票　（多余款收账通知）　4　№ 00211295

出票日期（大写）：贰零壹玖年 柒 月零壹拾日

代理付款行：工行北京通州支行　行号：

收款人：上海路通有限公司

出票金额　人民币（大写）　伍万元整

实际结算金额　人民币（大写）　肆万伍仟贰佰元整　¥45200.00

申请人：华信食品股份有限公司　　账号：160300583638033666

出票行：工行北京通州支行　行号：　　密押：　　科目（贷）

备注：　　多余金额　¥48000.00　　对方科目（贷）

凭票付款　　转账日期　年　月　日

出票人签章　　复核　记账

此联出票行结清多余款后交申请人

图 2-30　银行汇票

第三，7 月 18 日，出纳收到银行退回余款 4 800 元进账单通知，如图 2-31 所示。

借：银行存款　　　　　　　　　　　　　　　　　　　　　4 800

　　贷：其他货币资金——银行汇票　　　　　　　　　　　　　　4 800

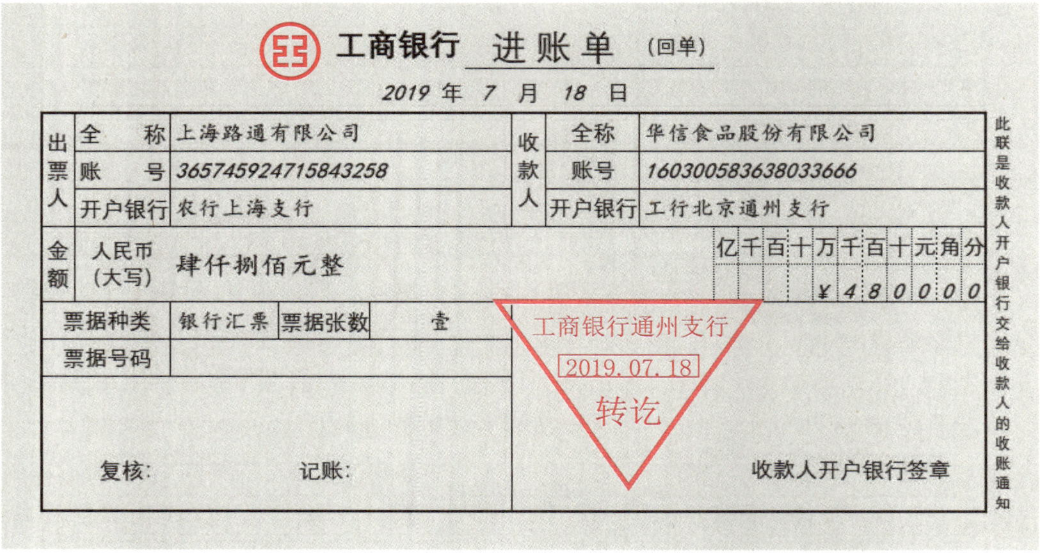

工商银行　进账单　（回单）

2019 年 7 月 18 日

出票人	全　称	上海路通有限公司	收款人	全称	华信食品股份有限公司
	账　号	365745924715843258		账号	16030058363803366 6
	开户银行	农行上海支行		开户银行	工行北京通州支行
金额	人民币（大写）	肆仟捌佰元整		亿千百十万千百十元角分	¥480000
票据种类	银行汇票	票据张数	壹		
票据号码					
复核：	记账：			收款人开户银行签章	

工商银行通州支行 2019.07.18 转讫

此联是收款人开户银行交给收款人的收账通知

图 2-31　进账单

第四，2019 年 7 月 20 日，华信食品股份有限公司财务部收到上海佳美购物连锁超市偿还欠款的银行汇票 1 张，面值 50 000 元，进账单如图 2-32 所示。

借：银行存款　　　　　　　　　　　　　　　　　　　　50 000

　　贷：应收账款——上海佳美购物连锁超市　　　　　　　　　50 000

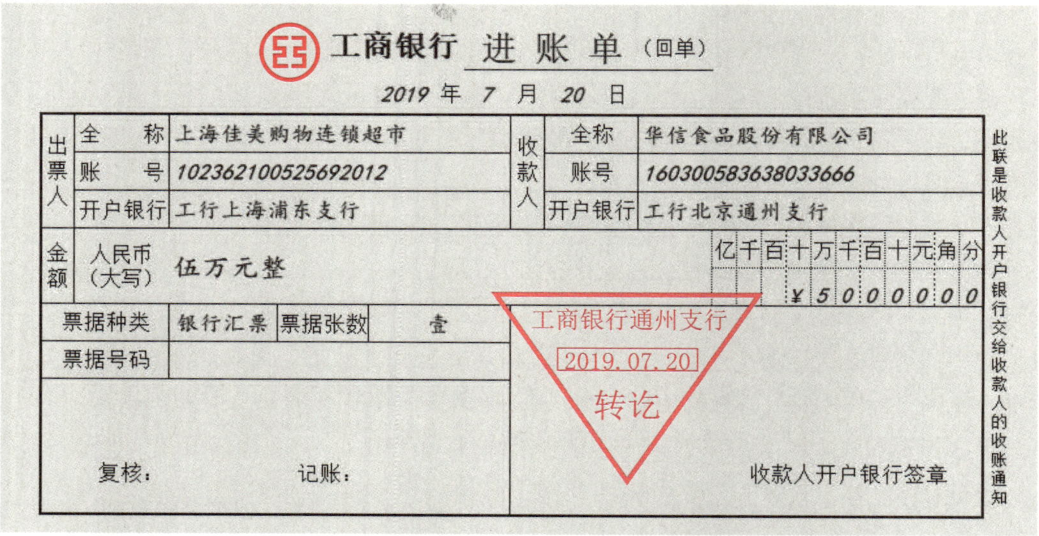

工商银行　进账单　（回单）

2019 年 7 月 20 日

出票人	全　称	上海佳美购物连锁超市	收款人	全称	华信食品股份有限公司
	账　号	102362100525692012		账号	1603005836380336 66
	开户银行	工行上海浦东支行		开户银行	工行北京通州支行
金额	人民币（大写）	伍万元整		亿千百十万千百十元角分	¥5000000
票据种类	银行汇票	票据张数	壹		
票据号码					
复核：	记账：			收款人开户银行签章	

工商银行通州支行 2019.07.20 转讫

此联是收款人开户银行交给收款人的收账通知

图 2-32　进账单

2. 银行本票存款的核算

（1）企业填写“银行本票申请书”并将款项交存银行时：

借：其他货币资金——银行本票

　　贷：银行存款

（2）企业持银行本票购货并收到有关发票账单时：

借：材料采购、原材料或库存商品

　　应交税费——应交增值税（进项税额）

　　贷：其他货币资金——银行本票

（3）企业收到银行本票并填制进账单到开户银行办理款项入账手续时：

借：银行存款

　　贷：主营业务收入

　　　　应交税费——应交增值税（销项税额）

【情景 2-13】华信食品股份有限公司 7 月发生以下业务，分别进行会计处理。

第一，7 月 21 日企业填送银行本票申请书，委托银行办理不定额银行本票 56 500 元，并向银行交存 56 500 元。根据银行盖章退回的申请书存根联如图 2-33 所示，编制会计分录如下：

借：其他货币资金——银行本票　　56 500

　　贷：银行存款　　56 500

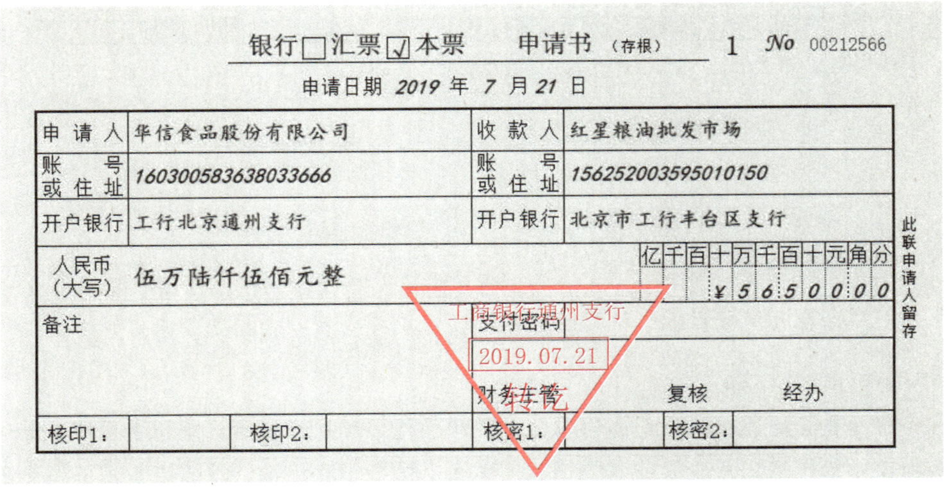

银行□汇票☑本票　申请书（存根）　1　№ 00212566

申请日期 2019 年 7 月 21 日

申请人	华信食品股份有限公司	收款人	红星粮油批发市场
账号或住址	1603005836380336666	账号或住址	1562520035950101500
开户银行	工行北京通州支行	开户银行	北京市工行丰台区支行
人民币（大写）	伍万陆仟伍佰元整	亿千百十万千百十元角分	¥5650000
备注		支付密码	
		财务主管　复核　经办	
核印1：	核印2：	核密1：	核密2：

图 2-33　银行本票申请书

第二，华信食品股份有限公司使用银行本票采购特质面粉 5 000 千克，单价 10 元，发票账单上显示不含税价 50 000 元，税额 6 500 元。原始凭证如图 2-34 和图 2-35 所示，编制会计分录如下：

借：原材料——特质面粉　　50 000

　　应交税费——应交增值税（进项税额）　　6 500

　　贷：其他货币资金——银行本票　　56 500

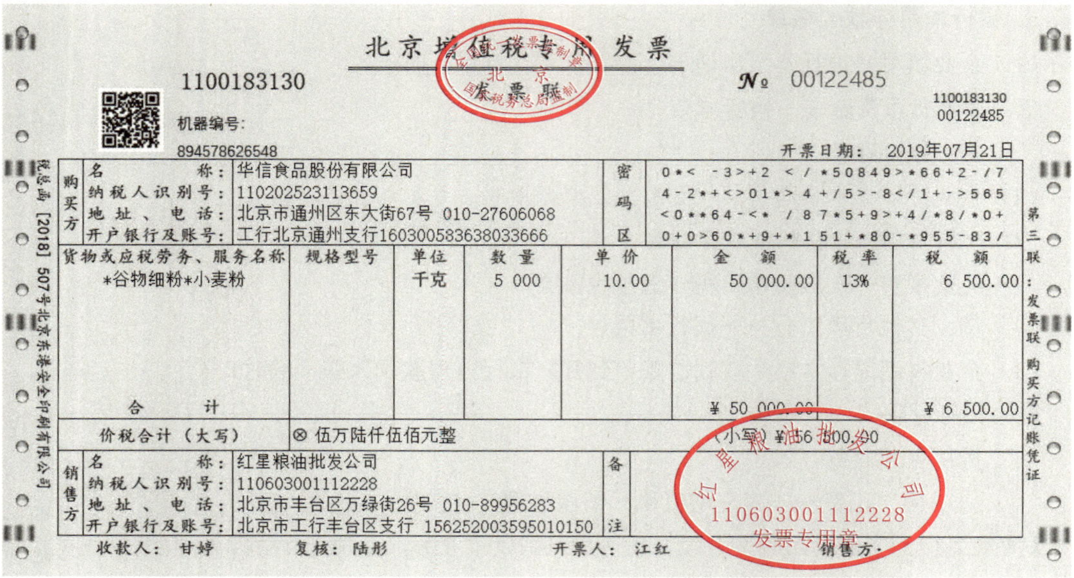
北京增值税专用发票

1100183130 发票联 №00122485

1100183130
00122485

机器编号：894578626548

开票日期：2019年07月21日

购买方	名称：华信食品股份有限公司 纳税人识别号：110202523113659 地址、电话：北京市通州区东大街67号 010-27606068 开户银行及账号：工行北京通州支行160300583638033666			密码区	0*< -3>+2 </*50849>*66+2-/7 4-2*+<>01*>4+/5>-8</1+->565 <0**64-<* /87*5+9>+4/*8/*0+ 0+0>60*+9+* 151+*80-*955-83/		
货物或应税劳务、服务名称	规格型号	单位	数量	单价	金额	税率	税额
*谷物细粉*小麦粉		千克	5 000	10.00	50 000.00	13%	6 500.00
合计					¥ 50 000.00		¥ 6 500.00
价税合计（大写）	⊗ 伍万陆仟伍佰元整				（小写）¥56 500.00		
销售方	名称：红星粮油批发公司 纳税人识别号：110603001112228 地址、电话：北京市丰台区万绿街26号 010-89956283 开户银行及账号：北京市工行丰台区支行 156252003595010150			备注			

收款人：甘婷 复核：陆彤 开票人：江红 销售方：

第三联：发票联 购买方记账凭证

图 2-34 增值税专用发票

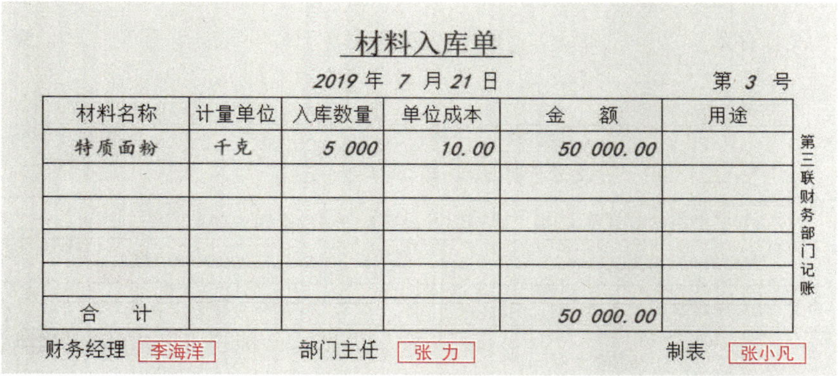
材料入库单

2019 年 7 月 21 日 第 3 号

材料名称	计量单位	入库数量	单位成本	金额	用途
特质面粉	千克	5 000	10.00	50 000.00	
合计				50 000.00	

财务经理 李海洋 部门主任 张力 制表 张小凡

第三联财务部门记账

图 2-35 材料入库单

3. **信用卡存款的核算**

凡在中国境内金融机构开立基本存款账户的单位均可申领单位卡。单位卡可申领若干张，持卡人资格由申领单位法定代表人或其委托的代理人书面指定和注销。单位卡账户的资金一律从其基本存款账户转账存入，不得交存现金，不得将销货收入的款项存入其账户。

（1）企业应填制“信用卡申请表”，连同支票和有关资料一并送存发卡银行，根据银行盖章退回的进账单第一联：

借：其他货币资金——信用卡

  贷：银行存款

（2）企业用信用卡购物或支付有关费用，收到开户银行转来的信用卡存款的付款凭证及所附发票账单：

借：管理费用等

　　贷：其他货币资金——信用卡

（3）企业信用卡在使用过程中，需要向其账户续存资金时：

借：其他货币资金——信用卡

　　贷：银行存款

（4）企业的持卡人如不需要继续使用信用卡时，应持信用卡主动到发卡银行办理销户，销卡时，单位卡科目余额转入企业基本存款户，不得提取现金。

借：银行存款

　　贷：其他货币资金——信用卡

4. 信用证保证金存款的核算

（1）企业填写“信用证申请书”，将信用证保证金交存银行时，应根据银行盖章退回的“信用证申请书”回单：

借：其他货币资金——信用证保证金

　　贷：银行存款

（2）企业接到开证行通知，根据供货单位信用证结算凭证及所附发票账单时：

借：材料采购、原材料或库存商品

　　应交税费——应交增值税（进项税额）

　　贷：其他货币资金——信用证保证金

（3）将未用完的信用证保证金存款余额转回开户银行时：

借：银行存款

　　贷：其他货币资金——信用证保证金

【情景 2-14】华信食品股份有限公司 12 月份发生以下业务：

第一，12 月 20 日，企业向银行申请开具信用证 100 000 元，用于支付境外采购材料价款，企业已向银行缴纳保证金。编制会计分录如下：

借：其他货币资金——信用证保证金　　100 000

　　贷：银行存款　　100 000

第二，12 月 26 日，企业收到银行转来的境外销货单位信用证结算凭证及所附发票账单、海关进口增值税专用缴款书等有关凭证，购买植物油 5 000 千克，单价 15 元，材料价款 75 000 元，增值税额为 12 000 元。编制会计分录如下：

借：原材料——植物油　　75 000

　　应交税费——应交增值税（进项税额）　　12 000

　　贷：其他货币资金——信用证保证金　　87 000

第三，企业收到银行收款通知，对该境外销货单位开出的信用证余款 13 000 元已经转回银行账户。企业编制如下会计分录：

借：银行存款　　13 000

　　贷：其他货币资金——信用证保证金　　13 000

5. 存出投资款的核算

（1）企业向证券公司划出资金时，应按实际划出的金额：

借：其他货币资金——存出投资款

　　贷：银行存款

（2）购买股票、债券等时：

借：交易性金融资产等

　　贷：其他货币资金——存出投资款

【情景 2-15】华信食品股份有限公司 12 月 24 日向某证券公司划款 270 000 元以备进行证券投资。编制会计分录如下：

借：其他货币资金——存出投资款　　270 000

　　贷：银行存款　　270 000

6. 外埠存款的核算

企业将款项汇往外地时，应填写汇款委托书，委托开户银行办理汇款。汇入地银行以汇款单位名义开立临时采购账户，该账户的存款不计利息、只付不收、付完清户，除采购人员可从中提取少量现金外，一律采用转账结算。

（1）企业将款项汇往外地开立采购专用账户时，根据汇出款项凭证，编制付款凭证，进行账务处理：

借：其他货币资金——外埠存款

　　贷：银行存款

（2）收到采购人员转来供应单位发票账单等报销凭证时：

借：材料采购、原材料或库存商品

　　应交税费——应交增值税（进项税额）

　　贷：其他货币资金——外埠存款

（3）采购完毕收回剩余款项时，根据银行的收账通知：

借：银行存款

　　贷：其他货币资金——外埠存款

【情景 2-16】华信食品股份有限公司 12 月发生以下业务：

第一，12 月 25 日，委托当地开户银行将款项 60 000 元汇往采购地开立采购专户。根据收到的银行汇款回单，编制会计分录如下：

借：其他货币资金——外埠存款　　60 000

　　贷：银行存款　　60 000

第二，企业收到外地采购员交来的供应单位发票等报销凭证，购入白砂糖 6 000 千克，单价 8 元，增值税专用发票上注明的材料价款 48 000 元，增值税税款 7 680 元。编制会计分录如下：

借：原材料——白砂糖　　48 000

　　应交税费——应交增值税（进项税额）　　7 680

　　贷：其他货币资金——外埠存款　　55 680

第三，采购完毕，企业收到开户银行的收款通知，该采购专户中的结余款项 4 320 元已经转回。根据银行收账通知，编制会计分录如下：

借：银行存款　　4 320

　　贷：其他货币资金——外埠存款　　4 320

3 应收及预付款项

——企业日常生产经营中产生的债权

CFO 导语

作为一名会计要知道：

1. 应收及预付款项的概念和分类是什么？
2. 应收票据的分类是什么？如何进行核算？
3. 应收账款的入账价值怎样确定？如何进行核算？
4. 预付账款如何进行核算？
5. 其他应收款的范围是什么？如何进行核算？

本项目架构

- 什么是应收及预付款项
- 应收账款
- 应收票据
- 预付账款
- 其他应收款
- 应收款项减值

3.1 什么是应收及预付款项
——应收及预付款核算是一项怎样的工作

cfo 要求你知道

企业日常经营中的债权——应收及预付款项概念
核算哪些内容——应收及预付款项分类

关键术语

应收票据（Note Receivable）
应收账款（Account Receivable）
预付账款（Prepaid Account）
其他应收款（Other Receivables）

3.1.1 应收及预付款项的概念

应收及预付款项是指企业在日常生产经营过程中发生的各项债权，包括应收款项（应收票据、应收账款和其他应收款）和预付账款等。

应收款项是指企业在销售商品、产品或提供劳务及在一些非购销活动中形成的债权；预付账款是企业在购货过程中因预付给供应单位款项而形成的债权。它们都属于流动资产性质的债权。

3.1.2 应收及预付款项的分类

应收及预付款项主要包括应收票据、应收账款、预付账款和其他应收款。

1. 应收票据

应收票据是指企业因销售商品、提供劳务等而收到的商业汇票。商业汇票是一种由出票人签发的、委托付款人在指定日期无条件支付确定金额给收款人或者持票人的票据。

2. 应收账款

应收账款是指企业因销售商品、材料或提供劳务等经营活动，应向购货单位或接受劳务单位收取的款项。应收账款属于流动资产，但它的流动性低于应收票据，所以在资产负债表上，它处于应收票据的下方。

3. 预付账款

预付账款是指企业按照合同规定预付给供应商的款项，是企业的资产。

4. 其他应收款

其他应收款是指企业除应收票据、应收账款、预付账款等以外的其他各种应收及暂付款项。

3.2 应收账款
——企业销售业务中应收取的款项

cfo 要求你知道

应收账款初始登记账簿的金额——应收账款的入账价值

使用的会计账户和账务处理——应收账款的核算

关键术语

商业折扣（Commercial Discount）

现金折扣（Cash Discount）

3-2

3.2.1 应收账款的入账价值

应收账款的入账价值包括销售商品或提供劳务的价款、增值税销项税额，以及代购货单位垫付的包装费、运杂费等。在确认应收账款的入账价值时，还应考虑商业折扣、现金折扣、销售折让与退回、坏账等因素，这些因素的存在与变动都会影响到应收账款入账价值的确定。

1. 商业折扣

商业折扣也称数量折扣，是企业根据市场供需情况或针对不同的顾客（如老顾客或大量购买其商品的顾客），在商品标价上给予的折扣。给予折扣是企业最常用的促销手段之一。由于商业折扣在交易成立及实际付款之前予以扣除，所以，对应收账款和营业收入均不产生影响，会计记录只按商品定价扣除商业折扣后的净额入账。

理·解

企业为鼓励买主购买更多的商品而规定购买 10 件以上者给予 10% 的折扣，或每买 10 件送 1 件，此种情况属于商业折扣。

2. 现金折扣

现金折扣是企业为了鼓励客户提前偿还货款而向客户提供的债务扣除。现金折扣一般用符号“折扣 / 付款期限”来表示，如 2/10、1/20、*n*/30。其含义是，客户在 10 天以内付款，企业将按商品售价的 2% 给其折扣；客户在 10 天以后 20 天以内付款，将按商品售价的 1% 享受折扣；企业允许客户最长的付款期限为 30 天，客户如果在 20 天以后 30 天以内付款，将不能享受现金折扣。

现金折扣使销售企业应收账款的实际数额因客户的付款时间不同而异，应将现金折扣前的实际售价作为应收账款的入账价值，把实际发生的现金折扣视为销售企业为了尽快回笼资金而发生的理财费用。

我国会计准则规定，在销售业务发生时，对于应收账款和销售收入，以扣减现金折扣前的实际售价作为入账价值，以实际发生的现金折扣作为对客户提前付款的鼓励性支出。

理·解

某企业为了鼓励客户提前偿付货款，与债务人达成协议，债务人在 10 天以内付款，销售企业能够按商品售价的 2% 给予折扣；10 天以后 30 天以内付款，可按商品售价的 1% 给予折扣；如果客户在 20 天以后 30 天以内付款，将不能享受现金折扣。

3.2.2 应收账款的核算

1. 账户设置

应收账款的核算是通过“应收账款”账户进行的。为了反映应收账款的增减变动及其结存情况，企业应当设置“应收账款”账户，如图 3-1 所示。

借 应收账款	贷
借方登记应收账款的增加	贷方登记应收账款的收回
期末借方余额，反映企业尚未收回的应收账款	期末如为贷方余额，反映企业预收的账款

图 3-1 “应收账款”账户

2. 应收账款的账务处理

（1）企业销售商品等发生应收款项时：

借：应收账款

　　贷：主营业务收入

　　　　应交税费——应交增值税（销项税额）

（2）收回应收账款时：

借：银行存款

　　贷：应收账款

（3）企业代购货单位垫付包装费、运杂费时：

借：应收账款

　　贷：银行存款

（4）收回代垫费用时：

借：银行存款

　　贷：应收账款

对于预收账款不多的企业，为简化起见，也可不设“预收账款”账户，而将预收贷款业务直接记入“应收账款”账户。应收账款账户应当按照债务人进行明细核算。

应收账款账务处理流程如图 3-2 所示。

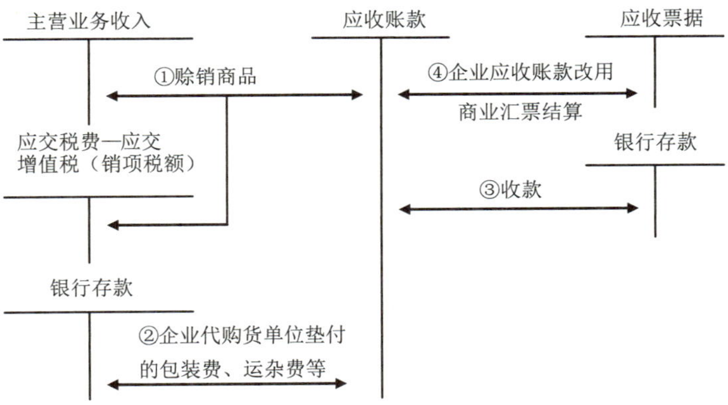

图 3-2　应收账款账务处理流程

【情景 3-1】2019 年 7 月 11 日华信食品股份有限公司采用赊销方式向万家购物连锁超市销售蛋糕 2 000 箱，单价为 120 元，货款 240 000 元，增值税税额为 31 200 元，以银行存款代垫运杂费 1 000 元，商品已经发出，原始凭证如图 3-3 至图 3-5 所示。华信食品股份有限公司应编制如下会计分录。

借：应收账款——万家购物连锁超市　　272 200

　　贷：主营业务收入——蛋糕　　240 000

　　　　应交税费——应交增值税（销项税额）　　31 200

　　　　银行存款　　1 000

北京增值税专用发票

1100183130　　此联不做报销、扣税凭证使用　　№ 00128433

1100183130
00128433

机器编号:
894578625987

开票日期: 2019年07月11日

购买方	名　　称：万家购物连锁超市 纳税人识别号：350101578804724 地址、电话：北京海淀区中汇路47号010-32620313 开户银行及账号：工行北京海淀支行 430567667000093222	密码区	3*< -7>+1 </*03207>*31+2-/9 2-5*+<>61*>9+/5>-2</3+->848 <8**64-<* /20*5+5>+7/*3/*4+ 8+7>69*+2+*408+*26-*452-48/

货物或应税劳务、服务名称	规格型号	单位	数量	单价	金额	税率	税额
*焙烤食品*糕点		箱	2 000	120.00	240 000.00	13%	31 200.00
合　　计					¥ 240 000.00		¥ 31 200.00
价税合计（大写）	⊗ 贰拾柒万壹仟贰佰元整				（小写）¥ 271 200.00		

销售方	名　　称：华信食品股份有限公司 纳税人识别号：110202523113659 地址、电话：北京市通州区东大街67号 010-27606068 开户银行及账号：工行北京通州支行160300583638033666	备注	

收款人：孙佳颖　　复核：李海洋　　开票人：王宏宇　　销售方：

税总函[2018] 507号北京东港安全印刷有限公司

第一联：记账联 销售方记账凭证

图 3-3　增值税专用发票

产品出库单　　第 4 号

单位　万家购物连锁超市　　2019 年 7 月 11 日

编号	产品名称	规格	单位	数量	单价	金额	过账	附注
A02	蛋糕		箱	2 000	120.00	240 000.00		
合　　计						¥ 240 000.00		

仓库主管　赵田　　保管员　李丁　　销售经理　吴慧　　制单　李玉梅

第二联：会计记账联

图 3-4　产品出库单

北京市石钞证券印刷有限公司 · 2019 年印制

中国工商银行
转账支票存根

10201320
NO 12345683

附加信息

出票日期 *2019* 年 *7* 月 *11* 日

收款人：	万通运输公司
金　额：	¥ 1 000.00
用　途：	代垫运费

单位主管 张志平　会计 孙佳颖

图 3-5　转账支票存根

【情景 3-2】承情景 3-1，20 日华信食品股份有限公司收到银行收款通知，如图 3-6 所示，应编制如下会计分录：

借：银行存款　　272 200

　　贷：应收账款——万家购物连锁超市　　272 200

工商银行　进账单　（回单）

2019 年 *7* 月 *20* 日

出票人	全　称	万家购物连锁超市	收款人	全　称	华信食品股份有限公司
	账　号	430567667000093222		账　号	1603005836380333666
	开户银行	工行北京海淀支行		开户银行	工行北京通州支行
金额	人民币（大写）	贰拾柒万贰仟贰佰元整		亿千百十万千百十元角分	¥ 2 7 2 2 0 0 0 0
票据种类	转账支票	票据张数	壹		
票据号码					
复核：	记账：			收款人开户银行签章	工商银行通州支行 2019.07.20 转讫

此联是收款人开户银行交给收款人的收账通知

图 3-6　进账单

【情景 3-3】2019 年 7 月 12 日，华信食品股份有限公司向顺凯生活购物超市赊销面包 3 000 箱，单价 100 元，货款为 300 000 元，规定对货款部分的付款条件为 2/10、*n*/30，适用的增值税税率为 13%，代垫运杂费 1 000 元（假设不作为计税基数）。应做会计分录如下：

（1）销售业务发生时，原始凭证如图 3-7 至图 3-9 所示。

借：应收账款——顺凯生活购物超市	340 000	
贷：主营业务收入——面包		300 000
应交税费——应交增值税（销项税额）		39 000
银行存款		1 000

北京增值税专用发票

1100183130　　此联不做报销、扣税凭证使用　　№ 00128434

机器编号：894578625987　　1100183130　00128434

开票日期：2019年07月12日

购买方	
名　　称：	顺凯生活购物超市
纳税人识别号：	350102784150008O
地址、电话：	北京市丰台区雀山路140号010-30892322
开户银行及账号：	工行北京丰台支行6222000027001758 64

密码区：
7*< -4>+8 < / *04191>*45+5-/9
1-6*+<>98*> 3+/2>-6</8+->504
<8**41-<* / 65*1+6>+6/*2/*2+
9+4>57*+9+* 314+*96-*578-85/

货物或应税劳务、服务名称	规格型号	单位	数量	单价	金额	税率	税额
*焙烤食品*面包		箱	3 000	100.00	300 000.00	13%	39 000.00
合　　计					¥ 300 000.00		¥ 39 000.00
价税合计（大写）	⊗ 叁拾叁万玖仟元整				（小写）¥ 339 000.00		

销售方	
名　　称：	华信食品股份有限公司
纳税人识别号：	110202523113659
地址、电话：	北京市通州区东大街67号 010-27606068
开户银行及账号：	工行北京通州支行160300583638033666

备注：

收款人：孙佳颖　　复核：李海洋　　开票人：王宏宇　　销售方：

税总函〔2018〕507号北京东港安全印刷有限公司

第一联：记账联　销售方记账凭证

图 3-7　增值税专用发票

产品出库单

第 6 号

单位　顺凯生活购物超市　　2019 年 7 月 12 日

编号	产品名称	规格	单位	数量	单价	金额	过账	附注
A01	面包		箱	3 000	100.00	300 000.00		
合　　计						¥ 300 000.00		

仓库主管　赵田　　保管员　李丁　　销售经理　吴慧　　制单　李玉梅

第二联：会计记账联

图 3-8　产品出库单

北京市石钞证券印刷有限公司 · 2019 年印制

中国工商银行
转账支票存根

10201320
NO 12345683

附加信息

出票日期 2019 年 7 月 12 日

收款人： 万通运输公司

金 额： ¥ 1 000.00

用 途： 代垫运费

单位主管 张志平 会计 孙佳颖

图 3-9 转账支票存根

（2）假若客户于 10 天内付款，原始凭证如图 3-10 和图 3-11 所示。

借：银行存款	334 000	
财务费用	6 000	
贷：应收账款		340 000

现金折扣计算表

2019 年 7 月 18 日　　　　金额单位：元

品名	金额	税额	合计	现金折扣	财务费用	收款额
面包	300 000.00	39 000.00	339 000.00			
代垫运费			1 000.00			
合 计	300 000.00	39 000.00	340 000.00	2/10	6 000.00	334 000.00

财务主管 李海洋　　　　制单 王宏宇

图 3-10 现金折扣计算表

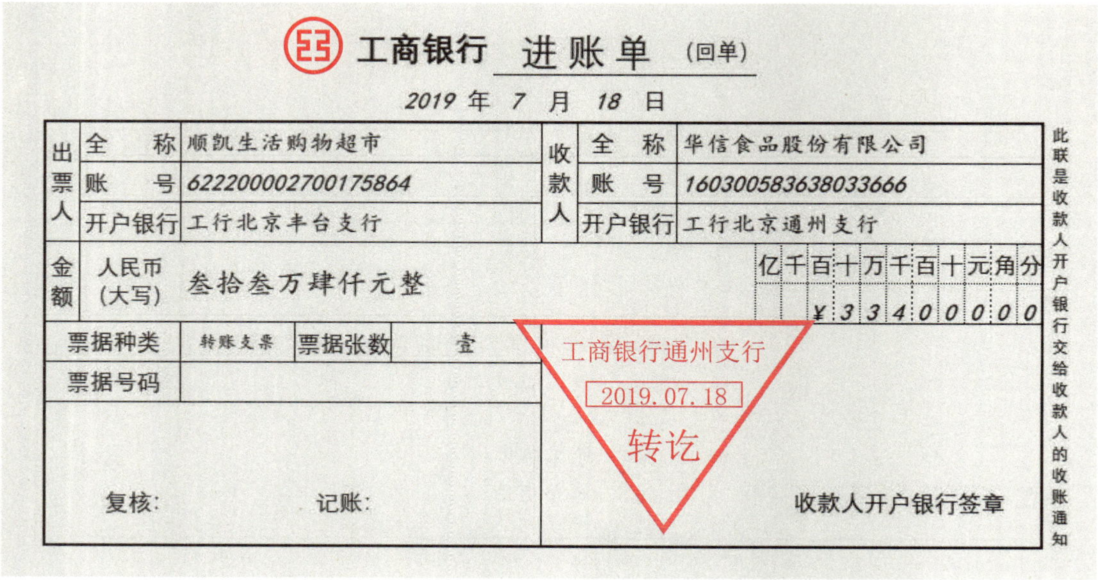

工商银行 进账单 （回单）

2019 年 7 月 18 日

出票人	全称	顺凯生活购物超市	收款人	全称	华信食品股份有限公司
	账号	622200002700175864		账号	160300583638033666
	开户银行	工行北京丰台支行		开户银行	工行北京通州支行
金额	人民币（大写）	叁拾叁万肆仟元整		亿千百十万千百十元角分	¥ 3 3 4 0 0 0 0 0
票据种类	转账支票	票据张数	壹		
票据号码					
复核：	记账：			收款人开户银行签章	工商银行通州支行 2019.07.18 转讫

此联是收款人开户银行交给收款人的收账通知

图 3-11　进账单

（3）假若客户超过 10 天付款，则无现金折扣，进账单如图 3-12 所示。

借：银行存款　　340 000

　　贷：应收账款　　340 000

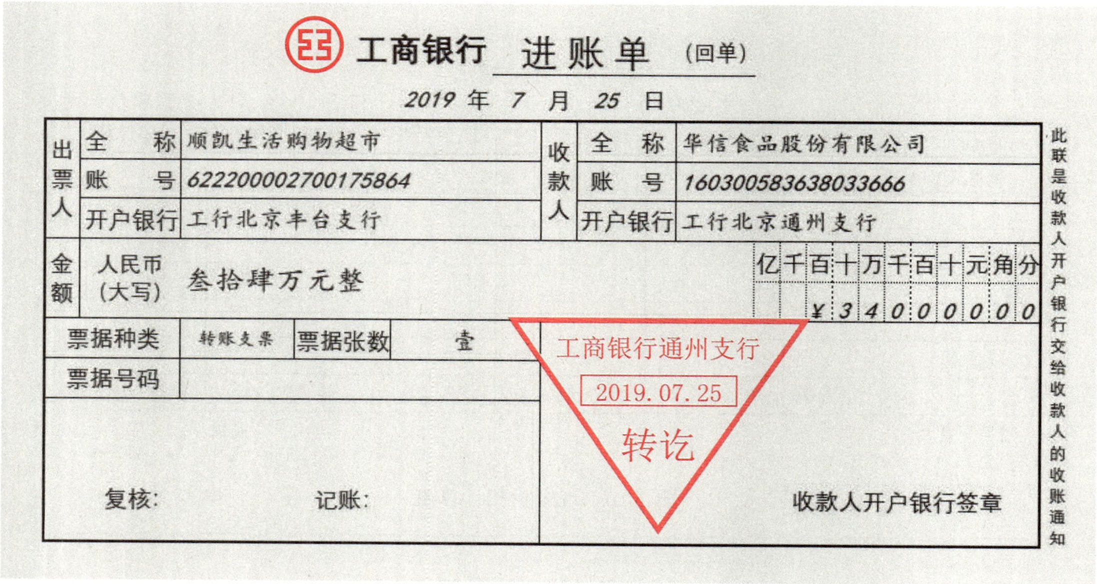

工商银行 进账单 （回单）

2019 年 7 月 25 日

出票人	全称	顺凯生活购物超市	收款人	全称	华信食品股份有限公司
	账号	622200002700175864		账号	160300583638033666
	开户银行	工行北京丰台支行		开户银行	工行北京通州支行
金额	人民币（大写）	叁拾肆万元整		亿千百十万千百十元角分	¥ 3 4 0 0 0 0 0 0
票据种类	转账支票	票据张数	壹		
票据号码					
复核：	记账：			收款人开户银行签章	工商银行通州支行 2019.07.25 转讫

此联是收款人开户银行交给收款人的收账通知

图 3-12　进账单

3.3 应收票据

——企业销售中以票据形式表现的应收款项

cfo 要求你知道

各种类型的应收票据——应收票据的种类
使用的会计账户和账务处理——应收票据的核算

关键术语

商业承兑汇票（Trade Acceptance）
银行承兑汇票（Bank Acceptance）
带息票据（Interest Bearing Note）
不带息票据（Non-interest Bearing Note）

3.3.1 应收票据的种类

应收票据按照不同的标准可以进行如下两种分类。

1. 商业汇票按承兑人不同，分为商业承兑汇票和银行承兑汇票

1）商业承兑汇票

商业承兑汇票是指由付款人签发并承兑，或由收款人签发交由付款人承兑的汇票。

2）银行承兑汇票

银行承兑汇票是指由在承兑银行开立存款账户的存款人（这里也是出票人）签发，由承兑银行承兑的票据。企业申请使用银行承兑汇票时，应向其承兑银行按票面金额的万分之五缴纳手续费。

2. 商业汇票按其是否带息，分为带息票据和不带息票据

1）带息票据

带息票据是指商业汇票上标明利率的票据。汇票到期时，承兑人除向收款人或被背书人支付票面金额款项外，还应按票面金额和规定的利率计算支付自票据生效日起至票据到期日止的利息。

2）不带息票据

不带息票据是指商业汇票到期时，承兑人只按票面金额向收款人或被背书人支付款项的票据。我国的商业汇票一般都是不带息汇票。

3.3.2 应收票据的核算

1. 账户设置

为了反映和监督企业应收票据的取得和回收情况，企业应设置“应收票据”账户进行核算，如图 3-13 所示。该账户可按开出、承兑商业汇票的单位进行明细核算，期末借方余额反映企业持有的商业汇票的票面金额。

借	应收票据　　　　　　贷
借方登记企业收到承兑的商业汇票的面值	贷方登记企业到期收回的商业汇票或未到期向银行申请贴现的商业汇票及已背书转让给其他单位的商业汇票
期末余额在借方，反映企业持有的未到期的商业汇票的面值	

图 3-13 “应收票据”账户

企业应当设置“应收票据备查簿”，逐笔登记商业汇票的种类、号数和出票日、票面金额、交易合同号和付款人、承兑人、背书人的姓名或单位名称、到期日、背书转让日、贴现日、贴现率和贴现净额，以及收款日和收回金额、退票情况等资料。商业汇票到期结清票款或退票后，在备查簿中应予注销。

2. 应收票据的账务处理

（1）取得应收票据。

第一，因债务人抵偿前欠货款而取得的应收票据。

借：应收票据

　　贷：应收账款

第二，因企业销售商品、提供劳务等而收到、开出承兑的商业汇票。

借：应收票据

　　贷：主营业务收入

　　　　应交税费——应交增值税（销项税额）

（2）商业汇票到期收回款项时，按实际收到的金额：

借：银行存款

　　贷：应收票据

应收票据账务处理流程图如图 3-14 所示。

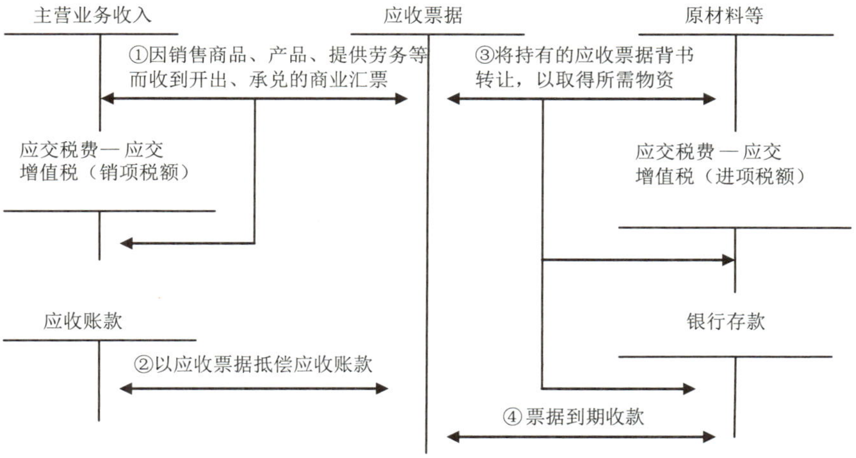

图 3-14　应收票据账务处理流程图

（3）不带息票据的会计处理。

【情景 3-4】华信食品股份有限公司 2019 年 4 月 10 日向万家购物连锁超市销售蛋糕 1 000 箱，单价为 120 元，货款为 120 000 元，增值税发票列明税款 15 600 元，收到 3 个月到期无息商业承兑汇票 1 张，面值为 135 600 元，抵付产品货款。原始凭证如图 3-15 至图 3-17 所示，应编制如下会计分录：

借：应收票据——万家购物连锁超市　　　　135 600
　　贷：主营业务收入——蛋糕　　　　120 000
　　　　应交税费——应交增值税（销项税额）　　　　15 600

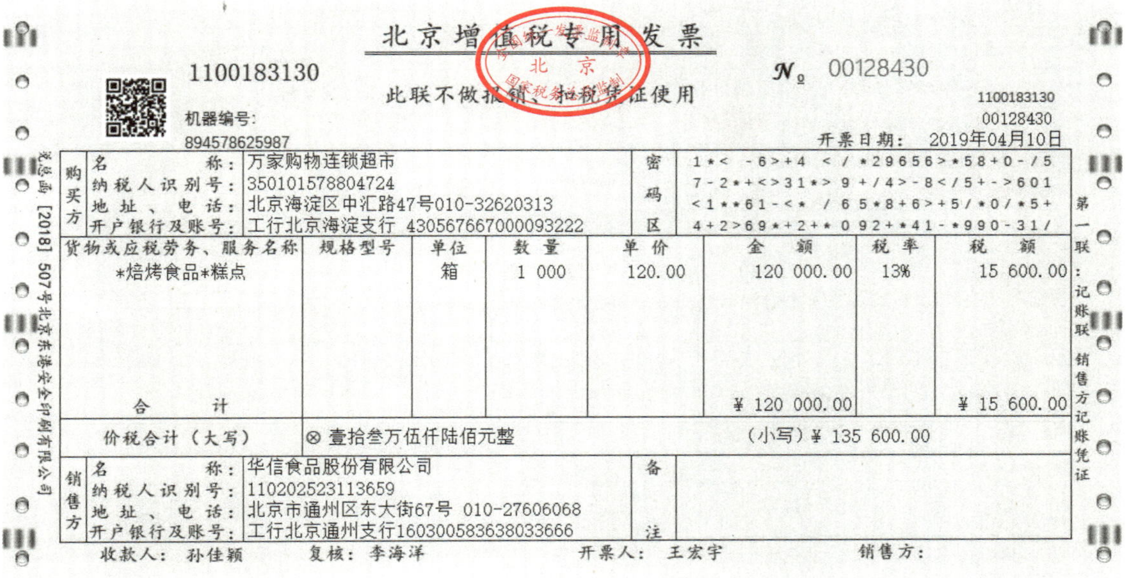

北京增值税专用发票

1100183130　　№ 00128430

此联不做报销、扣税凭证使用

机器编号：894578625987　　1100183130　00128430

开票日期：2019年04月10日

购买方	名　　称：万家购物连锁超市 纳税人识别号：350101578804724 地 址 、电 话：北京海淀区中汇路47号010-32620313 开户银行及账号：工行北京海淀支行 430567667000093222	密码区：1*< -6>+4 < / *29656>*58+0-/5 7-2*+<>31*> 9 +/4>-8</5+->601 <1**61-<* / 65*8+6>+5/*0/*5+ 4+2>69*+2+* 092+*41-*990-31/

货物或应税劳务、服务名称	规格型号	单位	数 量	单 价	金 额	税 率	税 额
*焙烤食品*糕点		箱	1 000	120.00	120 000.00	13%	15 600.00
合　计					¥ 120 000.00		¥ 15 600.00
价税合计（大写）	⊗ 壹拾叁万伍仟陆佰元整				（小写）¥ 135 600.00		

销售方	名　　称：华信食品股份有限公司 纳税人识别号：110202523113659 地 址 、电 话：北京市通州区东大街67号 010-27606068 开户银行及账号：工行北京通州支行160300583638033666	备注

收款人：孙佳颖　　复核：李海洋　　开票人：王宏宇　　销售方：

第一联：记账联　销售方记账凭证

税总函〔2018〕507号北京东港安全印制有限公司

图 3-15　增值税专用发票

产品出库单　　　　第 2 号

单位　万家购物连锁超市　　　　2019 年 4 月 10 日

编号	产品名称	规格	单位	数量	单价	金额	过账	附注
A02	蛋糕		箱	1 000	120.00	120 000.00		
合　计						¥ 120 000.00		

第二联：会计记账联

仓库主管　赵田　　保管员　李丁　　销售经理　吴慧　　制单　李玉梅

图 3-16　产品出库单

商业承兑汇票　　　　2

出票日期（大写）　贰零壹玖　年　肆　月　零壹拾　日

出票人	全　称	万家购物连锁超市	收款人	全　称	华信食品股份有限公司
	账　号	430567667000093222		账　号	160300583638033666
	开户银行	工行北京海淀支行		开户银行	工行北京通州支行
出票金额	人民币（大写）	壹拾叁万伍仟陆佰元整		亿 千 百 十 万 千 百 十 元 角 分	¥ 1 3 5 6 0 0 0 0
出票到期日（大写）		贰零壹玖年柒月零壹拾日	付款人开户行	行号	122635121512
交易合同号码		100236321125		地址	北京市丰台区建设路26号
本汇票已经承兑，到期无条件付票款。 承兑人签章 承兑日期 2019 年 4 月 10 日			本汇票请予以承兑于到期日付。 出票人签章		

此联持票人开户行随托收凭证寄付款人开户行作借方凭证

李玉光印　　万家购物连锁超市 财务专用章　　万家购物连锁超市 财务专用章

图 3-17　商业承兑汇票复印件

2019 年 7 月 10 日，上述应收票据到期，收回票面金额 135 600 元存入银行，进账单如图 3-18 所示。应编制如下会计分录：

借：银行存款　　　　135 600

　　贷：应收票据——万家购物连锁超市　　　　135 600

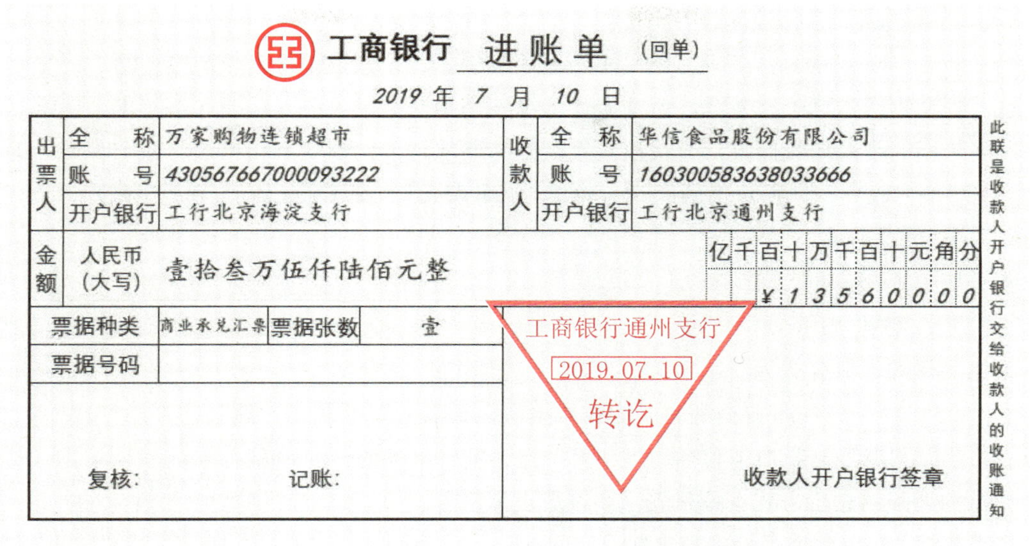

工商银行 进账单 (回单)

2019 年 7 月 10 日

出票人	全称	万家购物连锁超市	收款人	全称	华信食品股份有限公司
	账号	430567667000093222		账号	1603005836380336666
	开户银行	工行北京海淀支行		开户银行	工行北京通州支行
金额	人民币(大写)	壹拾叁万伍仟陆佰元整		亿千百十万千百十元角分	¥13560000
票据种类	商业承兑汇票	票据张数	壹		
票据号码					
复核:	记账:			收款人开户银行签章	

工商银行通州支行 2019.07.10 转讫

此联是收款人开户银行交给收款人的收账通知

图 3-18 进账单

【情景 3-5】华信食品股份有限公司 2018 年 12 月 15 日收到顺凯生活购物超市寄来的 1 张 3 个月到期的无息商业承兑汇票，面值为 200 000 元，抵付前欠货款，商业承兑汇票复印件如图 3-19 所示。应编制如下会计分录：

借：应收票据——顺凯生活购物超市　　200 000

　　贷：应收账款——顺凯生活购物超市　　200 000

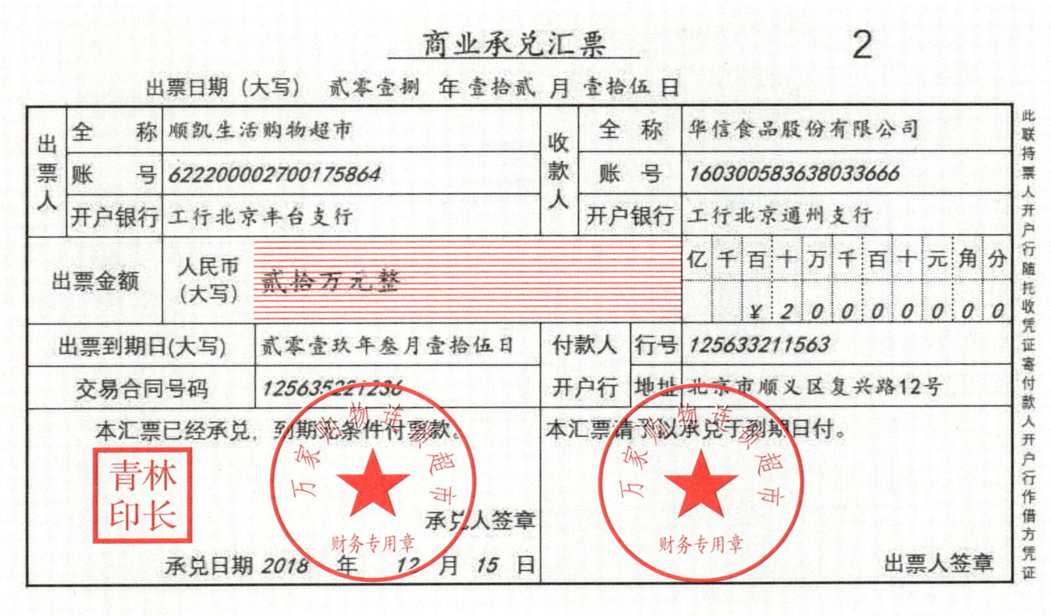

商业承兑汇票 2

出票日期（大写） 贰零壹捌 年 壹拾贰 月 壹拾伍 日

出票人	全称	顺凯生活购物超市	收款人	全称	华信食品股份有限公司
	账号	6222000027001758644		账号	1603005836380336666
	开户银行	工行北京丰台支行		开户银行	工行北京通州支行
出票金额	人民币(大写)	贰拾万元整		亿千百十万千百十元角分	¥20000000
出票到期日(大写)	贰零壹玖年叁月壹拾伍日		付款人开户行	行号	125633211563
交易合同号码	125635221236			地址	北京市顺义区复兴路12号
本汇票已经承兑，到期无条件付票款。 承兑人签章 承兑日期 2018 年 12 月 15 日			本汇票请予以承兑于到期日付。 出票人签章		

青林印长

万家购物连锁超市 财务专用章

此联持票人开户行随托收凭证寄付款人开户行作借方凭证

图 3-19 商业承兑汇票复印件

（4）带息票据的会计处理。

企业收到商业汇票时，处理方法同不带息应收票据。该票据不跨会计结算期间的，平时不单独计息，到期收回本息一次入账。所谓会计结算期是指法定报表公开日期（半年末、年末）。对持有期间跨期的带息应收票据，应按权责发生制的要求，于中期期末和年末这两个时点计提票据利息，在增加应收票据票面价值的同时，冲减“财务费用”，即借记“应收票据”账户，贷记“财务费用”账户。

借：应收票据

　　贷：财务费用

票据利息的计算公式为

$$应收票据利息 = 应收票据票面金额 \times 票面利率 \times 期限$$

其中，“票面利率”一般指年利率；“期限”指签发日至到期日的时间间隔。

票据的期限的表示方式有按月表示和按日表示两种。

按月表示，应以到期月份中与出票日相同的那一天为到期日。如3月18日签发的6个月票据，到期日应为9月18日。月末签发的票据，不论月份大小，以到期月份的月末那一天为到期日。同时，计算利息使用的利率要换算成月利率（年利率 ÷12）。

按日表示，应从出票日起按实际日历天数计算，通常只能计算出票日和到期日中的一天，称为“算头不算尾”。例如，票据签发日为3月18日，期限为180天，则票据到期日为9月14日（3月18日至月底计14天；4月计30天；5月计31天；6月计30天；7月计31天；8月计31天；至9月13日共180天，按“算头不算尾”的办法，到期日应为9月14日）。同时，计算利息使用的利率，要换算成日利率（年利率 ÷360）。

带息的应收票据到期收回款项时：

借：银行存款（应按收到的本息）

　　贷：应收票据（按账面价值）

　　　　财务费用（按其差额）

【情景3-6】华信食品股份有限公司2019年4月20日向万家购物连锁超市销售蛋糕2 800箱，单价120元，货款为336 000元，适用的增值税税率为13%，当日收到万家购物连锁超市签发的带息商业承兑汇票1张，面值379 680元，票面年利率6%，期限为4个月。华信食品股份有限公司会计处理如下：

①收到票据，原始凭证如图3-20至图3-22所示。

借：应收票据——万家购物连锁超市	379 680	
贷：主营业务收入——蛋糕		336 000
应交税费——应交增值税（销项税额）		43 680

北京增值税专用发票

1100183130 此联不做报销、扣税凭证使用 №00128431

1100183130
00128431

机器编号：

894578625987

开票日期：2019年04月20日

购买方	名称：万家购物连锁超市 纳税人识别号：350101578804724 地址、电话：北京海淀区中汇路47号010-32620313 开户银行及账号：工行北京海淀支行 430567667000093222	密码区	2*< -2>+2 </*90886>*33+8-/3 5-2**<>68*> 6+/8>-4</1+->987 <1**58-<* /52*6+2>+4/*3/*9+ 6+2>99**2+* 715+*25-*977-98/

货物或应税劳务、服务名称	规格型号	单位	数量	单价	金额	税率	税额
*焙烤食品*糕点		箱	2 800	120.00	336 000.00	13%	43 680.00
合计					¥336 000.00		¥43 680.00
价税合计（大写）	⊗叁拾柒万玖仟陆佰捌拾元整				（小写）¥379 680.00		

销售方	名称：华信食品股份有限公司 纳税人识别号：110202523113659 地址、电话：北京市通州区东大街67号 010-27606068 开户银行及账号：工行北京通州支行160300583638033666	备注	

收款人：孙佳颖　复核：李海洋　开票人：王宏宇　销售方：

税总函［2018］507号北京东港安全印刷有限公司

第一联：记账联　销售方记账凭证

图 3-20　增值税专用发票

产品出库单　　第 3 号

单位 万家购物连锁超市　　2019 年 4 月 20 日

编号	产品名称	规格	单位	数量	单价	金额	过账	附注
A02	蛋糕		箱	2 800	120.00	336 000.00		
合计						¥336 000.00		

仓库主管 赵田　保管员 李丁　销售经理 吴慧　制单 李玉梅

第二联：会计记账联

图 3-21　产品出库单

商业承兑汇票 2

出票日期（大写） 贰零壹玖 年 肆 月 零贰拾 日

出票人	全称	万家购物连锁超市	收款人	全称	华信食品股份有限公司
	账号	230205167860001		账号	160300583638033666
	开户银行	工行北京海淀支行		开户银行	工行北京通州支行
出票金额	人民币（大写）	叁拾柒万玖仟陆佰捌拾元整		亿千百十万千百十元角分	¥37968000
出票到期日(大写)		贰零壹玖年柒月零贰拾日	付款人开户行	行号	122635121512
交易合同号码		10023…		地址	北京市丰台区建设路26号
本汇票已经承兑，到期无条件付票款。 青林印长 万家购物连锁超市 财务专用章 承兑人签章 承兑日期 2019 年 4 月 20 日			本汇票请予以承兑于到期日付。 万家购物连锁超市 财务专用章 出票人签章		

此联持票人开户行随托收凭证寄付款人开户行作借方凭证

图 3-22 商业承兑汇票复印件

② 2019 年 7 月 20 日，计提票据利息，利息计提表如图 3-23 所示。

票据利息 =379 680×6%×3÷12=5 695.2（元）

借：应收票据——万家购物连锁超市　　5 695.2

　　贷：财务费用　　5 695.2

利息计提表

2019 年 7 月 20 日　　单位：元

票据类型	计息时间	票面金额	年利率	月利息	已提利息	合计
商业承兑汇票	4.20-7.19	379 680.00	6%	5 695.20		5 695.20
合计		¥ 379 680.00		¥ 5 695.20		¥ 5 695.20

财务主管 李海洋　　制表 王宏宇

图 3-23 利息计提表

③ 8 月 20 日，票据到期收回款项，原始凭证如图 3-24 和图 3-25 所示。

借：银行存款　　387 273.6

　　贷：应收票据（面值 + 已计提的 3 个月利息）　　385 375.2

　　　　财务费用（未计提的 1 个月利息）　　1 898.4

工商银行 进账单（回单）

2019 年 8 月 20 日

出票人	全称	万家购物连锁超市	收款人	全称	华信食品股份有限公司
	账号	430567667000093222		账号	160300583638033666
	开户银行	工行北京海淀支行		开户银行	工行北京通州支行
金额	人民币（大写）	叁拾捌万柒仟贰佰柒拾叁元陆角整		亿千百十万千百十元角分	¥38727360
票据种类	商业承兑汇票	票据张数	壹		
票据号码					
复核：	记账：		工商银行通州支行 2019.08.20 转讫	收款人开户银行签章	

此联是收款人开户银行交给收款人的收账通知

图 3-24　进账单

利息计提表

2019 年 8 月 20 日　　　　单位：元

票据类型	计息时间	票面金额	年利率	月利息	已提利息	合计
商业承兑汇票	7.20–8.19	379 680.00	6%	1 898.40	5 695.20	7 593.60
合　计		¥ 379 680.00		¥ 1 898.40	¥ 5 695.20	¥ 7 593.60

财务主管 李海洋　　　　制表 王宏宇

图 3-25　利息计提表

④如果票据到期债务人无力支付票款：

借：应收账款　　387 273.6

　　贷：应收票据　　385 375.2

　　　　财务费用　　1 898.4

（5）应收票据贴现。

贴现是指企业以未到期票据向银行融通资金，银行按票据的应收金额扣除一定期间的利息后的余额付给企业的融资行为。

首先，计算应收票据贴现净额。

不带息票据到期值 = 票据面值

带息票据到期值 = 票据面值 + 利息

“票面利率”有年、月、日利率之分。如需换算，每月统一按 30 天计算，全年按 360 天计算。

银行收取的贴现息 = 票据到期值 × 贴现率 × 贴现期

“贴现率”由银行统一规定。“贴现期”通常是指从贴现日至票据到期日前 1 日的时期。计算时需注意贴现率和贴现期的匹配。

票据贴现的实质是企业用商业汇票做抵押，向金融机构借钱；借款的期限是从贴现日至票据到期日的时间。

贴现净额 = 票据到期值 − 贴现息

其次，进行应收票据贴现的账务处理。

应收票据贴现的账务处理主要有两种情况：如果贴现的票据银行不具有追索权，则直接注销“应收票据”账户；如果贴现的票据银行具有追索权，则先通过“短期借款”账户核算，当满足金融资产转移准则规定的金融资产终止确认条件时，再注销“应收票据”账户。

【情景 3-7】华信食品股份有限公司 7 月 10 日售给万家购物连锁超市面包 3 500 箱，单价 100 元，货款总计 350 000 元，适用增值税税率为 13%。万家购物连锁超市交来 1 张出票日为 7 月 10 日、面值 395 500 元、期限为 3 个月的无息银行承兑汇票。该企业 10 月 9 日持票据到银行贴现，贴现率为 12%。如果本项贴现业务符合金融资产转移准则规定的金融资产终止确认条件，则企业应做会计分录如下：

①收到票据时，原始凭证如图 3-26 至图 3-28 所示。

借：应收票据——万家购物连锁超市　　395 500

　　贷：主营业务收入——面包　　350 000

　　　　应交税费——应交增值税（销项税额）　　45 500

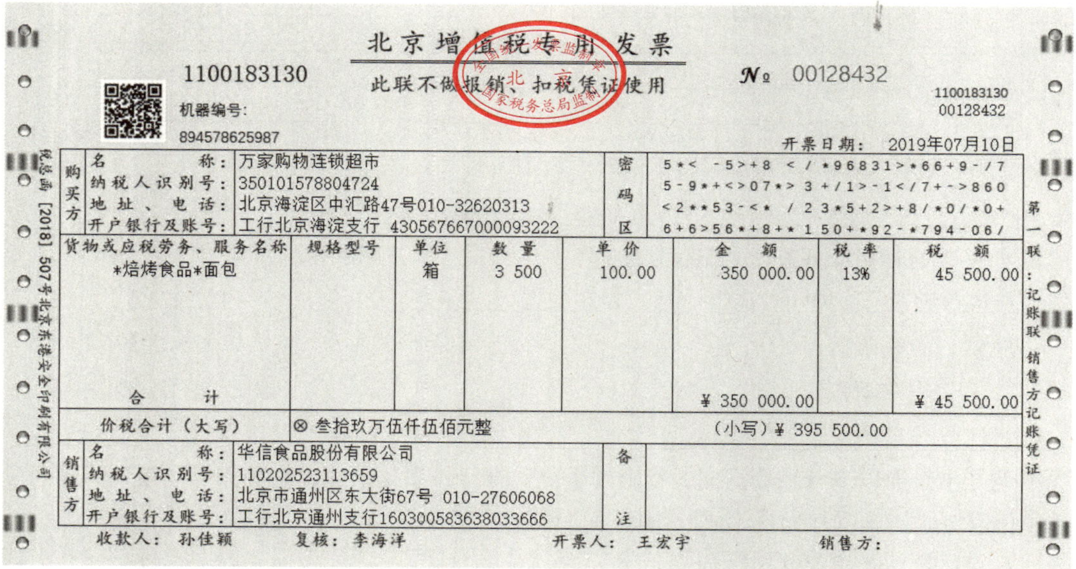

北京增值税专用发票

1100183130　　此联不做报销、扣税凭证使用　　№ 00128432

机器编号：894578625987　　1100183130　00128432

开票日期：2019年07月10日

购买方	名称：万家购物连锁超市 纳税人识别号：350101578804724 地址、电话：北京海淀区中汇路47号010-32620313 开户银行及账号：工行北京海淀支行 430567667000093222			密码区	5*< -5>+8 < / *96831>*66+9-/7 5-9*+<>07*> 3 +/1>-1</7+->860 <2**53-<* / 23*5+2>+8/*0/*0+ 6+6>56*+8+* 150+*92-*794-06/		
货物或应税劳务、服务名称	规格型号	单位	数量	单价	金额	税率	税额
*焙烤食品*面包		箱	3 500	100.00	350 000.00	13%	45 500.00
合计					¥ 350 000.00		¥ 45 500.00
价税合计（大写）	⊗ 叁拾玖万伍仟伍佰元整				（小写）¥ 395 500.00		
销售方	名称：华信食品股份有限公司 纳税人识别号：110202523113659 地址、电话：北京市通州区东大街67号 010-27606068 开户银行及账号：工行北京通州支行160300583638033666			备注			

收款人：孙佳颖　　复核：李海洋　　开票人：王宏宇　　销售方：

税总函［2018］507号北京东港安全印制有限公司

第一联：记账联　销售方记账凭证

图 3-26　增值税专用发票

产品出库单 第 8 号

单位 万家购物连锁超市 2019 年 7 月 10 日

编号	产品名称	规格	单位	数量	单价	金额	过账	附注
A01	面包		箱	3 500	100.00	350 000.00		
合计						¥ 350 000.00		

仓库主管 赵田 保管员 李丁 销售经理 吴慧 制单 李玉梅

第二联：会计记账联

图 3-27 产品出库单

银行承兑汇票 2 10023652 12635210

出票日期（大写） 贰零壹玖 年 柒 月零壹拾 日

出票人	全称	万家购物连锁超市	收款人	全称	华信食品股份有限公司
	账号	430567667000093222		账号	160300583638033666
	开户银行	工行北京海淀支行		开户银行	工行北京通州支行
出票金额	人民币（大写）	叁拾玖万伍仟伍佰元整	亿千百十万千百十元角分		¥ 3 9 5 5 0 0 0 0
出票到期日(大写)	贰零壹玖年壹拾月零壹拾日		付款人开户行	行号	102365210211
交易合同号码	102320212152			地址	北京市海淀区西山道25号

本汇票请你行承兑，到期无条件付款。 青林印长 万家购物连锁超市 财务专用章 出票人签章

本汇票已经承兑，到期日由本行付款。 工行北京海淀支行 122635121512 汇票专用章 承兑行签章 承兑日期 2019 年 7 月 10 日 备注：

密押 杨帆印 复核 记账

此联收款人开户行随托收凭证寄付款行作借方凭证附件

图 3-28 银行承兑汇票

②贴现时，贴现凭证如图 3-29 所示。

票据到期值 =395 500（元）

贴现息 =395 500×12%×2÷12=7 910（元）

贴现净额 =395 500−7 910=387 590（元）

借：银行存款 387 590

财务费用 7 910

贷：应收票据　　395 500

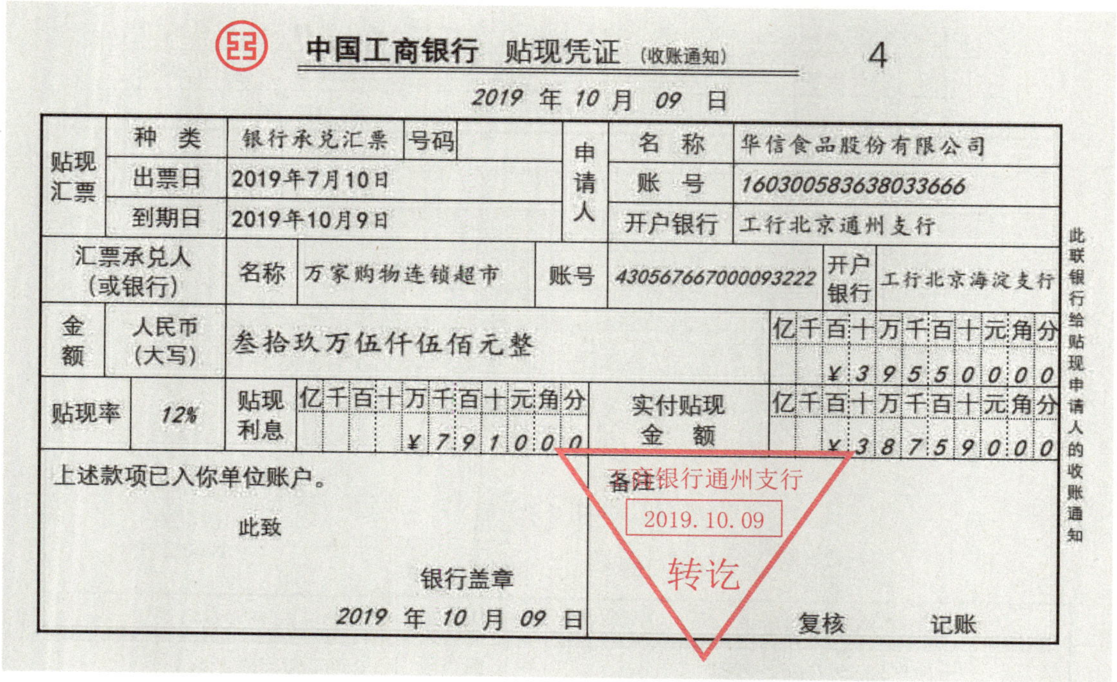

中国工商银行　贴现凭证（收账通知）　4

2019 年 10 月 09 日

贴现汇票	种　类	银行承兑汇票	号码		申请人	名　称	华信食品股份有限公司
	出票日	2019年7月10日				账　号	1603005836380336666
	到期日	2019年10月9日				开户银行	工行北京通州支行
汇票承兑人（或银行）	名称	万家购物连锁超市	账号	430567667000093222	开户银行	工行北京海淀支行	
金额	人民币（大写）	叁拾玖万伍仟伍佰元整				亿千百十万千百十元角分	¥39550000
贴现率	12%	贴现利息	¥791000		实付贴现金额	亿千百十万千百十元角分	¥38759000

上述款项已入你单位账户。

此致

银行盖章

2019 年 10 月 09 日

备注：

工商银行通州支行 2019.10.09 转讫

复核　　记账

此联银行给贴现申请人的收账通知

图 3-29　贴现凭证

【情景 3-8】承情景 3-7，如果票据贴现后，银行拥有追索权，则表明华信食品股份有限公司的应收票据贴现不符合金融资产终止确认条件，应将贴现所得确认为一项负债。

借：银行存款　　387 590

　　贷：短期借款　　387 590

贴现息 7 910 元应在票据贴现期间采用实际利率法确认为利息费用。

（6）应收票据背书转让。

企业可以将自己持有的商业汇票转让给他人，此种转让称为背书。持票人在票据背面签字，签字人称为背书人，背书人对票据的到期付款负连带责任。

企业将持有的应收票据背书转让，已取得所需物资时：

借：原材料（按应计入取得物资成本的价值）

　　应交税费——应交增值税（进项税额）（按专用发票上注明的增值税税额）

　　贷：应收票据（按应收票据的账面余额）

按其差额借记或贷记“银行存款”等账户，若为带息应收票据，在以上处理的基础上还应按尚未计提的利息，贷记“财务费用”账户。

【情景 3-9】承情景 3-7，假定华信食品股份有限公司于 8 月 10 日将上述应收票据背书转让，用于购买生产经营所需的原材料植物油 25 000 千克，单价 15 元，该材料价款为 375 000 元，使用的增值税税率为 13%，另支付银行存款 28 250 元。原始凭证如图 3-30 至图 3-32 所示。华信食品股份有限公司应编制如下会计分录：

借：原材料——植物油　　375 000

　　应交税费——应交增值税（进行税额）　　48 750

　　贷：应收票据——万家购物连锁超市　　395 500

　　　　银行存款　　28 250

北京增值税专用发票

1100183130　　发票联　　№ 00122486

机器编号：236523212236　　1100183130 00122486

开票日期：2019年08月10日

购买方	名　称：华信食品股份有限公司 纳税人识别号：110202523113659 地址、电话：北京市通州区东大街67号 010-27606068 开户银行及账号：工行北京通州支行1603005836380336666			密码区	5*< -0>+2 </*58095>*57+8-/4 7-7*+<>99*> 4+/9>-3</4+->784 <1**04-<* /31*4+3>+5/*2/*1+ 8+1>46*+8+* 482+*78-*614-16/		
货物或应税劳务、服务名称	规格型号	单位	数量	单价	金额	税率	税额
*植物油*其他使用植物油		千克	25 000	15.00	375 000.00	13%	48 750.00
合　计					¥ 375 000.00		¥ 48 750.00
价税合计（大写）	⊗ 肆拾贰万叁仟柒佰伍拾元整				（小写）¥ 423 750.00		
销售方	名　称：红星粮油批发市场 纳税人识别号：110603001112228 地址、电话：北京市丰台区万绿街26号 010-89956283 开户银行及账号：北京市工行丰台支行 156252003595010150			备注			

收款人：甘婷　　复核：陆彤　　开票人：江红　　销售方：（章）

第三联：发票联 购买方记账凭证

税总函［2018］507号北京东港安全印刷有限公司

（印章：红星粮油批发公司 110603001112228 发票专用章）

图 3-30　增值税专用发票

材料入库单

2019年 8 月 10 日　　第 2 号

材料名称	计量单位	入库数量	单位成本	金　额	用途
植物油	千克	25 000	15.00	375 000.00	
合　计				¥ 375 000.00	

第三联 财务部门记账

财务经理 李海洋　　部门主任 张力　　制表 张小凡

图 3-31　材料入库单

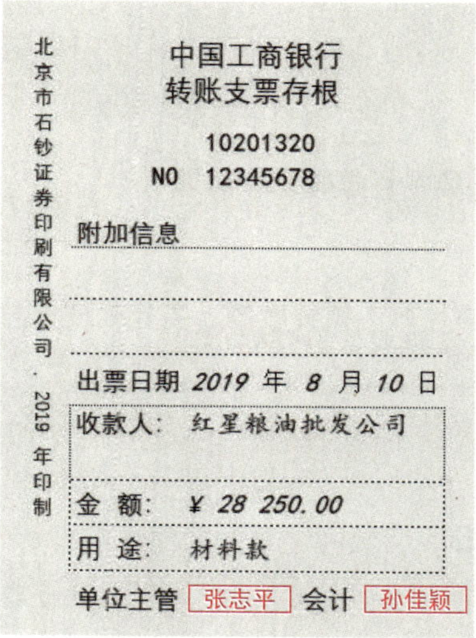

北京市石钞证券印刷有限公司·2019年印制

中国工商银行
转账支票存根

10201320
NO 12345678

附加信息

出票日期 2019 年 8 月 10 日

收款人：红星粮油批发公司

金 额：¥ 28 250.00

用 途：材料款

单位主管 张志平 会计 孙佳颖

图 3-32 转账支票存根

3.4 预付账款
——预付给供货单位的款项

cfo 要求你知道

使用的会计账户和账务处理——预付账款的核算

关键术语

预付账款（Prepaid Account）

预付账款的核算主要包括预付货款、收到货物和补付货款三个方面。

1. 账户设置

为了核算货款的预付、货物的收到等业务，需要设置“预付账款”账户进行核算。预付款项情况不多的企业，可以不设置“预付账款”账户，而直接通过“应付账款”账户核算。“预付账款”账户如图 3-33 所示。

借　　　　预付账款	贷
借方登记预付给供应单位的购货款	贷方登记收到所购的物资后结算的货款
期末余额在借方，反映企业结余的预付款项	期末余额在贷方，反映企业尚未补付的货款

图 3-33 “预付账款”账户

2. 预付账款的账务处理

（1）企业根据购货合同的规定向供应单位预付款项时：

借：预付账款

　　贷：银行存款

（2）企业收到所购物资，按应计入物资成本的金额：

借：在途物资、原材料或库存商品

　　应交税费——应交增值税（进项税额）

　　贷：预付账款

（3）当预付货款小于采购货物所需支付的款项时：

借：预付账款

　　贷：银行存款

（4）当预付货款大于采购货物所需支付的款项时：

借：银行存款

　　贷：预付账款

预付账款账务处理流程如图 3-34 所示。

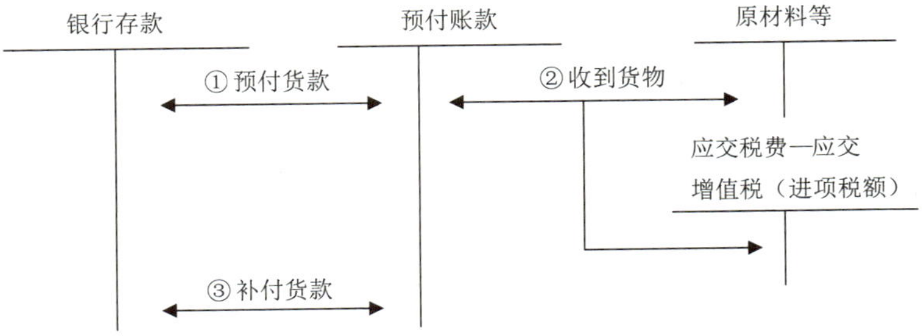

图 3-34 预付账款账务处理流程

【情景 3-10】华信食品股份有限公司向红星粮油批发公司采购鸡蛋 5 000 千克，每千克单价 10 元，所需支付的款项总额 50 000 元。按照合同规定向红星粮油批发公司预付货款的 50%，验收货物后补付其余款项，华信食品股份有限公司应编制如下会计分录：

（1）7 月 15 日，预付 50% 的货款时，转账支票存根如图 3-35 所示。

借：预付账款——红星粮油批发公司　　25 000

　　贷：银行存款　　25 000

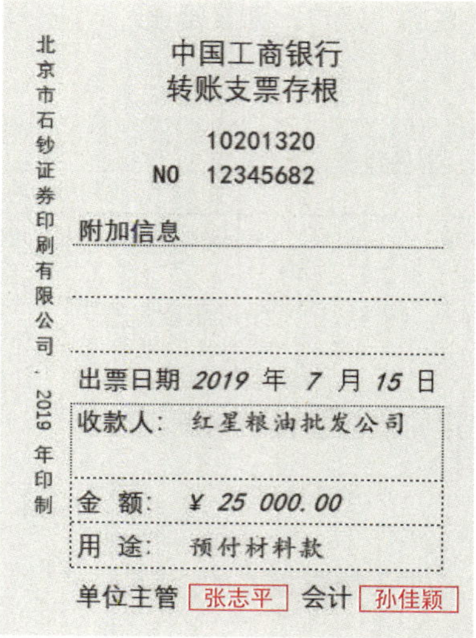

北京市石钞证券印刷有限公司 · 2019 年印制

中国工商银行
转账支票存根

10201320
NO 12345682

附加信息

出票日期 2019 年 7 月 15 日

收款人：红星粮油批发公司

金 额：¥ 25 000.00

用 途：预付材料款

单位主管 张志平 会计 孙佳颖

图 3-35 转账支票存根

（2）7 月 25 日，收到红星粮油批发公司发来的 5 000 千克材料，验收无误，增值税专用发票记载的货款为 50 000 元，增值税税额为 6 500 元。华信食品股份有限公司以银行存款补付款项 33 000 元，原始凭证如图 3-36 至图 3-38 所示，应编制如下会计分录：

借：原材料——鸡蛋	50 000	
应交税费——应交增值税（进项税额）	6 500	
贷：预付账款——红星粮油批发公司		56 500
借：预付账款——红星粮油批发公司	31 500	
贷：银行存款		31 500

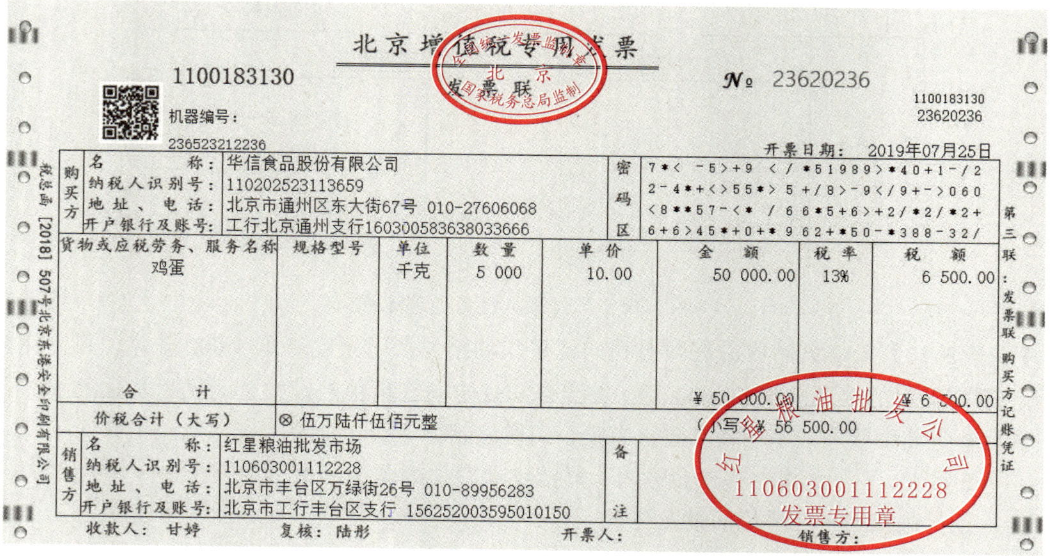

北京增值税专用发票

1100183130 　　发票联 　　№ 23620236

1100183130
23620236

机器编号：236523212236

开票日期：2019年07月25日

购买方	名称：华信食品股份有限公司 纳税人识别号：110202523113659 地址、电话：北京市通州区东大街67号 010-27606068 开户银行及账号：工行北京通州支行160300583638033666	密码区	7*< -5>+9 </*51989>*40+1-/2 2-4*+<>55*> 5+/8>-9</9+->060 <8**57-<* /66*5+6>+2/*2/*2+ 6+6>45*+0+* 962+*50-*388-32/

货物或应税劳务、服务名称	规格型号	单位	数量	单价	金额	税率	税额
鸡蛋		千克	5 000	10.00	50 000.00	13%	6 500.00
合计					¥ 50 000.00		¥ 6 500.00
价税合计（大写）	⊗ 伍万陆仟伍佰元整				（小写）¥ 56 500.00		

销售方	名称：红星粮油批发市场 纳税人识别号：110603001112228 地址、电话：北京市丰台区万绿街26号 010-89956283 开户银行及账号：北京市工行丰台区支行 156252003595010150	备注	

收款人：甘婷 　复核：陆彤 　开票人： 　销售方：

税总函[2018]507号北京东港安全印刷有限公司

第三联：发票联 购买方记账凭证

图 3-36 增值税专用发票

材料入库单

2019 年 7 月 25 日　　　　第 3 号

材料名称	计量单位	入库数量	单位成本	金　额	用途
鸡蛋	千克	5 000	10.00	50 000.00	
合　计				¥ 50 000.00	

第三联财务部门记账

财务经理 李海洋　　部门主任 张 力　　制表 张小凡

图 3-37　材料入库单

北京市石钞证券印刷有限公司 · 2019 年印制

中国工商银行
转账支票存根

10201320
NO 12345682

附加信息

出票日期 2019 年 7 月 25 日

收款人：红星粮油批发公司

金 额：¥ 31 500.00

用 途：补付材料款

单位主管 张志平　会计 孙佳颖

图 3-38　转账支票存根

3.5 其他应收款

——除应收账款、应收票据和预付账款外的应收款项

cfo 要求你知道

其他应收款的核算范围——其他应收款的内容

使用的会计账户和账务处理——其他应收款的核算

关键术语

包装物租金（Packing Rent）

3.5.1　其他应收款的内容

其他应收款主要包括以下内容：

（1）应收的各种赔款、罚款，如因企业财产等遭受意外损失而应向有关保险公司收取的赔款等；

（2）应收的出租包装物租金；

（3）应向职工收取的各种垫付款项，如为职工垫付的水电费、应由职工负担的医药费、房租费等；

（4）存出保证金，如租入包装物支付的押金；

（5）其他各种应收、暂付款项。

3.5.2　其他应收款的核算

1. 账户设置

其他应收款应当按实际发生的金额入账。

为了反映其他应收账款的增减变动及其结存情况，企业应当设置“其他应收款”账户进行核算，如图3-39所示。

借　　　　　　　　　　　　其他应收款	贷
借方登记应收及暂付的款项	贷方登记已收回或已报销的应收、暂付款项
期末余额在借方，反映企业尚未收回或尚未结账的款项	

图3-39　“其他应收款”账户

2. 其他应收款的账务处理

（1）企业发生其他应收款时：

借：其他应收款

　　贷：库存现金、银行存款、营业外收入

（2）收回或转销其他应收款时：

借：库存现金、银行存款、应付职工薪酬

　　贷：其他应收款

【情景3-11】2018年12月15日，华信食品股份有限公司库存鸡蛋发生毁损100千克，单价10元，按保险合同规定，应由保险公司赔偿损失800元，其余计入营业外支出，赔款尚未收到，原始凭证如图3-40所示，应编制如下会计分录：

发生毁损时：

借：待处理财产损溢——待处理流动财产损溢　　1 160

　　贷：原材料——鸡蛋　　1 000

　　　　应交税费——应交增值税（进项税转出）　　160

经批准处理时：

借：其他应收款——保险公司　　800

　　营业外支出　　360

　　贷：待处理财产损溢——待处理流动财产损溢　　1 160

存货毁损处理报告

由于材料仓库主管管理不善，造成鸡蛋毁损 1 000 元，除保险公司核定赔偿 80% 外，剩余 20% 计入营业外支出。

华信食品股份有限公司

2018 年 12 月 15 日

（印章：华信食品股份有限公司　财务专用章）

图 3-40　存货毁损处理报告

【情景 3-12】承情景 3-11，12 月 20 日，上述保险公司赔款如数收到，进账单如图 3-41 所示，应编制如下会计分录：

借：银行存款　　800

　　贷：其他应收款——保险公司　　800

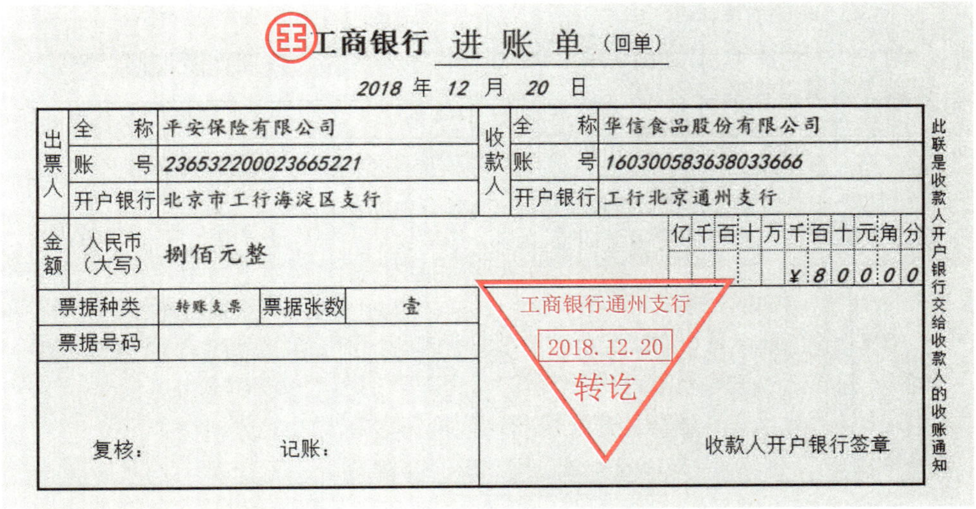

工商银行 进 账 单（回单）

2018 年 12 月 20 日

出票人	全　称	平安保险有限公司	收款人	全　称	华信食品股份有限公司
	账　号	236532200023665221		账　号	1603005836380336666
	开户银行	北京市工行海淀区支行		开户银行	工行北京通州支行
金额	人民币（大写）	捌佰元整		亿千百十万千百十元角分	¥80000
票据种类	转账支票	票据张数	壹		
票据号码					
复核：	记账：			收款人开户银行签章	

工商银行通州支行　2018. 12. 20　转讫

此联是收款人开户银行交给收款人的收账通知

图 3-41　进账单

【情景 3-13】2018 年 12 月 5 日，华信食品股份有限公司以银行存款替财务经理李海洋垫付应由其个人负担的医疗费 5 000 元，拟从其工资中扣回，原始凭证如图 3-42 所示。应编制如下会计分录：

（1）垫付时：

借：其他应收款——李海洋　　5 000

　　贷：银行存款　　5 000

（2）扣款时：

借：应付职工薪酬　　5 000

　　贷：其他应收款——李海洋　　5 000

【情景 3-14】2018 年 12 月 13 日，华信食品股份有限公司租入包装物一批，以银行存款向出租方支付押金 10 000 元，原始凭证如图 3-43 所示，应编制如下会计分录：

借：其他应收款——红星粮油批发公司　　10 000

　　贷：银行存款　　10 000

北京市石钞证券印刷有限公司·2018年印制

中国工商银行
转账支票存根

10201320
NO 12345681

附加信息

出票日期 2018 年 12 月 5 日
收款人：协和医院
金 额：¥ 5 000.00
用 途：代垫医药费
单位主管 张志平 会计 孙佳颖

图 3-42　转账支票存根

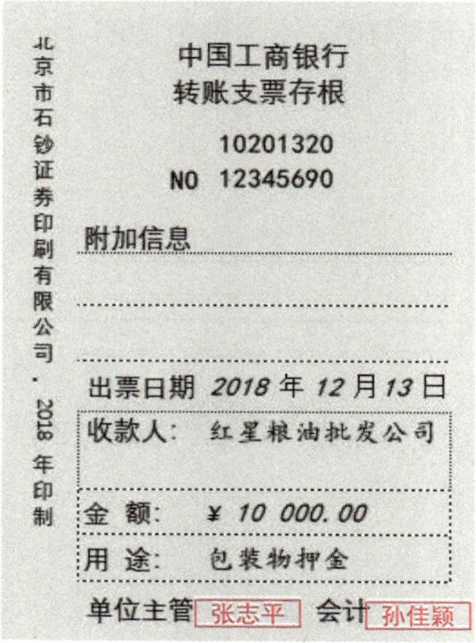
北京市石钞证券印刷有限公司·2018年印制

中国工商银行
转账支票存根

10201320
NO 12345690

附加信息

出票日期 2018 年 12 月 13 日
收款人：红星粮油批发公司
金 额：¥ 10 000.00
用 途：包装物押金
单位主管 张志平 会计 孙佳颖

图 3-43　转账支票存根

【情景 3-15】承情景 3-14，2019 年 1 月 10 日，租入包装物按期如数退回，华信食品股份有限公司收到出租方退还的押金 10 000 元，已存入银行，原始凭证如图 3-44 所示，应编制如下会计分录：

借：银行存款　　10 000

　　贷：其他应收款——红星粮油批发公司　　10 000

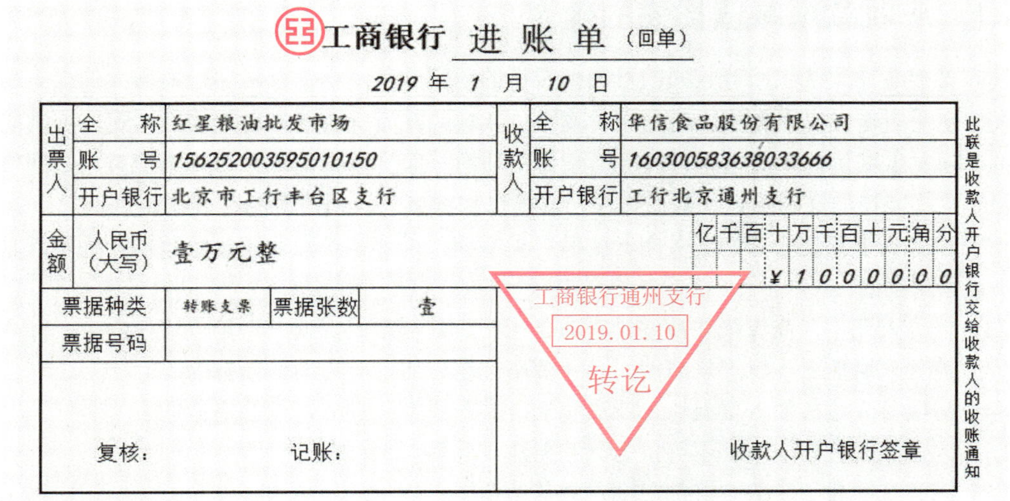

工商银行 进 账 单（回单）

2019 年 1 月 10 日

出票人	全 称	红星粮油批发市场	收款人	全 称	华信食品股份有限公司
	账 号	156252003595010150		账 号	160300583638033666
	开户银行	北京市工行丰台区支行		开户银行	工行北京通州支行
金额	人民币（大写）	壹万元整		亿千百十万千百十元角分	￥1000000
票据种类	转账支票	票据张数	壹		
票据号码					
复核：	记账：			收款人开户银行签章	

工商银行通州支行 2019.01.10 转讫

此联是收款人开户银行交给收款人的收账通知

图 3-44 进账单

3.6 应收款项减值

——应收账款无法收回如何处理

cfo 要求你知道

什么情况下计提坏账准备——应收款项减值损失的确认

坏账的会计科目和账务处理——坏账损失的核算

关键术语

坏账损失（Bad Debt Losses）

备抵法（Allowance Method）

应收账款余额百分比法（Accounts Receivable Balance Percentage Method）

账龄分析法（Aging of Accounts）

销货百分比法（Percent-of-sales Method）

3-6

坏账损失是企业赊销造成的损失。根据谨慎性原则，企业要在会计期末计提坏账准备，计入当期损益。应收款项确实无法收回时确认为坏账损失。

3.6.1 应收款项减值损失的确认

坏账是指企业无法收回或收回的可能性极小的应收款项。由于发生坏账而遭受的损失称为坏账损失。企业应当在资产负债表日对应收及预付款项的账面价值进行检查，有客观证据表明应收及预付款项发生减值的，应当将该应收及预付款项的账面价值减记至预计未来现金流量现值（可收回金额），减记的金额确认为减值损失，计提坏账准备。这里所说的客观证据包括：

（1）债务人依法宣告破产、关闭、解散、被撤销，或者被依法注销、吊销营业执照，其清算财产不足以清偿的；

（2）债务人死亡，或者依法被宣告失踪、死亡，其财产或者遗产不足以清偿的；

（3）债务人逾期三年以上未清偿，且有确凿证据证明已无力清偿债务的；

（4）与债务人达成债务重组协议或法院批准破产重整计划后，无法追偿的；

（5）因自然灾害、战争等不可抗力导致无法收回的；

（6）国务院财政、税务主管部门规定的其他条件。

企业应收及预付款项符合上述条件之一的，减除可收回的金额后确认的无法收回的应收及预付款项，计入坏账损失。

3.6.2 坏账损失的核算

1. 坏账损失的核算方法

坏账损失的核算方法有直接转销法和备抵法。我国企业会计制度规定，企业只能采用备抵法核算坏账损失。

备抵法是指在坏账损失实际发生前，依据权责发生制原则估计可能发生的坏账损失，同时形成坏账准备，当某一应收款项全部或部分被确认为坏账时，将其金额冲减坏账准备并相应转销应收款项的方法。

备抵法下估计坏账损失的常用方法有三种：应收账款余额百分比法、账龄分析法和销货百分比法。

（1）应收账款余额百分比法。这种方法以会计期末应收账款的账面余额为基数，乘以估计的坏账率，计算当期估计的坏账损失，据此提取坏账准备。

（2）账龄分析法。这种方法根据应收账款挂账时间的长短估计坏账损失，提取坏账准备。

（3）销货百分比法。这种方法根据赊销金额的一定百分比估计坏账损失，提取坏账准备。

2. 账户设置

为了核算企业提取的坏账准备金，采用备抵法核算坏账，应设置“坏账准备”账户，如图 3-45 所示。“坏账准备”账户是“应收账款”“预付账款”“其他应收款”等账户的备抵账户。该账户可按应收及预付款项的类别进行明细核算。

借　　　　坏账准备	贷
借方反映坏账准备的转销数或收回的以前年度已确认并转销的坏账	贷方反映坏账准备的计提数
	会计期末时该账户如有余额一般为贷方余额，表示已计提但尚未转销的坏账准备数额

图 3-45 “坏账准备”账户

提示

“坏账准备”账户年末一定为贷方余额，并且等于本年预计的坏账损失。

3. 坏账损失的账务处理

（1）在资产负债表日，应收款项发生减值时：

借：资产减值损失

　　贷：坏账准备

企业当期应计提的坏账准备大于其账面余额的，应按其差额补提坏账准备；当期应计提的坏账准备小于其账面余额的，应按其差额冲销坏账准备。具体可按下述公式计算（以应收账款余额百分比法为例）：

本期应计提的坏账准备 = 期末应收款项余额 × 百分比 − 坏账准备期末账面余额

（2）对于确实无法收回的应收款项，按管理权限报经批准后确认为坏账，转销应收款项时：

借：坏账准备

　　贷：应收账款

（3）已确认并转销的应收款项以后又收回的，按实际收回的金额：

借：应收账款

　　贷：坏账准备

同时，

借：银行存款

　　贷：应收账款

也可以按照实际收回的金额：

借：银行存款

　　贷：坏账准备

坏账准备核算图如图 3-46 所示。

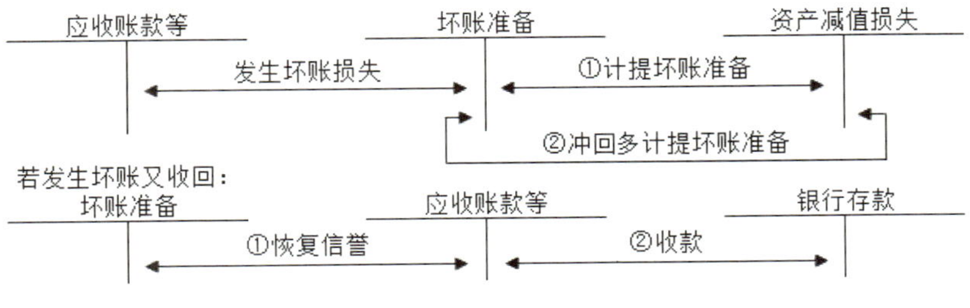

图 3-46　坏账准备核算图

【情景 3-16】华信食品股份有限公司从 2015 年开始计提坏账准备，当年年末应收账款余额为 100 000 元，该企业按年末应收账款余额百分比法计提坏账准备，计提比例为 3%。

（1）2015 年年末首次计提坏账准备 3 000 元。

借：资产减值损失　　　　3 000

　　贷：坏账准备　　　　3 000

2015 年年末坏账准备账面余额为 3 000 元。

（2）2016 年有一笔 2 000 元应收账款经确认无法收回，企业将其转为坏账。

借：坏账准备　　2 000

　　贷：应收账款　　2 000

2016 年未计提坏账准备前账面余额为 1 000（=3 000−2 000）元。

（3）2017 年年末应收账款余额为 160 000 元。

借：资产减值损失　　3 800

　　贷：坏账准备　　3 800

2017 年应计提的坏账准备 =160 000×3%−1 000=3 800 元

2017 年计提坏账准备后账面余额 =160 000×3%=4 800 元

（4）2018 年，2016 年确认为坏账的 2 000 元应收账款中有 1 000 元又收回，款项已存入银行。

借：应收账款　　1 000

　　贷：坏账准备　　1 000

同时，

借：银行存款　　1 000

　　贷：应收账款　　1 000

2018 年未计提坏账准备前账面余额为 5 800（=4 800+1 000）元。

（5）华信食品股份有限公司 2018 年年末应收账款的余额为 60 000 元。

借：坏账准备　　4 000

　　贷：资产减值损失　　4 000

2018 年应计提的坏账准备 =60 000×3%−5 800=−4 000 元

2018 年计提坏账准备后账面余额 =60 000×3%=1 800 元

【情景 3-17】华信食品股份有限公司坏账核算采用备抵法，并按应收款项余额百分比法计提坏账准备，各年计提比例假设均为年末应收款项余额的 8%。2016 年初“坏账准备”账户的贷方余额为 6 800 元；2016 年客户万家购物连锁超市所欠 2 000 元按规定确认为坏账，应收款项年末余额为 95 000 元；2017 年客户大发公司破产，所欠款项中有 600 元无法收回，确认为坏账，年末应收款项余额为 90 000 元；2018 年已冲销的万家购物连锁超市所欠 2 000 元账款又收回 1 500 元，年末应收款项余额为 100 000 元。试计算该公司三年内累计计入资产减值损失的金额。

2016 年计提的坏账准备计入资产减值损失的金额

=95 000×8%−（68 00−2 000）

=28 00（元）

2017 年计提的坏账准备计入资产减值损失的金额

=90 000×8%−（95 000×8%−600）

=200（元）

2018 年计提的坏账准备计入资产减值损失的金额

=100 000×8%−（90 000×8%+1 500）

=−700（元）

三年合计 =2 800+200−700=2 300（元）

4 存货

——企业为销售或耗用而储存的各种资产

CFO 导语

作为一个会计要知道：

1. 存货的概念、分类和构成是什么？
2. 取得存货的成本如何确定？如何进行账务处理？
3. 发出存货如何按照实际成本计价？
4. 发出存货如何按照计划成本计价？
5. 存货期末计量的方法是什么？
6. 存货清查采用什么方法？如何进行账务处理？

本项目架构

- 什么是存货
- 存货的初始计量
- 发出存货的计价方法
- 存货的期末计量
- 存货清查

4.1 什么是存货

——存货核算是一项怎样的工作

cfo 要求你知道

什么是存货——存货的概念
存货包括的内容——存货的构成
有哪些形式的存货——存货的种类

关键术语

存货（Goods in Stock）
原材料（Raw Materials）
在产品（Work in Progress）
半成品（Half-finished Goods）

4.1.1 存货的概念及构成

1. 存货的概念

存货是指企业在日常活动中持有的以备出售的产成品或商品、处在生产过程中的在产品、在生产过程或提供劳务过程中耗用的材料和物料等，包括各类材料、在产品、半成品、产成品、商品及包装物、低值易耗品、委托代销商品、委托加工物资等。

理解

A企业为汽车制造企业，拥有汽车的目的是出售，则汽车属于该企业的存货；B企业为家具厂，拥有汽车的目的是在生产中运送木材，则汽车属于B企业的固定资产。

2. 存货的构成

企业的存货通常包括以下内容。

1）原材料

原材料指企业在生产过程中经加工改变其形态或性质并构成产品主要实体的各种原料及主要材料、辅助材料、外购半成品（外购件）、修理用备件（备品备件）、包装材料、燃料等。

2）在产品

在产品指企业正在制造、尚未完工的产品，包括正在各个生产工序加工的产品和已加工完毕但尚未检验或已检验但尚未办理入库手续的产品。在产品成本反映在“生产成本”账户中。

3）半成品

半成品指经过一定生产过程并已检验合格交付半成品仓库保管，但尚未制造完工成为产成品，仍需进一步加工的中间产品。

理解

在产品和半成品的区别：①在产品是还在某一道生产工序中，还没有加工完成的产品，需进一步加工成半成品或是产成品；而半成品是指已经完成一道或几道工序的加工，需送下一道工序加工的产品。②在产品一般不需入库，而半成品需要入半成品库。③在产品不可以直接销售，而半成品可以直接对外销售。

例如，嘉佳食品有限公司通过面团调制、馅料加工、糕点形成、熟制四道工序加工面包，生产过程中在产品和半成品的关系图如图 4-1 所示。

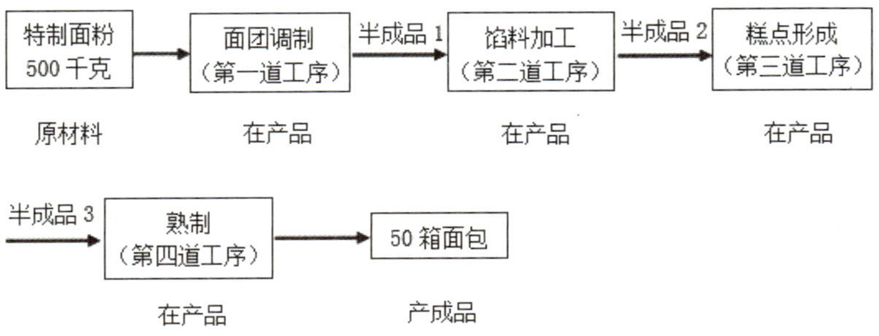

图 4-1　在产品和半成品的关系图

4）产成品

产成品指工业企业已经完成全部生产过程并验收入库，可以按照合同规定的条件送交订货单位或者可以作为商品对外销售的产品。企业接受外来原材料加工制造的代制品和为外单位加工修理的代修品，制造和修理完成验收入库后，应视同企业的产成品。

5）商品

商品指商品流通企业外购或委托加工完成验收入库用于销售的各种商品。

6）周转材料

周转材料指企业能够多次使用，但不符合固定资产定义的材料，如为了包装本企业商品而储备的各种包装物、各种工具、管理用具、玻璃器皿、劳动保护用品及在经营过程中周转使用的容器等低值易耗品和建造承包商的钢模板、木模板、脚手架等其他周转材料。

7）委托代销商品

委托代销商品指本单位委托其他单位代销的商品。

8）委托加工物资

委托加工物资指企业委托外单位加工的各种材料、商品等物资。

4.1.2 存货的分类

存货按经济用途可分为以下几种。

（1）在日常生产经营过程中持有的以备出售的存货，如工业企业的库存产成品、商品流通企业的库存商品等。

（2）为了最终出售，目前尚处于生产过程中的存货，如工业企业的在产品、自制半成品、委托加工材料等。

（3）为了生产供销售的商品或提供服务以备消耗的存货，如企业原材料、燃料、包装物、低值易耗品等。

存货按存放地点可分为以下几种。

（1）库存存货。指已运达企业，并已验收入库的各种存货。

（2）在途存货。指正在运输途中的存货，包括运入在途存货和运出在途存货。运入在途存货是指已经支付货款、正在运入途中或已经运到但尚未验收入库的存货；运出在途存货是指按合同已经发出但尚未转让所有权也未确认销售收入的存货。

（3）加工中存货。指企业自行生产加工及委托外单位加工但尚未完成加工的各种存货。

（4）委托代销存货。指委托代销、尚未办理代销货款结算的存货。

4.2 存货的初始计量

——如何确定存货初始入账价值

cfo 要求你知道

取得存货的成本包括什么——存货初始成本的构成

取得存货如何做会计处理——取得存货的账务处理

关键术语

初始成本（The Initial Cost）
实际成本（Actual Cost）

4.2.1 存货初始成本的构成

企业取得的存货，应按实际成本入账。存货的实际成本是指存货达到可以使用或可供出售状态前发生的有关直接或间接支出，即历史成本。企业存货取得的途径不同，其实际成本构成也有所不同。

第一，购入的存货，其实际成本包括下列各项。

（1）买价，指进货发票所注明的货款金额，但不包括增值税。

（2）运输费、装卸费、保险费、包装费、仓储费等费用。

（3）运输途中的合理损耗。有些物资在运输途中会发生一定的短缺和损失，除合理的损耗应计入物资的采购成本外，能确定由过失人负责的，应向责任单位或过失人索取赔偿，不计入成本。因自然灾害而发生的损失，减去保险赔偿和可以收回的残值后得出的净损失，应作为营业外支出处理，不计入存货成本。

（4）入库前的挑选整理费。购入的物资经过挑选整理才能使用，因而在挑选整理过程中发生的工资、费用支出，以及挑选整理过程中发生的数量损耗均应计入存货成本。

（5）按规定应计入成本的税金，如进口货物的关税、消费税等。

> **提示**
>
> 增值税是否计入存货成本，取决于企业是一般纳税人还是小规模纳税人，以及企业是否取得符合税法规定的专用发票。对于增值税一般纳税人，只要按规定取得合乎规定的凭证，其购买存货支付的增值税就不计入成本；对于小规模纳税人，无论是否取得专用发票，其支付的增值税都应计入成本。

（6）其他费用，如大宗物资的市内运杂费。

> **提示**
>
> 市内零星运杂费、采购人员差旅费和采购机构经费，以及企业供应部门和仓库经费等，一般不包括在存货成本中。

第二，自制存货，包括自制原材料、包装物、低值易耗品、在产品、半成品、产成品等。它们的实际成本包括制造过程中所耗用的原材料、工资和有关费用等实际支出。

第三，委托外单位加工完成的存货，包括加工后的原材料、包装物、低值易耗品、在产品、半成品、产成品等。它们的实际成本包括实际耗用的原材料或者半成品及加工费、运输费、装卸费和保险费等费用，以及按规定应计入成本的税金。

第四，投资者投入的存货，将投资各方确认的价值作为实际成本。

第五，盘盈的存货，将同类或类似存货的市场价格作为实际成本。

4.2.2 取得存货的账务处理

日常工作中，企业的存货可以按计划成本核算，也可以按实际成本核算。

实际成本法是指企业存货的收、发、存均采用实际成本核算。

计划成本法是指存货的收入、发出和结余均按预先制定的计划成本计价，同时另设成本差异科目，登记、分摊、按期结转实际成本与计划成本的差额，期末将发出和结存存货的成本调整为实际成本。

1. 实际成本法的核算

1）账户设置

企业采用实际成本法核算存货应当设置“原材料”账户，如图 4-2 所示。该账户用于核算库存各种材料的收发与结存情况。

借　　　　　　　　原材料	贷
借方登记入库材料的实际成本	贷方登记发出材料的实际成本
期末余额在借方，反映企业库存材料的实际成本	

图 4-2 “原材料”账户

2）账务处理

由于材料的采购地点和结算方式不同，原材料入库的时间与付款的时间可能一致，也可能不一致，所以其账务处理方法也不一样。

（1）货款已经支付或开出承兑商业汇票，同时材料已验收入库，分录如下：

借：原材料

　　应交税费——应交增值税（进项税额）

　　贷：银行存款（款项已付）；应付账款、应付票据（款项未付）

【情景 4-1】2019 年 7 月 6 日，华信食品股份有限公司向红星粮油批发公司购入鸡蛋 3 000 千克，单价 10 元，取得的增值税专用发票上注明的材料价款为 30 000 元，增值税税额为 3 900 元，货款 33 900 元已通过银行转账支付，材料已验收入库，原始凭证如图 4-3 至图 4-5 所示。编制分录如下：

借：原材料——鸡蛋　　30 000

　　应交税费——应交增值税（进项税额）　　3 900

　　贷：银行存款　　33 900

北京增值税专用发票

1100183130　　发票联　　№ 00125680

1100183130
00125680

机器编号：
894578655286

开票日期：2019年07月06日

购买方	名　　称：华信食品股份有限公司 纳税人识别号：110202523113659 地 址 、电 话：北京市通州区东大街67号 010-27606068 开户银行及账号：工行北京通州支行1603005836380336666			密码区	9*< -0>+2 </*70833>*29+4-/9 0-0*+<>17*>4+/5>-5</4+->791 <4**96-<* /14*8+4>+3/*9/*6+ 4+6>02**4+*656+*18-*786-16/		
货物或应税劳务、服务名称	规格型号	单位	数量	单价	金额	税率	税额
*畜禽产品*鸡蛋		千克	3 000	10.00	30 000.00	13%	3 900.00
合　　计					¥ 30 000.00		¥ 3 900.00
价税合计（大写）	⊗ 叁万叁仟玖佰元整				（小写）¥ 33 900.00		
销售方	名　　称：红星粮油批发公司 纳税人识别号：110603001112228 地 址 、电 话：北京市丰台区万绿街26号 010-89956283 开户银行及账号：北京市工行丰台区支行 156252003595010150			备注			

收款人：甘婷　　复核：陆彤　　开票人：江红　　销售方：

税总函［2018］507号北京东港安全印刷有限公司

第三联：发票联　购买方记账凭证

图 4-3　增值税专用发票

材料入库单

2019 年 7 月 6 日　　第 4 号

材料名称	计量单位	入库数量	单位成本	金　额	用途
鸡蛋	千克	3 000	10.00	30 000.00	
合　计				30 000.00	

财务经理 李海洋　　部门主任 赵田　　制表 李丁

第三联财务部门记账

图 4-4　材料入库单

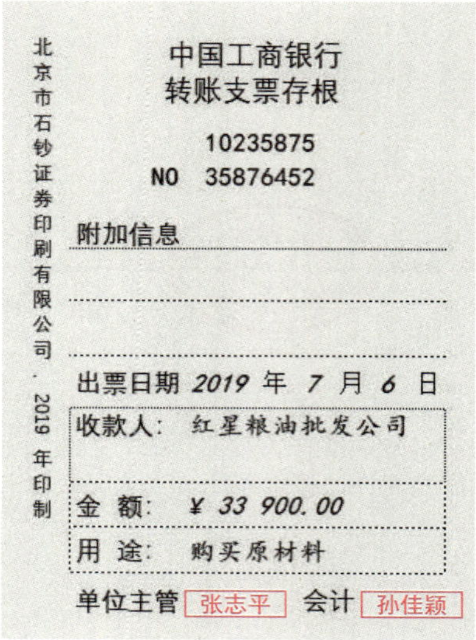

北京市石钞证券印刷有限公司 · 2019 年印制

中国工商银行
转账支票存根

10235875
NO 35876452

附加信息

出票日期 2019 年 7 月 6 日

收款人：红星粮油批发公司

金 额：¥ 33 900.00

用 途：购买原材料

单位主管 张志平 会计 孙佳颖

图 4-5 转账支票存根

（2）货款已经支付或已开出承兑商业汇票，材料尚未到达或尚未验收入库，分录如下：

当企业已经付款或已开出承兑商业汇票，但材料尚未到达或尚未验收入库时：

借：在途物资

　　贷：银行存款（款项已付）；应付账款、应付票据（款项未付）

待材料到达、入库后：

借：原材料

　　贷：在途物资

【情景 4-2】2019 年 7 月 7 日，华信食品股份有限公司从红星粮油批发公司购进植物油 5 000 千克，单价 15 元，发票账单已经收到，增值税专用发票上注明价款为 75 000 元，增值税税额为 9 750 元。企业签发并承兑 1 张票面价值为 84 750 元、3 个月到期的商业汇票，但材料尚未收到，原始凭证如图 4-6 和图 4-7 所示。编制企业会计分录如下：

借：在途物资——植物油	75 000	
应交税费——应交增值税（进项税额）	9 750	
贷：应付票据——商业承兑汇票		84 750

北京增值税专用发票

发 票 联

1100183130　　№ 00122486　　1100183130 00122486

机器编号：894578626548

开票日期：2019年07月07日

购买方	名　　称：华信食品股份有限公司 纳税人识别号：110202523113659 地址、电话：北京市通州区东大街67号 010-27606068 开户银行及账号：工行北京通州支行16030058363803366 6			密码区	6*< -0>+0 </*86669>*92+8-/3 1-2*+<>53*>9+/2>-4</2+->263 <3**59-<* /98*4+3>+4/*1/*7+ 2+1>34*+9+*054+*31-*218-73/		
货物或应税劳务、服务名称	规格型号	单位	数量	单价	金额	税率	税额
*植物油*其他食用植物油		千克	5 000	15.00	75 000.00	13%	9 750.00
合　　计					¥ 75 000.00		¥ 9 750.00
价税合计（大写）	⊗ 捌万肆仟柒佰伍拾元整				（小写）¥ 84 750.00		
销售方	名　　称：红星粮油批发公司 纳税人识别号：110603001112228 地址、电话：北京市丰台区万绿街26号 010-89956283 开户银行及账号：北京市工行丰台区支行 156252003595010150			备注	红星粮油批发公司 110603001112228 发票专用章		

收款人：甘婷　　复核：陆彤　　开票人：江红　　销售方：

第三联：发票联 购买方记账凭证

税总函〔2018〕507号北京东港安全印刷有限公司

图 4-6　增值税专用发票

商业承兑汇票　　2

票日期（大写）　贰零壹玖 年 柒 月 零柒 日

出票人	全　称	华信食品股份有限公司	收款人	全　称	红星粮油批发公司
	账　号	16030058363803366 6		账　号	156252003595010150
	开户银行	工行北京通州支行		开户银行	北京市工行丰台区支行
出票金额	人民币（大写）	捌万肆仟柒佰伍拾元整		亿千百十万千百十元角分	¥ 8 4 7 5 0 0 0
出票到期日(大写)	贰零壹玖年壹拾月零柒日		付款人开户行	行号	122635856323
交易合同号码	34982545675 2			地址	北京市通州区新华道12号
本汇票已经承兑，到期无条件付票款。 平张印志　承兑人签章 承兑日期 2019 年 7 月 7 日			本汇票请予以承兑于到期日付。 出票人签章		

此联持票人开户行随托收凭证寄付款人开户行作借方凭证

图 4-7　商业承兑汇票

（3）货款尚未支付，材料已经验收入库时：

发票账单已到，按发票账单所记载的有关金额记账。

发票账单未到，无法确定实际成本。

期末，应按照暂估价值记账，分录如下：

借：原材料（暂估价值）

贷：应付账款——暂估应付账款

下月期初红字冲回：

借：原材料（暂估价值，金额为红字）

贷：应付账款——暂估应付账款（暂估价值，金额为红字）

提示

这样处理，方便下期付款或开出承兑商业汇票后，按正常程序，借记“原材料”“应交税费——应交增值税（进项税额）”账户，贷记“银行存款”或“应付票据”等账户。

【情景 4-3】2019 年 7 月 10 日，华信食品股份有限公司采用委托收款结算方式购入 1 000 千克鸡蛋，材料已验收入库，材料入库单如图 4-8 所示。月末发票账单尚未收到，无法确定其实际成本，暂估价值为 9 000 元。

借：原材料——鸡蛋（暂估入账）　　9 000

贷：应付账款——上海通达有限公司（暂估入账）　　9 000

材料入库单

2019 年 7 月 10 日　　第 5 号

材料名称	计量单位	入库数量	单位成本	金　额	用途
鸡蛋	千克	1 000	9.00	9 000.00	暂估入账
合　计				9 000.00	

第三联财务部门记账

财务经理 李海洋　　部门主任 张力　　制表 张小凡

图 4-8　材料入库单

【情景 4-4】2019 年 8 月 1 日，收到购入鸡蛋的发票账单，增值税专用发票上记载的数量为 1 000 千克，单价为 10 元，货款为 9 000 元，增值税税额为 1 300 元，已用银行存款付讫，原始凭证如图 4-9 至图 4-12 所示。编制如下会计分录：

借：原材料——鸡蛋（暂估入账）　　9 000

贷：应付账款——上海路通有限公司（暂估入账）　　9 000

借：原材料——鸡蛋　　10 000

应交税费——应交增值税（进项税额）　　1 300

贷：银行存款　　11 300

材料入库单

2019 年 8 月 1 日　　　　第 6 号

材料名称	计量单位	入库数量	单位成本	金　额	用途
鸡蛋	千克	1 000	9.00	9 000.00	暂估入账
合　计				9 000.00	

第三联财务部门记账

财务经理 李海洋　　部门主任 张 力　　制表 张小凡

图 4-9　材料入库单（红字）

上海增值税专用发票

（印章：全国统一发票监制章 北京 国家税务总局监制）

3100180130　　发票联　　№ 32617215

3100180130
32617215

机器编号：
894578625987

开票日期：2019年08月01日

购买方	名　　称：华信食品股份有限公司 纳税人识别号：110202523113659 地 址 、 电 话：北京市通州区东大街67号 010-27606068 开户银行及账号：工行北京通州支行160300583638033666	密码区	3*< -4>+9 </*24761>*48+7-/8 2-7*+<>52*> 6+/1>-6</1+->633 <2**21-<* /02*3+3>+7/*7/*4+ 6+5>20**6+* 598+*95-*760-14/

货物或应税劳务、服务名称	规格型号	单位	数 量	单 价	金 额	税 率	税 额
*畜禽产品*鸡蛋		千克	1 000	10.00	10 000.00	13%	1 300.00
合　计					¥10 000.00		¥1 300.00
价税合计（大写）	⊗壹万壹仟叁佰元整				（小写）¥11 300.00		

销售方	名　　称：上海路通有限公司 纳税人识别号：342195467851225 地 址 、 电 话：上海嘉定同福路324号021-55881236 开户银行及账号：农行上海支行365745924715843258	备注	

收款人：付子辰　　复核：吴敏　　开票人：李淑萍　　销售方：

（印章：上海路通有限公司 342195467851225 发票专用章）

税总函[2018]507号北京东港安全印刷有限公司

第三联：发票联　购买方记账凭证

图 4-10　增值税专用发票

材料入库单

2019 年 8 月 1 日　　　　第 1 号

材料名称	计量单位	入库数量	单位成本	金　额	用途
鸡蛋	千克	1 000	10.00	10 000.00	
合　计				10 000.00	

财务经理 李海洋　　部门主任 张力　　制表 张小凡

第三联 财务部门记账

图 4-11　材料入库单

托收凭证（付款通知）　　5

受托日期 2019 年 8 月 1 日

业务类型	委托收款(□邮划、□电划)　托收承付(□邮划、☑电划)					
付款人 全称	华信食品股份有限公司		收款人 全称	上海路通有限公司		
付款人 账号	1603005836380336666		收款人 账号	365745924715843258		
付款人 地址	北京 省 市/县	开户行 工行通州支行	收款人 地址	上海 省 市/县	开户行 农行上海支行	
金额 人民币（大写）	壹万壹仟叁佰元整			亿 千 百 十 万 千 百 十 元 角 分	¥ 1 1 3 0 0 0 0	
款项内容	材料款	托收凭据名称	发票合同	附寄单证张数	3	
商品运发情况	已验收入库		合同名称编号	10063215002321		
备注： 付款人开户银行收到日期 2019 年 8 月 1 日 复核　记账	付款人开户银行签章 2019 年 8 月 1 日 （工商银行通州支行 2019.08.01 转讫）					

此联作付款人开户银行给付款人按期付款通知

图 4-12　托收凭证

2. 计划成本法的核算

很多企业为了加强对生产经营的控制，采用计划预算控制等手段，这就给会计核算提出要求——能够适应、满足这种控制需要。计划成本法正是体现这种要求的核算方法。

1）账户设置

材料采用计划成本核算时，材料的收发及结存，无论总分类核算还是明细分类核算，均按照计划成本计价，通过“材料采购”账户核算，账户结构如图 4-13 所示。材料实际成本与计划成本的差异，通过“材料成本差异”账户核算，账户结构如图 4-14 所示。月末，计算本月发出材料应负担的成本差异并进行分摊，从而将发出材料的计划成本调整为实际成本。

借	材料采购 贷
借方登记采购材料的实际成本	贷方登记入库材料的计划成本
期末余额在借方，反映企业在途材料的采购成本	

图 4-13 “材料采购”账户

借方大于贷方表示超支，从“材料成本差异”账户贷方转入“材料成本差异”账户的借方；贷方大于借方表示节约，从“材料成本差异”账户借方转入“材料成本差异”账户的贷方。

借	材料成本差异 贷
借方登记入库材料的超支差异	贷方登记节约差异及发出材料应负担的差异（超支差异用蓝字，节约差异用红字）
期末余额在借方，企业库存材料的实际成本大于计划成本的差异（即超支差异）	期末如为贷方余额，反映企业库存材料的实际成本小于计划成本的差异（即节约差异）

图 4-14 “材料成本差异”账户

2）账务处理

①货款已经支付，同时材料已验收入库：

购入时：

借：材料采购（支付材料价款和运杂费等）

　　贷：银行存款（应付账款、应付票据等）

入库时：

借：原材料

　　材料成本差异（超支差异）

　　贷：材料采购

　　　　材料成本差异（节约差异）

【情景 4-5】2019 年 7 月 7 日，华信食品股份有限公司购入特制面粉 4 000 千克，单价 10 元，增值税专用发票上记载的货款为 40 000 元，增值税税额为 5 200 元，发票账单已收到，计划成本为 38 000 元，已验收入库，全部款项以银行存款支付。

（1）购入材料时，原始凭证如图 4-15 和图 4-16 所示。

借：材料采购——特制面粉　　40 000

　　应交税费——应交增值税（进项税额）　　5 200

　　贷：银行存款　　45 200

北京增值税专用发票

1100183130　　发票联　　№ 00123671

1100183130
00123671

机器编号：
894578625987

开票日期：2019年07月07日

购买方	名　　称：华信食品股份有限公司 纳税人识别号：110202523113659 地址、电话：北京市通州区东大街67号 010-27606068 开户银行及账号：工行北京通州支行160300583638033666	密码区	9*< -0>+2 </*16246>*22+5-/2 5-6*+<>34*> 1+/6>-0</3+->524 <9**81-<* /19*4+4>+8/*7/*9+ 2+4>19**8+*127+*53-*806-93/

货物或应税劳务、服务名称	规格型号	单位	数量	单价	金额	税率	税额
*谷物细粉*小麦粉		千克	4 000	10.00	40 000.00	13%	5 200.00
合　　计					¥ 40 000.00		¥ 5 200.00
价税合计（大写）	⊗ 肆万伍仟贰佰元整				（小写）¥ 45 200.00		

销售方	名　　称：红星粮油批发公司 纳税人识别号：110603001112228 地址、电话：北京市丰台区万绿街26号 010-89956283 开户银行及账号：北京市工行丰台区支行 156252003595010150	备注	红星粮油批发公司 110603001112228 发票专用章

收款人：甘婷　　复核：陆彤　　开票人：江红　　销售方：

税总函［2018］507号北京东港安全印刷有限公司

第三联：发票联　购买方记账凭证

图 4-15　增值税专用发票

中国工商银行
转账支票存根

10235875
NO　35876453

附加信息

出票日期 2019 年 7 月 7 日

收款人：红星粮油批发公司

金　额：¥ 45 200.00

用　途：购买原材料

单位主管 张志平　　会计 孙佳颖

北京市石钞证券印刷有限公司．2019年印制

图 4-16　转账支票存根

（2）验收入库时，原始凭证如图 4-17 所示。

借：原材料——特制面粉　　38 000

　　材料成本差异　　2 000

　　贷：材料采购——特制面粉　　40 000

收料单

供应单位：红星粮油批发公司　　　　　　　　　　　　　　　　　　编号：1
材料类别：原材料　　　　　　2019 年 7 月 7 日　　　　　　　　收料仓库：1号库

材料编号	材料名称	规格	计量单位	应收	实收	实际价格				计划价格	
						单价	发票金额	运杂费	合计	单价	金额
	特质面粉		千克	4 000	4 000	10.00	40 000.00		40 000.00		38 000.00
备注：											

第二联会计记账

部门经理 李海洋　　会计 王涛　　仓库 赵田　　经办人 李丁

图 4-17　收料单

②货款已经支付，材料尚未验收入库：

购入时：

借：材料采购（支付材料价款和运杂费等）

　　贷：银行存款（应付账款、应付票据等）

入库时：

借：原材料

　　材料成本差异（超支差异）

　　贷：材料采购

　　　　材料成本差异（节约差异）

【情景 4-6】2019 年 7 月 9 日，华信食品股份有限公司购入特质面粉 2 000 千克，单价 11 元，增值税专用发票上记载的货款为 22 000 元，增值税税额为 2 860 元，款项已经支付，发票账单已收到，计划成本 20 000 元，材料尚未入库。

（1）购入材料时，原始凭证如图 4-18 和图 4-19 所示。

借：材料采购——特质面粉　　　　　　　　　　　22 000

　　应交税费——应交增值税（进项税额）　　　　2 860

　　贷：银行存款　　　　　　　　　　　　　　　　　24 860

北京增值税专用发票

发票联

1100183130　　　　№ 00123672

1100183130
00123672

机器编号：
894578625987

开票日期：2019年07月09日

购买方	名　　称：华信食品股份有限公司 纳税人识别号：110202523113659 地址、电话：北京市通州区东大街67号 010-27606068 开户银行及账号：工行北京通州支行160300583538033666	密码区	5*< -8>+7 < / *14741>*38+8-/1 9-4*+<>18*> 2+/7>-5</0+->853 <7**42-<* / 33*0+4>+8/*6/*1+ 0+1>83*+1+* 206+*67-*029-11/

货物或应税劳务、服务名称	规格型号	单位	数量	单价	金额	税率	税额
*谷物细粉*小麦粉		千克	2 000	11.00	22 000.00	13%	2 860.00
合　　计					¥ 22 000.00		¥ 2 860.00
价税合计（大写）	⊗ 贰万肆仟捌佰陆拾元整				（小写）¥ 24 860.00		

销售方	名　　称：红星粮油批发公司 纳税人识别号：110603001112228 地址、电话：北京市丰台区万绿街26号 010-89956283 开户银行及账号：北京市工行丰台区支行 156252003595010150	备注	

收款人：甘婷　　复核：陆彤　　开票人：江红　　销售方：

红星粮油批发公司 110603001112228 发票专用章

全国统一发票监制章 北京 国家税务总局监制

第三联：发票联 购买方记账凭证

税总函〔2018〕507号北京东港安全印刷有限公司

图 4-18　增值税专用发票

中国工商银行
转账支票存根

10235875
NO 35876454

附加信息

出票日期 2019 年 7 月 9 日

收款人：红星粮油批发公司

金　额：¥ 24 860.00

用　途：购买原材料

单位主管 张志平　会计 孙佳颖

北京市石钞证券印刷有限公司．2019年印制

图 4-19　转账支票存根

（2）验收入库时，原始凭证如图 4-20 所示。

借：原材料——特质面粉	25 000	
贷：材料采购——特质面粉		22 000
材料成本差异		3 000

收料单

供应单位：红星粮油批发公司　　　　　　　　　　　　　　　　编号：2

材料类别：原材料　　　　2019 年 7 月 9 日　　　　　　收料仓库：1号库

材料编号	材料名称	规格	计量单位	应收	实收	实际价格				计划价格	
						单价	发票金额	运杂费	合计	单价	金额
	特质面粉		千克	2 000	2 000	11.00	22 000.00		22 000.00		25 000.00
备注:											

第二联会计记账

部门经理 李海洋　　会计 王涛　　仓库 赵田　　经办人 李丁

图 4-20　收料单

③发票账单未到，材料已经验收入库：

当未收到发票账单时，月末应按计划成本暂估入账。

借：原材料

　　贷：应付账款——暂估应付账款

下月期初做相反分录予以冲回。

借：应付账款——暂估应付账款

　　贷：原材料

待实际收到发票账单时，按照账单和材料同时到的情况进行账务处理。

④验收入库时发现材料短缺或者损耗：

验收时如果发现材料短缺或者损耗，应该及时查明原因。如果为合理损耗，验收入库时：

借：原材料［实际验收材料的计划成本（实际验收的数量 × 计划单价）］

　　贷：材料采购［材料的实际成本（不扣除合理损耗）］

差额计入“材料成本差异”账户，也就是说合理损耗部分最终形成了材料成本差异；如果为不合理损耗，账务处理时分两步：

第一步将未损耗部分入库。

借：原材料（未损耗部分的计划成本）

　　贷：材料采购（未损耗部分的实际成本）

差额计入“材料成本差异”账户。

第二步将不合理损耗部分的实际成本从“材料采购”账户中转出，同时结转该部分材料应该负担的进项税，记入“其他应收款”“营业外支出”“待处理财产损溢”等账户。

【情景 4-7】2019 年 7 月 10 日，华信食品股份有限公司购入鸡蛋 3 000 千克，单价为 10 元，实际成本为 30 000 元，增值税为 3 900 元，货款已付。材料验收入库时，实收为 2 990 千克，计划单位成本为 9 元。其中短缺 10 千克。

（1）根据发票账单，原始凭证如图 4-21 和图 4-22 所示，企业应该编制如下会计分录：

借：材料采购——鸡蛋　30 000

　　应交税费——应交增值税（进项税额）　3 900

　　贷：银行存款　33 900

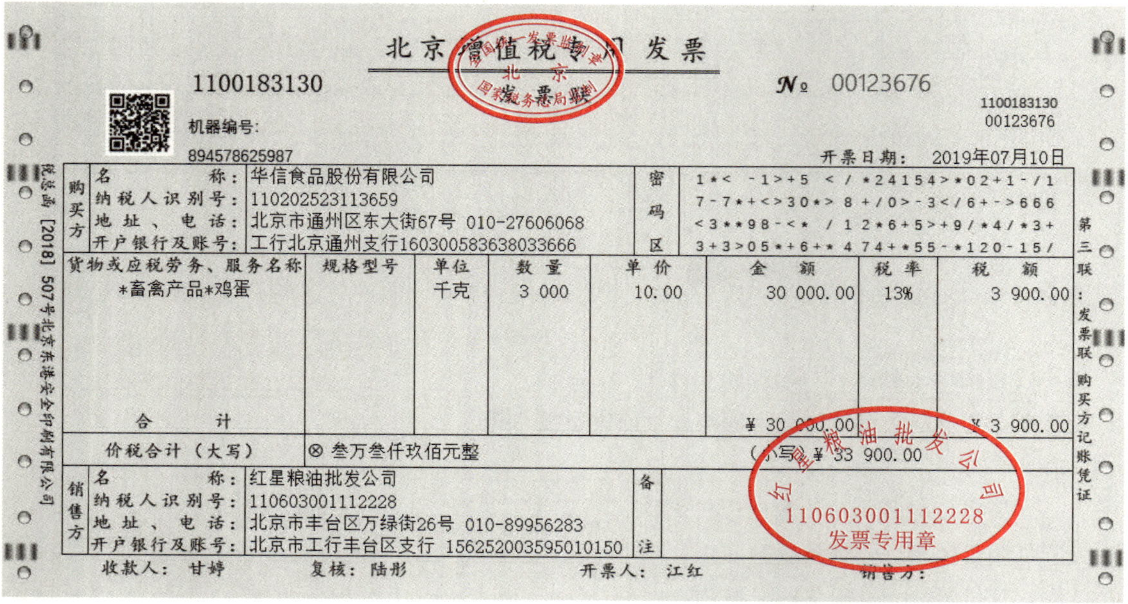

北京增值税专用发票

1100183130　№ 00123676

1100183130
00123676

机器编号：
894578625987

开票日期：2019年07月10日

购买方	名称：华信食品股份有限公司 纳税人识别号：110202523113659 地址、电话：北京市通州区东大街67号 010-27606068 开户银行及账号：工行北京通州支行160300583638033666			密码区	1*< -1>+5 </ *24154>*02+1-/1 7-7*+<>30*> 8 +/0>-3</6+->666 <3**98-<* / 1 2*6+5>+9/*4/*3+ 3+3>05*+6+* 4 74+*55-*120-15/		
货物或应税劳务、服务名称	规格型号	单位	数量	单价	金额	税率	税额
*畜禽产品*鸡蛋		千克	3 000	10.00	30 000.00	13%	3 900.00
合计					¥ 30 000.00		¥ 3 900.00
价税合计（大写）	⊗ 叁万叁仟玖佰元整				（小写）¥ 33 900.00		
销售方	名称：红星粮油批发公司 纳税人识别号：110603001112228 地址、电话：北京市丰台区万绿街26号 010-89956283 开户银行及账号：北京市工行丰台区支行 156252003595010150			备注			

收款人：甘婷　复核：陆彤　开票人：江红　销售方：

第三联：发票联　购买方记账凭证

税总函〔2018〕507号北京市港安全印刷有限公司

图 4-21　增值税专用发票

中国工商银行
转账支票存根

10235875
NO 35876465

附加信息

出票日期 2019 年 7 月 10 日

收款人：红星粮油批发公司

金额：¥ 33 900.00

用途：购买鸡蛋

单位主管 张志平　会计 孙佳颖

北京市石钞证券印刷有限公司．2019年印制

图 4-22　转账支票存根

（2）假设 10 千克损耗为合理损耗，收料单如图 4-23 所示，则企业应该编制如下会计分录：

原材料 =2 990×9=26 910（元）

借：原材料——鸡蛋　　26 910

　　材料成本差异　　3 090

　　贷：材料采购——鸡蛋　　30 000

收料单

供应单位：红星粮油批发公司　　编号：4

材料类别：原材料　　2019 年 7 月 10 日　　收料仓库：1号库

材料编号	材料名称	规格	计量单位	应收	实收	实际价格				计划价格	
						单价	发票金额	运杂费	合计	单价	金额
	鸡蛋		千克	3 000	2 990	10.00	33 900.00		33 900.00	9.00	27 000.00
备注：											

第二联 会计记账

部门经理 李海洋　　会计 王涛　　仓库 赵田　　经办人 李丁

图 4-23　收料单

（3）假设 10 千克损耗为非合理损耗，原因待查，则企业应该编制如下会计分录：

借：原材料——鸡蛋　　26 910

　　材料成本差异　　2 990

　　贷：材料采购——鸡蛋　　29 900

借：待处理财产损溢——待处理流动资产损溢　　104.4

　　贷：材料采购——鸡蛋　　90

　　　　应交税费——应交增值税（进项税转出）　　14.4

（4）处理时经批准转入营业外支出，处理报告如图 4-24 所示。

借：营业外支出　　104.4

　　贷：待处理财产损溢——待处理流动资产损溢　　104.4

存货毁损处理报告

由于材料在运输过程中发生碰撞，造成鸡蛋毁损 10 千克，经决定计入营业外支出。

华信食品股份有限公司

（印章：华信食品股份有限公司 财务专用章）

2019 年 7 月 20 日

图 4-24　存货毁损处理报告

4.3 发出存货的计价方法

cfo 要求你知道

什么是先进先出法——先进先出法
什么是一次加权平均法——一次加权平均法
什么是移动加权平均法——移动加权平均法
什么是个别计价法——个别计价法

关键术语

实际成本法（Actual Costing）
先进先出法（First-in First-out Method）
一次加权平均法（One-time Weighted Average Method）
移动加权平均法（Moving Weighted Average Method）
个别计价法（Specific Cost Identification Method）

4.3.1 实际成本法下发出存货的核算

在实际成本核算方式下，企业可以采用的发出存货成本的计价方法具体包括先进先出法、一次加权平均法、移动加权平均法和个别计价法等。

1. 先进先出法

收入存货时，逐笔登记收入存货的数量、单价和金额；发出存货时，按照先进先出法逐笔登记存货的发出成本和结存金额。

【情景 4-8】华信食品股份有限公司 2018 年 12 月的白砂糖明细分类账如图 4-25 所示。采用先进先出法计算白砂糖的发出成本和期末成本。

原材料明细分类账

二级科目 白砂糖　　　　　　　　　　　　　　单位：元

2018年 月	日	凭证号 字	号	摘要	借方 数量	借方 单价	借方 金额	贷方 数量	贷方 单价	贷方 金额	结存 数量	结存 单价	结存 金额
12	1			期初余额							300	8.00	2 400.00
	6	付	1	购买原材料							300	8.00	2 400.00
					100	8.20	820.00				100	8.20	820.00
	10	转	2	生产领用							50	8.00	400.00
								250	8.00	2 000.00	100	8.20	820.00
	13	转	3	购买原材料							50	8.00	400.00
											100	8.20	820.00
					200	8.30	1 660.00				200	8.30	1 660.00
	25	转	9	生产领用				50	8.00	400.00			
								100	8.20	820.00			
								50	8.30	415.00	150	8.30	1 245.00
	31			本月合计	300		2 480.00	450		3 635.00	150		1 245.00

图 4-25　白砂糖明细分类账

先进先出法的特点：①可以随时结转存货发出成本，但较烦琐。存货收发业务较多，且存货单价不稳定时，其工作量较大。②期末存货成本接近现行市价。在物价持续上涨的情况下，会使发出存货成本偏低，企业当期利润和库存存货价值被高估；反之，会低估企业存货价值和当期利润。

2. 一次加权平均法

一次加权平均法也称月末一次加权平均法，指企业期末计算存货平均单位成本时，以期初存货数量和本期收入存货数量为权数，以期初结存存货成本和本期收入存货成本之和除以权数，计算出存货的平均单位成本，据此计算本期发出存货和期末存货的实际成本的方法。计算公式如下：

加权平均单位成本 =（期初结存金额 + 本期进货金额）÷（期初结存数量 + 本期进货数量）

期末结存存货成本 = 加权平均单位成本 × 期末结存数量

本期发出存货成本 = 期初成本 + 本期进货成本 − 期末存货成本

如果计算出的加权平均单位成本不是整数，需要四舍五入。为了保持账面数字之间的平衡关系，一般采用倒挤法计算发出存货成本。

采用月末一次加权平均法计算发出和结存存货成本比较简单，有利于简化成本计算工作，但由于平时无法从账上提供发出和结存存货的单价及金额，所以不利于存货成本的日常管理与控制。

【情景 4-9】华信食品股份有限公司 2018 年 12 月的鸡蛋明细分类账如图 4-26 所示。采用月末一次加权平均法计算鸡蛋的发出成本和期末成本。

原材料明细分类账

二级科目 鸡蛋　　　　单位：元

2018年		凭证号		摘要	借方			贷方			结存		
月	日	字	号		数量	单价	金额	数量	单价	金额	数量	单价	金额
12	1			期初余额							300	10.00	300000
	6	付	1	购买原材料	100	10.20	102000				400		
	10	转	3	生产领用				250			150		
	13	付	5	购买原材料	200	10.30	206000				350		
	25	转	9	生产领用				200			150		
	31			本月合计	300		308000	450	10.13	456000	150	10.13	152000

图 4-26　鸡蛋明细分类账

3. 移动加权平均法

移动加权平均法是以存货的结存量与每批收入存货数量为权数，计算存货平均单位成本的一种方法。它弥补了月末一次加权平均法的缺陷，在每次收入存货时，只要收入存货的单位成本与库存存货的单位成本不一致，就要计算一次加权平均单位成本，然后以此单位成本作为以后计算发出存货和结存存货成本的依据。移动加权平均单位成本的计算公式如下：

移动平均单位成本 =（本次进货之前库存存货的实际成本 + 本次进货的实际成本）÷（本次进货之前库存存货数量 + 本次进货的数量）

本次发出存货的成本 = 本次发出存货的数量 × 移动平均单位成本

期末库存存货成本 = 期末库存存货的数量 × 移动平均单位成本

【情景 4-10】沿用情景 4-8，采用移动加权平均法计算白砂糖的发出成本和期末成本。

12 月 10 日发出存货的单位成本 =（300×8+100×8.2）÷（300+100）=8.05（元）

12 月 10 日发出存货的成本 =8.05×250=2 012.5（元）

12 月 25 日发出存货的单位成本 =（8.05×150+200×8.3）÷（150+200）=8.19（元）

12 月 25 日发出存货的成本 =8.19×200=1 638（元）

运用移动加权平均法可以随时计算存货的平均单位成本，计算出的发出和结存存货的成本比较客观。但由于每次收货都要计算一次平均单价，计算工作量较大，该方法对收发货频繁的企业不适用。

4. 个别计价法

个别计价法亦称个别认定法、具体辨认法、分批实际法。这种方法假设存货具体项目的实物流转与成本流转一致，按照各种存货逐一辨认各批发出存货和期末存货所属的购进批别或生产批别，分别按其购入或生产时所确定的单位成本计算各批发出存货和期末存货成本，把每一种存货的实际成本作为计算发出存货成本和期末存货成本的基础。

采用个别计价法计算发出存货的成本和期末存货的成本比较合理，计算结果比较准确，但这种方法需要对发出和结存存货的批次进行具体认定，以辨别其所属的收入批次，实务操作的工作量繁重，难度较大。适用于企业为特定的项目专门购入或制造并单独存放的存货，以及购入批次少、容易识别、单位价值较高的贵重物资，如房产、船舶、飞机、重型设备、珠宝、名画等。

4.3.2 计划成本法下发出存货的核算

月末，企业根据领料单等编制“发料凭证汇总表”，结转发出材料的计划成本，应当根据所发出材料的用途，按计划成本做如下分录：

借：生产成本

　　制造费用

　　销售费用

　　管理费用

　　贷：原材料

根据《企业会计准则第1号——存货》的规定，企业日常采用计划成本核算的，发出的材料成本应由计划成本调整为实际成本，通过“材料成本差异”账户进行结转，按照所发出材料的用途，分别记入“生产成本”“制造费用”“销售费用”“管理费用”等账户。发出材料应负担的成本差异应当按期（月）分摊，不得在季末或年末一次计算。

$$\text{本期存货成本差异率}=\frac{\text{期初结存存货的成本差异}+\text{本期入库存货的成本差异}}{\text{期初结存存货的计划成本}+\text{本期入库存货的计划成本}}\times 100\%$$

发出存货应负担的成本差异 = 发出存货的计划成本 × 存货成本差异率

发出存货的实际成本 = 发出存货的计划成本 ± 发出存货应负担的成本差异

提示 超支差用正数表示，节约差用负数表示。

【情景 4-11】华信食品股份有限公司“发料凭证汇总表”的记录如图 4-27 所示，12 月特质面粉的消耗为，生产面包领用 200 000 元，生产蛋糕领用 250 000 元。

借：生产成本——面包　　200 000

　　　　　　——蛋糕　　250 000

　　贷：原材料——特质面粉　　450 000

发料凭证汇总表

2018年 12月 30日

领料部门和用途			原材料 特质面粉	合计
基本生产车间	面包	产品耗用	200 000.00	200 000.00
	蛋糕	产品耗用	250 000.00	250 000.00
	车间一般耗用			
行政管理部门耗用				
销售部门耗用				
合计			450 000.00	450 000.00

审核 李海洋　　制单 王 涛

图 4-27　发料凭证汇总表

【情景 4-12】沿用情景 4-11，假定月末计算材料成本差异率为 -5%，结转发出材料的成本差异的会计分录如下：

借：材料成本差异　　22 500

　　贷：生产成本　　22 500

提示

如果为节约差，也从“材料成本差异”账户的贷方结转，用红字表示。

企业存货在按照计划成本进行日常核算时具有以下特点：一是将各批采购存货的实际成本与计划成本进行比较，用以考核评价采购部门的工作业绩；二是对存货的核算，平时只需要着重数量处理，不仅简化了仓库的核算，而且使凭证的填制和传递简单、迅速，记账手续大大简化；三是在价格变动较频繁、变动幅度较大的情况下，容易使成本数据失去正确性，增加了修订计划成本的工作量。

4.4 存货的期末计量

——如何确定资产负债表日存货价值

cfo 要求你知道

成本与可变现净值孰低法——存货期末计量原则

资产负债表日存货价值的计算——存货期末计量的方法

关键术语

可变现净值（Net Realizable Value）

4.4.1 存货期末计量的原则

会计期末，企业存货一般反映的是其历史成本。然而，在存货的市价下降后，出售存货获取收入的能力会相应降低。为了真实、准确地反映企业期末资产的价值，体现谨慎性原则，我国会计准则规定，资产负债表日，存货应该采用“成本与可变现净值孰低法”计量。

成本与可变现净值孰低法是指当存货成本低于可变现净值时，以成本计量；当存货的成本高于可变现净值时，应当计提存货跌价准备，计入当期损益。其中，“成本”是指期末存货的实际成本（如果企业在存货成本的日常核算中采用计划成本法、售价金额核算法等简化核算方法，则成本为经调整后的实际成本）；“可变现净值”是指在日常活动中，以存货的估计售价减去至完工时估计将要发生的成本、估计的销售费用及相关税费后的金额。

4.4.2 存货期末计量的方法

1. 可变现净值的确定方法

企业持有存货的目的不同，存货可变现净值的确定方法不同。

（1）直接用于出售的存货，在正常生产经营过程中，应当以该存货的估计售价减去估计的销售费用和相关税费后的金额，确定其可变现净值（可变现净值 = 存货估计售价 − 估计销售税费）。

【情景 4-13】2018 年 12 月 31 日，华信食品股份有限公司特制面粉的实际成本为 3 000 元，加工该材料至完工产成品估计还将发生成本为 2 000 元，估计销售费用和相关税费为 1 000 元，估计用该存货生产的产成品售价 8 000 元。计算该项存货的可变现净值。

可变现净值 =8 000−1 000−2 000=5 000（元）

（2）用于继续生产的在产品存货，在正常生产经营过程中，应当以所生产的产成品的估计售价减去至完工时估计将要发生的成本、估计的销售费用和相关税费后的金额，确定其可变现净值。

可变现净值 = 产成品估计售价 − 继续加工至可销售状态的成本 − 估计销售税费

【情景 4-14】2018 年 12 月 31 日，华信食品股份有限公司面包的实际成本为 200 000 元，估计销售费用和相关税费为 5 000 元，估计该存货售价 100 000 元。计算该项存货的可变现净值。

可变现净值 =200 000−100 000−5 000=95 000（元）

（3）为生产而持有的材料，可变现净值根据材料所生产的“产成品”而确定。若产成品的可变现净值高于产成品成本，材料按其成本计量；若产成品的可变现净值低于产成品成本，材料按可变现净值计量。

资产负债表日，同一项存货中一部分有合同价格约定、其他部分不存在合同价格的，企业应分别确定其可变现净值，并与其相对应的成本进行比较，分别确定存货跌价准备的计提或转回的金额。

【情景 4-15】2018 年 12 月 31 日，华信食品股份有限公司库存原材料鸡蛋的账面价值为 3 000 元，可用于生产 10 箱蛋糕，相对应的市场销售价格为 12 000 元，假设不发生其他购买费用。虽然用鸡蛋作为生产原材料的蛋糕的市场销售价格由 12 000 元下降为 10 000 元，但其生产成本仍为 5 000 元，即将该批鸡蛋加工成蛋糕尚需投入 5 000 元，估计销售费用及税金为 3 000 元。

根据上述资料，可按以下步骤确定该批鸡蛋的账面价值。

第一步，计算用该原材料所生产的产成品的可变现净值。

蛋糕的可变现净值 = 蛋糕估计售价 − 估计销售费用及税金 =10 000−3 000=7 000（元）

第二步，将用该原材料所生产的产成品的可变现净值与其成本进行比较。

蛋糕的可变现净值低于其成本，因此该批鸡蛋应当按可变现净值计量。

第三步，计算该批鸡蛋的可变现净值，并确定其期末价值。

该批鸡蛋的可变现净值 = 蛋糕的估计售价 − 将该批鸡蛋加工成蛋糕尚需投入的成本 − 估计销售费用及税金 =10 000−5 000−3 000=2 000（元）

该批鸡蛋的可变现净值低于其成本，因此该批鸡蛋的期末价值应为其可变现净值 2 000 元。

2. 存货跌价准备的计提和转回

1）存货跌价准备的计提

存货跌价准备通常按单个存货项目计提。但是，对于数量繁多、单价较低的存货，可以按照存货类别计提存货跌价准备。与在同一地区生产和销售的产品系列相关、具有相同或类似最终用途或目的，且难以与其他项目分开计量的存货，可以合并计提存货跌价准备。

期末对存货进行计量时，如果同一类存货中一部分有合同价格约定，另一部分不存在合同价格，企业应区分有合同价格约定的和没有合同价格约定的存货，分别确定其期末可变现净值，并与其相对应的成本进行比较，从而分别确定是否需计提存货跌价准备。

【情景 4-16】2018 年年末，华信食品股份有限公司植物油的账面成本为 5 000 元，本年以来植物油的市场价格持续下跌，根据资产负债表日状况确定的植物油的可变现净值为 4 500 元，“存货跌价准备”期初余额为零，应计提的存货跌价准备为 500（=5 000−4 500）元。存货跌价准备计提表如图 4-28 所示，相关账务处理如下：

借：资产减值损失——植物油　　500

　　贷：存货跌价准备——植物油　　500

存货跌价准备计提表

2018 年 12 月 30 日

名称	账面价值	可变现净值	跌价准备
植物油	5 000.00	4 500.00	500.00

仓库主任 赵田　　　　制表 李丁

图 4-28　存货跌价准备计提表

2）存货跌价准备的转回

当以前减记存货价值的影响因素已经消失，减记的金额应当予以恢复，并在原已计提的存货跌价准备金额内转回，转回的金额计入当期损益。

在核算存货跌价准备的转回时，转回的存货跌价准备与计提该准备的存货项目或类别应当存在直接对应关系。在原已计提的存货跌价准备金额内转回，意味着转回的金额以将存货跌价准备的余额冲减至零为限。

【情景 4-17】2018 年年末，华信食品股份有限公司植物油的种类和数量、账面成本和已计提的存货跌价准备均未发生变化，但是 2018 年以来植物油的市场价格持续上升，市场前景明显好转，至 2018 年年末根据当时状态确定的植物油的可变现净值为 6 000 元。

相关账务处理如下：

借：存货跌价准备——植物油　　　　500

　　贷：资产减值损失——植物油　　　　500

4.5 存货清查

——检查存货是否账实相符

cfo 要求你知道

实地盘点法——存货清查的方法

使用的会计科目和账务处理——存货清查的会计核算

关键术语

存货清查（Inventory Check）

实地盘点法（Physical Inventory System）

4.5.1 存货清查的概念和方法

存货清查是指通过对存货的实地盘点，确定存货的实有数量，并与账面结存数核对，从而确定存货实存数与账面结存数是否相符的一种行为。存货清查的方法采用实地盘点法。

实地盘点法是指在财产物资存放现场逐一清点数量或用计量仪器确定其实存数的一种方法。实地盘点法适用于容易清点或计量的财产物资及现金等货币资金的清查，如对原材料、包装物、库存商品、固定资产的清查。该方法的优点是数字准确可靠，缺点是工作量较大。

4.5.2 存货清查的核算

1. 账户设置

存货发生盘盈、盘亏和毁损时，要通过“待处理财产损溢”核算，期末处理后该账户无余额。

“待处理财产损溢”是一个特殊的资产类账户，简称“特产类账户”，账户结构如图4-29所示，贷方记增加，借方记减少，核算公司在清查财产过程中查明各种财产物资的盘盈、盘亏和毁损。

借　　待处理财产损溢	贷
借方登记财产物资的盘亏数、毁损数和批准转销的财产物资盘盈数	贷方登记财产物资的盘盈数和批准转销的财产物资盘亏及毁损数

图4-29 “待处理财产损溢”账户

2. 账务处理

存货盘盈、盘亏进行会计处理时分两步：第一步，批准前调整为账实相符；第二步，批准后结转处理。

1）存货盘盈（实物多、账上少）

批准前调账，使之和实际相等。

借：原材料

　　贷：待处理财产损溢——待处理流动资产损溢

批准后结转处理，冲减管理费用。

借：待处理财产损溢——待处理流动资产损溢

　　贷：管理费用

提示

如果在期末处理意见未出，先按查明原因进行会计处理，等到批准意见出来后再调整期初数。

2）存货盘亏（实物少、账上多）

批准前调账：

借：待处理财产损溢——待处理流动资产损溢

　　贷：原材料

批准后处理：

借：原材料（残料入库）

　　管理费用（经营损失）

　　其他应收款（保险公司、责任人承担）

　　营业外支出（非常损失的净损失）

　　贷：待处理财产损溢——待处理流动资产损溢

【情景 4-18】华信食品股份有限公司 12 月末进行了一次存货清查，存货盘点报告表如图 4-30 所示。请根据存货盘点报告表及相关凭证，编制批准前的会计分录。12 月 30 日，主管对存货盘点结果做出如下批复："由于白砂糖和鸡蛋属于保管过程的正常盈亏，按规定结转；特质面粉所在仓库受暴雪侵袭，但在抗暴雪时，仓库保管员采取的措施明显有误，应赔偿 10%，其余做非正常损失处理。"存货盘点结果处理报告如图 4-31 所示。请编制批准后的会计分录。

批准前：

借：原材料——白砂糖　　16

　　贷：待处理财产损溢——待处理流动资产损溢　　16

借：待处理财产损溢——待处理流动资产损溢　　300

　　贷：原材料——特质面粉　　200

　　　　　　　——鸡蛋　　100

存货盘点报告表

2018 年 12 月 30 日

名称	计量单位	规格	数量		单价	盘盈		盘亏		备注
			账存	实存		数量	金额	数量	金额	
特质面粉	千克		2 000	1 980	10.00			20	200.00	略
白砂糖	千克		1 000	1 002	8.00	2	16.00			
鸡蛋	千克		3 000	2 990	10.00			10	100.00	

第二联会计记账

盘点人 王宏宇　　　　保管人 李丁

图 4-30　存货盘点报告表

批准后：

借：待处理财产损溢——待处理流动资产损溢	16	
贷：管理费用		16
借：管理费用	100	
贷：待处理财产损溢——待处理流动资产损溢		100
借：其他应收款	23.2	
营业外支出	208.8	
贷：待处理财产损溢——待处理流动资产损溢		200
应交税金——应交增值税（进项税转出）		32

存货盘点结果处理报告

由于白砂糖和鸡蛋属于保管过程的正常盈亏，按规定结转；特质面粉所在仓库受暴雪侵袭，但在抗暴雪时，仓库保管员采取的措施明显有误，应赔偿 10%，其余做非正常损失处理。

华信食品股份有限公司

2018 年 12 月 30 日

图 4-31　存货盘点结果处理报告

5 金融资产

——代表未来收益或资产合法要求权的凭证

CFO 导语

作为一个会计要知道：

1. 金融资产的概念和分类是什么？
2. 以摊余成本计量的金融资产业务如何核算？
3. 以公允价值计量且其变动计入其他综合收益的金融资产业务如何核算？
4. 以公允价值计量且其变动计入当期损益的金融资产业务如何进行核算？

本项目架构

- 金融资产概述
  - 第一类金融资产
    - 第二类金融资产
      - 第三类金融资产

5.1 金融资产概述

——金融资产核算是一项怎样的工作

cfo 要求你知道

什么是金融资产——金融资产的概念

金融资产有哪些形式——金融资产的分类

关键术语

金融资产（Financial Assets）

业务模式（Business Model）

5-1

5.1.1 金融资产概述

1. 金融资产的概念

金融资产与实物资产相对，是指单位或个人所拥有的以价值形态存在的资产，是代表未来收益或资产合法要求权的凭证。

金融资产是指企业持有的现金、其他方的权益工具及符合下列条件之一的资产：第一，从其他方收取现金或其他金融资产的合同权利；第二，在潜在有利条件下，与其他方交换金融资产或金融负债的合同权利；第三，将来须用或可用企业自身权益工具进行结算的非衍生工具合同，且企业根据该合同将收到可变数量的自身权益工具；第四，将来须用或可用企业自身权益工具进行结算的衍生工具合同，但以固定数量的自身权益工具交换固定金额的现金或其他金融资产的衍生工具合同除外。

2. 金融资产的内容

根据金融资产的概念，金融资产有以下内容：

（1）现金，如库存现金。

（2）持有的其他单位的权益工具，如长期股权投资。

（3）从其他单位收取现金或其他金融资产的合同权利，如应收账款、应收票据。

（4）在潜在有利条件下，与其他单位交换金融资产或金融负债的合同权利，如看涨期权，若市场看好，有权以之前合同约定好的价格买进标的物。

（5）将来须用或可用企业自身权益工具进行结算的非衍生工具的合同权利，企业根据该合同将收到可变数量的自身权益工具。

例如，2018 年 2 月 1 日，甲企业为上市公司，为回购其普通股股份，与乙企业签订合同，并向其支付 100 万现金。根据合同，乙企业将于 2018 年 6 月 30 日向甲企业交付与 100 万元等值的甲企业普通股。甲企业可获取的普通股的具体数量以 2018 年 6 月 30 日甲企业的股价确定。本例中，甲企业收到的自身普通股的数量随着其普通股市场价格的变动而变动。在这种情况下，甲企业应当确认一项金融资产。

（6）将来须用或可用企业自身权益工具进行结算的衍生工具合同，但以固定数量的自身权益工具交换固定金额的现金或其他金融资产的衍生工具合同除外。其中，企业自身权益工具不包括应当按照《企业会计准则第 37 号——金融工具列报》分类为权益工具的可回售工具或发行方仅在清算时才有义务向另一方按比例交付其净资产的金融工具，也不包括本身就要求在未来收取或交付企业自身权益工具的合同。

例如，甲企业于 2017 年 2 月 1 日向乙企业支付 5 000 元购入以自身普通股为标的的看涨期权。根据该期权合同，甲企业有权以每股 100 元的价格向乙企业购入甲企业普通股 1 000 股，行权日为 2018 年 6 月 30 日。在行权日，期权将以甲企业普通股净额结算。假设行权日甲企业普通股的每股市价为 125 元，则期权的公允价值为 25 000 元，则甲企业会收到 200 股（25 000/125）自身普通股对看涨期权进行净额结算。本例中，期权合同属于将来须用企业自身权益工具进行结算的衍生工具合同，由于合同约定以甲企业的普通股净额结算期权的公允价值，而非按照每股 100 元的价格全额结算 1 000 股甲企业股票，因此不属于“以固定数量的自身权益工具交换固定金额的现金”。在这种情况下，甲企业应当将该看涨期权确认为一项衍生金融资产。

提示

企业自身权益工具不包括本身就是在将来收取或支付企业自身权益工具的合同。

5.1.2 金融资产的分类

金融资产有广义和狭义之分。广义上，金融资产主要包括库存现金、应收账款、应收票据、贷款、垫款、其他应收款、应收利息、债权投资、股权投资、基金投资、衍生金融资产等。狭义上，根据企业管理金融资产的业务模式和金融资产的合同现金流量特征，金融资产可以分为以下三类：以摊余成本计量的金融资产；以公允价值计量且其变动计入其他综合收益的金融资产；以公允价值计量且其变动计入当期损益的金融资产。

提示

企业管理金融资产的业务模式决定了企业所管理金融资产现金流量的来源是收取合同现金流量、出售金融资产还是两者兼有。企业管理金融资产的业务模式，应当以企业关键管理人员决定的对金融资产进行管理的特定业务目标为基础而确定；还应当以客观事实为依据，不得以按照合理预期不会发生的情形为基础而确定。

金融资产的合同现金流量特征，是指金融工具合同约定的、反映相关金融资产经济特征的现金流量属性。

5.2 第一类金融资产——以摊余成本计量的金融资产

cfo 要求你知道

什么是以摊余成本计量的金融资产——概念
以摊余成本计量的金融资产会计账户——账户设置
以摊余成本计量的金融资产会计分录——账务处理

关键术语

摊余成本（Amortized Cost）
实际利率（Real Interest Rate）
票面利率（Statedinterest Rate）

5-2

5.2.1 第一类金融资产的概念

金融资产同时符合下列条件的，应当分类为以摊余成本计量的金融资产：第一，企业管理该金融资产的业务模式是以收取合同现金流量为目标；第二，该金融资产的合同条款规定，在特定日期产生的现金流量，仅为对本金和以未偿付本金金额为基础的利息的支付。

5.2.2 第一类金融资产的账户设置

为了核算以摊余成本计量的金融资产的取得、收取利息和出售等业务，企业应设置“债权投资”“投资收益”等账户进行核算，如图 5-1 和图 5-2 所示。

借 债权投资	贷
借方登记该项金融资产的取得成本、一次还本付息债券投资在资产负债表日按照票面利率计算确定的应收未收利息等	贷方登记企业出售该项金融资产时结转的成本等
期末借方余额，反映企业以摊余成本计量的金融资产的摊余成本	

图 5-1 “债权投资”账户

借 投资收益	贷
借方登记企业投资的损失数	贷方登记企业投资的收益数

图 5-2 “投资收益”账户

按照以摊余成本计量的金融资产的类别，分别设置“成本”“利息调整”“应计利息”等明细账户进行明细核算。

“成本”明细账户登记所购入债券的面值，即无论是溢价还是折价购入的债券，在核算时“成本”明细账户始终记录的是债券的面值。

“利息调整”明细账户的初始入账金额等于“实际支付的价款减去实际支付的价款中包含的已到付息期但尚未领取的利息的差额”与“债券面值”的差额。在资产负债表日，该账户核算企业采用实际利率法计算的债权投资摊销额。

“应计利息”明细账户登记到期一次还本付息的债券的应收利息，期末账户余额反映企业累计应收的投资利息。

5.2.3 第一类金融资产的账务处理

1. 初始计量

1）入账价值和交易费用

债权投资的初始入账价值按公允价值和交易费用之和计量（其中，交易费用在“债权投资——利息调整”科目核算）。实际支付款项中包含的已到付息期尚未领取的利息，应单独确认为应收项目。

债权投资的入账价值 = 买价 - 到期未收到的利息 + 交易费用

2）账务处理

取得以摊余成本计量的金融资产时：

借：债权投资——××（成本）（应按该投资的面值）

应收利息（按支付的价款中包含的已到付息期但尚未领取的利息）

贷：银行存款

按其差额，借记或贷记“债权投资——××（利息调整）”账户。如果该债券为一次还本付息的债券，则取得该债券时已经包含的利息应该计入“债权投资——××（应计利息）”账户。

【情景 5-1】华信食品股份有限公司于 2017 年 1 月 1 日以 736 129.6 元（包括手续费 20 000 元）购入艾格公司于当日发行的 5 年期债券，债券每年付息一次，到期一次还本。债券面值 800 000 元，年利率为 6%。华信食品股份有限公司将该投资划分为以摊余成本计量的金融资产。编制该企业取得该债券时的会计分录。

借：债权投资——艾格公司债券——成本　　800 000

　　贷：银行存款　　736 129.6

　　　　债权投资——艾格公司债券——利息调整　　63 870.4

2. 持有期间的账务处理

资产负债表日，以摊余成本计量的投资为分期付息、一次还本的：

借：应收利息（应按票面利率计算确定的应收未收利息）

　　贷：投资收益（按摊余成本和实际利率计算确定的利息收入）

按其差额，借记或贷记“债权投资——××（利息调整）”账户。

到期时，企业应该收回本金及最后一期利息。

借：银行存款

　　贷：债权投资——××（成本）

　　　　应收利息

【情景 5-2】沿用情景 5-1 的资料，华信食品股份有限公司每年 12 月 31 日支付上年度的利息，到期日一次归还本金和最后一次利息。华信食品股份有限公司将其划分为以摊余成本计量的金融资产。购入债券的实际利率为 8%，假定按年计提利息。根据表 5-1 中的数据，华信食品股份有限公司的账务处理如下。

表 5-1　华信食品股份有限公司债券利息摊销表

单位：元

日　期	现金流入 （1）	实际利息收入 （2）= 期初 ×8%	已收回的本金 （3）=（1）-（2）	摊余成本余额 （4）= 期初 -（3）
2017 年 1 月 1 日				736 129.60
2017 年 12 月 31 日	48 000.00	58 890.37	-10 890.37	747 019.97
2018 年 12 月 31 日	48 000.00	59 761.60	-11 761.60	758 781.57
2019 年 12 月 31 日	48 000.00	60 702.53	-12 702.53	771 484.10
2020 年 12 月 31 日	48 000.00	61 718.73	-13 718.73	785 202.83
2021 年 12 月 31 日	48 000.00	62 797.17	-14 797.17	800 000.00
小计	240 000.00	303 870.40	-63 870.40	800 000.00
2021 年 12 月 31 日	800 000.00	—	800 000.00	0
合计	1 040 000.00	303 870.40	736 129.60	—

（1）2017 年 12 月 31 日，确认艾格公司债券利息收入、收到债券利息：

借：应收利息——艾格公司　　48 000
　　债权投资——艾格公司债券——利息调整　　10 890.37
　　贷：投资收益——艾格公司债券　　58 890.37

借：银行存款　　48 000
　　贷：应收利息——艾格公司　　48 000

（2）2018 年 12 月 31 日，确认艾格公司债券利息收入、收到债券利息：

借：应收利息——艾格公司　　48 000
　　债权投资——艾格公司债券——利息调整　　11 761.6
　　贷：投资收益——艾格公司债券　　59 761.6

借：银行存款　　48 000
　　贷：应收利息——艾格公司　　48 000

（3）2019 年 12 月 31 日，确认艾格公司债券利息收入、收到债券利息：

借：应收利息——艾格公司　　48 000
　　债权投资——艾格公司债券——利息调整　　12 702.53
　　贷：投资收益——艾格公司债券　　60 702.53

借：银行存款　　48 000
　　贷：应收利息——艾格公司　　48 000

（4）2020 年 12 月 31 日，确认艾格公司债券利息收入、收到债券利息：

借：应收利息——艾格公司　　48 000
　　债权投资——艾格公司债券——利息调整　　13 718.73
　　贷：投资收益——艾格公司债券　　61 718.73

借：银行存款　　48 000
　　贷：应收利息——艾格公司　　48 000

（5）2021 年 12 月 31 日，确认艾格公司债券利息收入、收到债券利息和本金：

借：应收利息——艾格公司　　48 000
　　债权投资——艾格公司债券——利息调整　　14 797.17
　　贷：投资收益——艾格公司债券　　62 797.17

借：银行存款　　48 000
　　贷：应收利息——艾格公司　　48 000

借：银行存款　　800 000
　　贷：债权投资——艾格公司债券——成本　　800 000

以摊余成本计量的投资为一次还本付息债券投资的，应于资产负债表日按票面利率计算确定的应收未收利息。

借：债权投资——××（应计利息）
　　贷：投资收益（按摊余成本和实际利率计算确定的利息收入）

按其差额，借记或贷记“债权投资——××（利息调整）”账户。

到期时，企业应该收回本金及所有的利息。

借：银行存款

　　贷：债权投资——××（成本）

　　　　债权投资——××（应计利息）

提示

实际利率是指将金融资产在预期存续期间或适用的更短期间内的未来现金流量，折现为该金融资产当前账面价值所使用的利率。实际利率法是指按实际利率计算摊余成本及各期利息费用的方法。

金融资产的摊余成本，是指该金融资产或金融负债的初始确认金额经下列调整后的结果：①扣除已偿还的本金；②加上或减去采用实际利率法将该初始金额与到期日金额之间的差额进行摊销所形成的累计摊销额；③扣除已发生的减值损失（仅适用于金融资产）。

【情景 5-3】华信食品股份有限公司于 2017 年 1 月 1 日以 707 824 元（包括手续费 20 000 元）购入弘扬公司于当日发行的 5 年期债券，债券面值 800 000 元，年利率为 6%。债券到期一次还本付息，实际利率为 8%。华信食品股份有限公司将该投资划分为以摊余成本计量的金融资产，根据表 5-2 的资料，华信食品股份有限公司的账务处理如下。

表 5-2　华信食品股份有限公司债券利息摊销表

单位：元

日　期	现金流入 （1）	实际利息收入 （2）= 期初 ×8%	已收回的本金 （3）=（1）-（2）	摊余成本余额 （4）= 期初 -（3）
2017 年 1 月 1 日				707 824.00
2017 年 12 月 31 日		56 625.92	−56 625.92	764 449.92
2018 年 12 月 31 日		61 155.99	−61 155.99	825 605.91
2019 年 12 月 31 日		66 048.47	−66 048.47	891 654.38
2020 年 12 月 31 日		71 332.35	−71 332.35	962 986.73
2021 年 12 月 31 日	240 000.00	77 013.27	162 986.73	800 000.00
小　计	240 000.00	332 176.00	−92 176.00	800 000.00
2021 年 12 月 31 日	800 000.00	—	800 000.00	0
合　计	1 040 000.00	332 176.00	707 824.00	—

（1）2017 年 1 月 1 日，购入弘扬公司债券：

借：债权投资——弘扬公司债券——成本　　800 000

　　贷：银行存款　　707 824

　　　　债权投资——弘扬公司债券——利息调整　　92 176

（2）2017 年 12 月 31 日，确认弘扬公司债券利息收入：

借：债权投资——弘扬公司债券——应计利息　　48 000

——利息调整　　8 625.92

贷：投资收益——弘扬公司债券　　56 625.92

（3）2018 年 12 月 31 日，确认弘扬公司债券利息收入：

借：债权投资——弘扬公司债券——应计利息　　48 000

——利息调整　　13 155.99

贷：投资收益——弘扬公司债券　　61 155.99

（4）2019 年 12 月 31 日，确认弘扬公司债券利息收入：

借：债权投资——弘扬公司债券——应计利息　　48 000

——利息调整　　18 048.47

贷：投资收益——弘扬公司债券　　66 048.47

（5）2020 年 12 月 31 日，确认弘扬公司债券利息收入：

借：债权投资——弘扬公司债券——应计利息　　48 000

——利息调整　　23 332.35

贷：投资收益——弘扬公司债券　　71 332.35

（6）2021 年 12 月 31 日，确认弘扬公司债券利息收入、收到债券利息和本金：

借：债权投资——弘扬公司债券——应计利息　　48 000

——利息调整　　29 013.27

贷：投资收益——弘扬公司债券　　77 013.27

借：银行存款　　1 040 000

贷：债权投资——弘扬公司债券——成本　　800 000

——应计利息　　240 000

3. 出售时的账务处理

出售以摊余成本计量的投资时，应按实际收到的金额做如下分录：

借：银行存款

贷：债权投资——成本

——利息调整

按其差额贷记或借记“投资收益”账户。

【情景 5-4】假设 2018 年 12 月 31 日，华信食品股份有限公司处置了以摊余成本计量的投资债券，该债券成本 800 000 元，利息调整 21 791.91 元（借方），获取价款 810 000 元，该投资未计提减值准备。编制该企业处置债权投资的会计分录。

借：银行存款　　810 000

投资收益　　11 791.91

贷：债权投资——弘扬公司债券——成本　　800 000

——利息调整　　21 791.91

5.3 第二类金融资产
——以公允价值计量且其变动计入其他综合收益的金融资产

cfo 要求你知道

什么是以公允价值计量且其变动计入其他综合收益的金融资产——概念

以公允价值计量且其变动计入其他综合收益的金融资产会计账户——账户设置

以公允价值计量且其变动计入其他综合收益的金融资产会计分录——账务处理

关键术语

其他权益工具投资（Other Equity Instruments Investments）

其他综合收益（Other Comprehensive Income）

5.3.1 第二类金融资产的概念

金融资产同时符合下列条件的，应当分类为以公允价值计量且其变动计入其他综合收益的金融资产：

（1）企业管理该金融资产的业务模式既以收取合同现金流量为目标又以出售该金融资产为目标。

（2）该金融资产的合同条款规定，在特定日期产生的现金流量，仅为对本金和以未偿付本金金额为基础的利息的支付。

5.3.2 第二类金融资产的账户设置

为了核算以公允价值计量且其变动计入其他综合收益的金融资产的取得、收取现金股利或利息、期末计价、出售和到期收回等业务，企业应设置“其他债权投资”“其他权益工具投资”“其他综合收益”“投资收益”等账户进行核算。

“其他债权投资”账户核算企业按照金融资产分类为以公允价值计量且其变动计入其他综合收益的金融资产，账户结构如图5-3所示。该账户可按金融资产类别和品种，分别设置“成本”“利息调整”“公允价值变动”等明细账户进行明细核算。

借　　　　　其他债权投资	贷
借方登记该项金融资产的取得成本、资产负债表日其公允价值高于账面余额的差额、以公允价值计量且其变动计入其他综合收益的金融资产转回的减值损失等	贷方登记资产负债表日其公允价值低于账面余额的差额、该项金融资产发生的减值损失，出售该金融资产时结转的成本和公允价值变动
期末借方余额，反映企业其他债权投资的公允价值	

图5-3 “其他债权投资”账户

“其他权益工具投资”账户核算企业指定为以公允价值计量且其变动计入其他综合收益的非交易性权益工具投资。本账户可按其他权益工具投资的类别和品种，分别设置“成本”“公允价值变动”等明细账户进行明细核算。账户结构如图5-4所示。

借　　　　　其他权益工具投资	贷
借方登记该项金融资产的取得成本、资产负债表日其公允价值高于账面余额的差额、以公允价值计量且其变动计入其他综合收益的金融资产转回的减值损失等	贷方登记资产负债表日其公允价值低于账面余额的差额、该项金融资产发生的减值损失，出售该金融资产时结转的成本和公允价值变动
期末借方余额，反映企业其他权益工具投资的公允价值	

图5-4 “其他权益工具投资”账户

“其他综合收益”账户核算企业以公允价值计量且其变动计入其他综合收益的金融资产公允价值变动而形成的应计入所有者权益的利得或损失等，账户结构如图5-5所示。

借　　　　　其他综合收益	贷
借方登记资产负债表日持有的该项资产的公允价值低于账面余额的差额	贷方登记资产负债表日企业持有的该项的公允价值高于账面余额的差额
期末余额在借方反映该项资产的公允价值低于账面价值的差额	期末余额在贷方反映该项资产的公允价值高于账面价值的差额

图5-5 “其他综合收益”账户

5.3.3 第二类金融资产的账务处理

1. 初始计量

以公允价值计量且其变动计入其他综合收益的金融资产的初始入账金额等于实际支付的价款减去实际支付的价款中包含的已到付息期但尚未领取的利息或股利的差额加上取得时发生的交易费用。支付的价款中包含的已到付息期但尚未领取的债券利息和已宣告发放但尚未领取的现金股利等应单独确认为应收项目，不计入投资成本。

(1)企业取得以公允价值计量且其变动计入其他综合收益的金融资产为股票投资的分录如下:

借：其他权益工具投资——成本（按取得资产的公允价值和相关交易费用）

应收股利（按支付的价款中已宣告发放但尚未领取的现金股利）

贷：银行存款（按实际支付的价款）

【情景 5-5】2018 年 6 月 1 日，华信食品股份有限公司从股票二级市场以每股 8 元（含已宣告但尚未发放的现金股利 0.5 元）的价格购入亚马公司发行的股票 100 000 股，占亚马公司有表决权股份的 5%，对亚马公司无重大影响，作为以公允价值计量且其变动计入其他综合收益的金融资产。2018 年 6 月 25 日，华信食品股份有限公司收到亚马公司发放的上年度现金股利 50 000 元。

6 月 1 日取得该金融资产时：

借：其他权益工具投资——成本　　750 000

　　应收股利　　50 000

　　贷：银行存款　　800 000

6 月 25 日收到现金股利时：

借：银行存款　　50 000

　　贷：应收股利　　50 000

（2）企业取得以公允价值计量且其变动计入其他综合收益的金融资产为债券投资的分录如下：

借：其他债权投资——成本（按该投资的面值）

　　应收利息（按实际支付的价款中包含的已到付息期但尚未领取的债券利息）

　　贷：银行存款（按实际支付的价款）

按借贷方的差额，借记或贷记“其他债权投资——利息调整”账户。

【情景 5-6】2016 年 1 月 1 日，华信食品股份有限公司从北京证券交易市场购入荣川公司同日发行的 5 年期公司债券 200 000 份，支付价款 920 162 元（含交易费用），债券票面价值总额为 1 000 000 元，票面利率为 6%，华信食品股份有限公司没有意图将该债券持有至到期，划分为其他债权投资。公司的账务处理如下：

借：其他债权投资——荣川公司债券——成本　　1 000 000

　　贷：银行存款　　920 162

　　　　其他债权投资——荣川公司债券——利息调整　　79 838

2. 持有期间的账务处理

以公允价值计量且其变动计入其他综合收益的金融资产持有期间取得的现金股利或债券利息应直接计入“投资收益”账户。

分期付息，到期一次还本债券投资，分录如下：

借：应收利息（应按票面利率和面值计算确定的应收未收利息）

　　贷：投资收益（按以公允价值计量且其变动计入其他综合收益的金融资产的期初摊余成本和实际利率计算确定的实际利息收入）

按其差额借记或贷记“其他债权投资——利息调整”账户。

【情景 5-7】沿用情景 5-6 的资料，假定该债券每年年末付息，到期一次还本并支付最后一次利息，债券市场实际利率 8%。其他资料如下：

2016 年 12 月 31 日，荣川公司债券的公允价值为 1 000 000 元（不含利息）；

2017 年 12 月 31 日，荣川公司债券的公允价值为 1 100 000 元（不含利息）；

2018 年 12 月 31 日，荣川公司债券的公允价值为 1 200 000 元（不含利息）；

2019 年 12 月 31 日，荣川公司债券的公允价值为 1 150 000 元（不含利息）；

2020 年 1 月 20 日，华信食品股份有限公司出售了荣川公司的债券 200 000 份，取得价款 1 100 000 元。根据表 5-3 中的资料，华信食品股份有限公司的账务处理如下。

表 5-3　华信食品股份有限公司债券利息摊销表

单位：元

日　期	现金流入（1）	实际利息收入（2）= 期初 ×8%	已收回的本金（3）=（1）-（2）	摊余成本余额（4）= 期初 -（3）	公允价值变动额（5）= 期末（7）- 期末（4）- 期初（6）	公允价值变动累计金额（6）= 期初 + 本期（7）	公允价值（7）
2016.1.1				920 162.00	0	0	920 162.00
2016.12.31	60 000.00	73 612.96	-13 612.96	933 774.96	66 225.04	66 225.04	1 000 000.00
2017.12.31	60 000.00	74 702.00	-14 702.00	948 476.96	85 298.00	151 523.04	1 100 000.00
2018.12.31	60 000.00	75 878.16	-15 878.16	964 355.12	84 121.84	235 644.88	1 200 000.00
2019.12.31	60 000.00	77 148.41	-17 148.41	981 503.53	-67 148.41	168 496.47	1 150 000.00
2020.1.20	0	118 496.47	-118 496.47	1 100 000.00	-168 496.47	0	1 100 000.00
小计	240 000.00	419 838.00	-179 838.00	1 100 000.00	0		—
2020.1.20	1 100 000.00	—	1 100 000.00	0			
合 计	1 340 000.00	419 838.00	920 162.00	0			
2020.12.31	60 000.00	78 496.47	-18 496.47	1 000 000.00			
小计	300 000.00	379 838.00	-79 838.00	1 000 000.00			
2020.12.31	1 000 000.00	—	1 000 000.00	0			
合计	1 300 000.00	379 838.00	920 162.00	—			

（1）2016 年 12 月 31 日，确认荣川公司债券实际利息收入、公允价值变动，收到债券利息：

借：应收利息——荣川公司　　60 000

　　其他债权投资——荣川公司债券——利息调整　　13 612.96

　　贷：投资收益——荣川公司债券　　73 612.96

借：银行存款　　60 000

　　贷：应收利息——荣川公司　　60 000

借：其他债权投资——荣川公司债券——公允价值变动　　66 225.04

　　贷：其他综合收益——其他债权投资公允价值变动——荣川公司债券66 225.04

（2）2017 年 12 月 31 日，确认荣川公司债券实际利息收入、公允价值变动，收到债券利息：

借：应收利息——荣川公司　　60 000

　　其他债权投资——荣川公司债券——利息调整　　14 702

　　贷：投资收益——荣川公司债券　　74 702

借：银行存款　　60 000

　　贷：应收利息——荣川公司　　60 000

借：其他债权投资——荣川公司债券——公允价值变动　　85 298

　　贷：其他综合收益——其他债权投资公允价值变动——荣川公司债券　　85 298

（3）2018 年 12 月 31 日，确认荣川公司债券实际利息收入、公允价值变动，收到债券利息：

借：应收利息——荣川公司 60 000
　　其他债权投资——荣川公司债券——利息调整 15 878.16
　　贷：投资收益——荣川公司债券 75 878.16
借：银行存款 60 000
　　贷：应收利息——荣川公司 60 000
借：其他债权投资——荣川公司债券——公允价值变动 84 121.84
　　贷：其他综合收益——其他债权投资公允价值变动——荣川公司债券 84 121.84

（4）2019 年 12 月 31 日，确认荣川公司债券实际利息收入、公允价值变动，收到债券利息：

借：应收利息——荣川公司 60 000
　　其他债权投资——荣川公司债券——利息调整 17 148.41
　　贷：投资收益——荣川公司债券 77 148.41
借：银行存款 60 000
　　贷：应收利息——荣川公司 60 000
借：其他综合收益产——其他债权投资公允价值变动——荣川公司债券 67 148.41
　　贷：其他债权投资——荣川公司债券——公允价值变动 67 148.41

（5）2020 年 1 月 20 日，确认出售荣川公司债券实现的损益：

借：其他债权投资——荣川公司债券——利息调整 118 496.47
　　贷：投资收益——荣川公司债券 118 496.47
借：银行存款 1 100 000
　　其他综合收益——其他债权投资公允价值变动——荣川公司债券 168 496.47
　　贷：其他债权投资——成本 1 000 000
　　　　　　　　　——利息调整 179 838
　　　　投资收益——荣川公司债券 88 658.47

一次还本付息债券投资，分录如下：

借：其他债权投资——应计利息（按票面利率和面值计算确定的应收未收利息）
　　贷：投资收益（按其他债权投资的期初摊余成本和实际利率计算确定的实际利息收入）

按其差额借记或贷记“其他债权投资——利息调整”账户。

【情景 5-8】华信食品股份有限公司于 2015 年 1 月 1 日支付 973 258 元（包含手续费 20 000 元）购入旭飞公司当日发行的 5 年期债券，债券面值 1 100 000 元，票面利率为 6%，债券在到期日一次还本付息，债券的实际利率为 8%，其他资料如下：

2015 年 12 月 31 日，旭飞公司债券的公允价值为 1 000 000 元（不含利息）；

2016 年 12 月 31 日，旭飞公司债券的公允价值为 1 100 000 元（不含利息）；

2017 年 12 月 31 日，旭飞公司债券的公允价值为 1 200 000 元（不含利息）；

2018 年 12 月 31 日，旭飞公司债券的公允价值为 1 100 000 元（不含利息）；

2019 年 1 月 10 日，华信食品股份有限公司出售了旭飞公司的债券，取得价款 1 150 000 元。根据表 5-4 中的资料，华信食品股份有限公司的账务处理如下。

表 5-4 华信食品股份有限公司债券利息摊销表

单位：元

日 期	现金流入（1）	实际利息收入（2）= 期初 ×8%	已收回的本金（3）=（1）-（2）	摊余成本余额（4）= 期初 -（3）	公允价值变动额（5）= 期末（7）- 期末（4）- 期初（6）	公允价值变动累计金额（6）= 期初 + 本期（7）	公允价值（7）
2015.1.1				973 258.00	0	0	973 258.00
2015.12.31		77 860.64	-77 860.64	1 051 118.64	-51 118.64	-51 118.64	1 000 000.00
2016.12.31		84 089.49	-84 089.49	1 135 208.13	15 910.51	-35 208.13	1 100 000.00
2017.12.31		90 816.65	-90 816.65	1 226 024.78	9 183.35	-26 024.78	1 200 000.00
2018.12.31		98 081.98	-98 081.98	1 324 106.76	-198 081.98	-224 106.76	1 100 000.00
2019.1.10		-174 106.76	174 106.76	1 150 000.00	224 106.76	0	1 150 000.00
小 计	0	176 742.00	-176 742.00	1 150 000.00	0		—
2019.1.10	1 150 000.00	—	1 150 000.00	0			
合 计	1 150 000.00	176 742.00	973 258.00	0			
2019.12.31	330 000.00	105 893.24	224 106.76	1 100 000.00			
小计	330 000.00	456 742.00	-126 742.00	1 100 000.00			
2019.12.31	1 100 000.00	—	1 100 000.00	0			
合计	1 430 000.00	456 742.00	973 258.00	—			

（1）2015 年 1 月 1 日，购入旭飞公司债券：

借：其他债权投资——旭飞公司债券——成本　　1 100 000

　　贷：银行存款　　973 258

　　　　其他债权投资——旭飞公司债券——利息调整　　126 742

（2）2015 年 12 月 31 日，确认旭飞公司债券实际利息收入、公允价值变动：

借：其他债权投资——旭飞公司债券——应计利息　　66 000

　　　　　　　　　　　　　　　　——利息调整　　11 860.64

　　贷：投资收益——旭飞公司债券　　77 860.64

借：其他综合收益——其他债权投资公允价值变动——旭飞公司债券　　51 118.64

　　贷：其他债权投资——旭飞公司债券——公允价值变动　　51 118.64

（3）2016 年 12 月 31 日，确认旭飞公司债券实际利息收入、公允价值变动：

借：其他债权投资——旭飞公司债券——应计利息　　66 000

　　　　　　　　　　　　　　　　——利息调整　　18 089.49

　　贷：投资收益——旭飞公司债券　　84 089.49

借：其他债权投资——旭飞公司债券——公允价值变动　　15 910.51

　　贷：其他综合收益——其他债权投资公允价值变动——旭飞公司债券　　15 910.51

（4）2017 年 12 月 31 日，确认旭飞公司债券实际利息收入、公允价值变动：

借：其他债权投资——旭飞公司债券——应计利息　　66 000

　　　　　　　　　　　　　　　　——利息调整　　24 816.65

　　贷：投资收益——旭飞公司债券　　90 816.65

借：其他债权投资——旭飞公司债券——公允价值变动　　9 183.35

　　贷：其他综合收益——其他债权投资公允价值变动——旭飞公司债券　　9 183.35

（5）2018 年 12 月 31 日，确认旭飞公司债券实际利息收入、公允价值变动：

借：其他债权投资——旭飞公司债券——应计利息　　66 000

——利息调整 32 081.98

贷：投资收益——旭飞公司债券 98 081.98

借：其他综合收益——其他债权投资公允价值变动——旭飞公司债券 198 081.98

贷：其他债权投资——旭飞公司债券——公允价值变动 198 081.98

（6）2019 年 1 月 10 日，确认出售旭飞公司债券实现的损益：

借：投资收益——旭飞公司债券 174 106.76

贷：可供出售金融资产——旭飞公司债券——应计利息 1 833.33

——利息调整 172 273.43

借：银行存款 1 150 000

其他债权投资——旭飞公司债券——利息调整 224 027.31

投资收益——旭飞公司债券 262 166.67

贷：其他债权投资——旭飞公司债券——成本 1 100 000

——应计利息 262 166.67

其他综合收益——其他债权投资公允价值变动——旭飞公司债券 224 106.76

3. 资产负债表日的账务处理

企业应当按照公允价值对以公允价值计量且其变动计入其他综合收益的金融资产进行后续计量。该项资产公允价值变动计入其他综合收益（所有者权益类账户），不构成当期利润。

企业于资产负债表日，对持有的以公允价值计量且其变动计入其他综合收益的金融资产按照公允价值调整账面价值。

若该项资产的公允价值高于账面价值的差额，做如下分录：

借：其他债权投资（其他权益工具投资）——公允价值变动

贷：其他综合收益

公允价值低于账面价值的差额，做相反的会计分录。

【情景 5-9】承情景 5-5，若 2018 年 12 月 31 日该股票的市场价格为每股 7 元，华信食品股份有限公司预计该股票的价格下跌是暂时的。

借：其他综合收益——其他权益工具投资公允价值变动 50 000

贷：其他权益工具投资——公允价值变动 50 000

4. 出售时的账务处理

（1）其他债权工具投资出售时的账务处理。分类为以公允价值计量且其变动计入其他综合收益的金融资产所产生的利得或损失，除减值损失或利得和汇兑损益之外，均应计入其他综合收益，直至该金融资产终值确认或被重分类。但是，采用实际利率法计算的该金融资产的利息应当计入当期损益。该类金融资产计入各期损益的金额应当与视同其一直按摊余成本计量而计入各期损益的金额相等。

该金融资产终值确认时，之前计入其他综合收益的累计利得或损失应当从其他综合收益中转出，计入当期损益。会计分录如下：

借：银行存款（按实际收到的金额）

贷：其他债权投资——成本、公允价值变动、利息调整、应计利息（按其账面余额）

按应从所有者权益中转出的公允价值累计变动，借记或贷记“其他综合收益”账户，按其差额借记或贷记“投资收益”账户。

（2）其他权益工具投资出售时的账务处理。指定为以公允价值计量且其变动计入其他综合收益的非交易性权益工具投资，除获得的股利（属于投资成本收回部分的除外）计入当期损益外，其他相关的利得和损失（包括汇兑损益）均应计入其他综合收益，且后续不得转入当期损益。当期终止确认时，之前计入其他综合收益的累计利得或损失应当从其他综合收益中转出，计入留存收益。会计分录如下：

借：银行存款（按实际收到的金额）

　　贷：其他权益工具投资——成本、公允价值变动（按其账面余额）

按应从所有者权益中转出的公允价值累计变动，借记或贷记“其他综合收益”账户，按其差额借记或贷记“盈余公积”账户和“未分配利润”账户。

【情景 5-10】承情景 5-5、情景 5-9，若华信食品股份有限公司于 2019 年年初将上述股票出售，收得价款每股 8 元（假定该公司按 10% 计提法定盈余公积）。

借：盈余公积——法定盈余公积	5 000	
利润分配——未分配利润	45 000	
贷：其他综合收益——其他权益工具投资公允价值变动		50 000
借：银行存款	800 000	
其他权益工具投资——公允价值变动	50 000	
贷：其他权益工具投资——成本		750 000
盈余公积——法定盈余公积		10 000
利润分配——未分配利润		90 000

5.4 第三类金融资产——以公允价值计量且其变动计入当期损益的金融资产

cfo 要求你知道

什么是以公允价值计量且其变动计入当期损益的金融资产——概念

以公允价值计量且其变动计入当期损益的金融资产会计账户——账户设置

以公允价值计量且其变动计入当期损益的金融资产会计分录——账务处理

关键术语

交易性金融资产（Transactional Financial Assets）
公允价值变动损益（Profit and Loss on Changes in Fair Value）

5.4.1 第三类金融资产的概念

以公允价值计量且其变动计入当期损益的金融资产是指以摊余成本计量的金融资产和以公允价值计量且其变动计入其他综合收益的金融资产之外的金融资产。

5.4.2 第三类金融资产的账户设置

为了核算以公允价值计量且其变动计入当期损益的金融资产的取得、收取现金股利或利息、处置等业务，需要设置“交易性金融资产”“公允价值变动损益”“投资收益”等账户。

“交易性金融资产”属于资产类账户，用于核算企业所持有的债券投资、股票投资、基金投资等金融资产的公允价值，账户结构如图 5-6 所示。企业应当按照交易性金融资产的类别和品种，分别设置“成本”和“公允价值变动”两个明细账户进行明细核算。

借　　　　交易性金融资产	贷
借方登记以公允价值计量且其变动计入当期损益的金融资产的取得成本、资产负债表日其公允价值高于账面余额的差额等	贷方登记资产负债表日其公允价值低于账面余额的差额，以及企业出该项金融资产时结转的成本和公允价值变动损益
期末借方余额反映交易性金融资产的账面余额	

图 5-6　“交易性金融资产”账户

“公允价值变动损益”属于损益类账户，用于核算以公允价值计量且其变动计入当期损益的金融资产的公允价值变动而形成的应计入当期损益的利得或损失，账户结构如图 5-7 所示。

借　　　　公允价值变动损益	贷
借方登记资产负债表日企业持有的该项金融资产的公允价值低于账面余额的差额	贷方登记资产负债表日企业持有的该项金融资产等的公允价值高于账面余额的差额

图 5-7　“公允价值变动损益”账户

5.4.3 第三类金融资产的账务处理

1. 初始计量

企业取得以公允价值计量且其变动计入当期损益的金融资产时，应当将该金融资产取得时的公允价值作为其初始确认金额，记入“交易性金融资产——成本”账户。取得以公允价值计量且其变动计入当期损益的金融资产所支付价款中包含了已宣告但尚未发放的现金股利或已到付息期但尚未领取的债券利息的，应当单独确认为应收项目，记入“应收股利”或“应收利息”账户。取得交易性金融资产所发生的相关交易费用应当在发生时计入投资收益。交易费用是指可直接归属于购买、发行或处置金融工具新增的外部费用，包括支付给代理机构、咨询公司、券商的手续费和佣金及其他必要支出。

借：交易性金融资产——成本

　　投资收益

　　应收利息、应收股利

　　贷：银行存款

【情景 5-11】2018 年 1 月 1 日，华信食品股份有限公司从二级市场购入凤羽公司发行的股票 100 000股，每股价格5.5元（含已宣告但尚未发放的现金股利0.5元），另外支付交易费用20 000元，共支付价款 570 000 元。华信食品股份有限公司将持有凤羽公司的股权划分为交易性金融资产，且持有凤羽公司股权后对其无重大影响。假定不考虑其他因素，华信食品股份有限公司的账务处理如下：

借：交易性金融资产——成本	500 000	
应收股利	50 000	
投资收益	20 000	
贷：银行存款		570 000

2. 持有期间的账务处理

企业持有以公允价值计量且其变动计入当期损益的金融资产期间，对于被投资单位宣告发放的现金股利或企业在资产负债表日按分期付息、一次还本债券投资的票面利率计算的利息收入，应确认为应收项目，记入“应收利息”或“应收股利”账户，并计入投资收益。

借：应收利息、应收股利

　　贷：投资收益

收到取得交易性金融资产时所支付的价款中包含的已宣告但尚未发放的现金股利或已到付息期但尚未领取的债券利息：

借：银行存款

　　贷：应收利息、应收股利

【情景 5-12】承情景 5-11，2018 年 5 月 1 日，收到凤羽公司发放的现金股利，华信食品股份有限公司的账务处理如下：

借：银行存款	50 000	
贷：应收股利		50 000

3. 资产负债表日的账务处理

资产负债表日，以公允价值计量且其变动计入当期损益的金融资产应当按照公允价值计量，公允价值与账面余额之间的差额计入当期损益。企业应当在资产负债表日按照该项资产公允价值与其账面余额的差额，借记或贷记“交易性金融资产——公允价值变动”账户，贷记或借记“公允价值变动损益”账户。

（1）公允价值高于账面余额时：

借：交易性金融资产——公允价值变动

　　贷：公允价值变动损益

（2）公允价值低于账面余额时：

借：公允价值变动损益

　　贷：交易性金融资产——公允价值变动

【情景 5-13】承情景 5-11，2018 年 6 月 1 日，凤羽公司股票价格涨到 7 元。华信食品股份有限公司确认股票价格变动的账务处理如下：

借：交易性金融资产——公允价值变动	200 000	
贷：公允价值变动损益		200 000

4. 出售时的账务处理

出售以公允价值计量且其变动计入当期损益的金融资产时，应当将该金融资产出售时的公允价值与其初始入账金额之间的差额确认为投资收益，同时调整公允价值变动损益。

借：银行存款（按实际收到的金额）

　　贷：交易性金融资产（按该金融资产的账面余额）

按其差额，贷记或借记“投资收益”账户。

【情景 5-14】承情景 5-11 和情景 5-13，2018 年 8 月 1 日，华信食品股份有限公司将持有的凤羽公司的股票全部售出，每股售价 7.5 元，华信食品股份有限公司的账务处理如下：

借：银行存款	750 000	
贷：交易性金融资产——成本		500 000
——公允价值变动		200 000
投资收益		50 000

6 长期股权投资

——对被投资单位权益性的投资

CFO 导语

作为一个会计要知道：

1. 长期股权投资的概念、范围、形成方式是什么？
2. 长期股权投资如何进行初始计量？
3. 长期股权投资后续计量有哪两种方法？
4. 长期股权投资成本法如何运用？
5. 长期股权投资权益法如何运用？

本项目架构

- 长期股权投资概述
- 长期股权投资的初始计量
- 长期股权投资成本法的核算
- 长期股权投资权益法的核算

6.1 长期股权投资概述

——长期股权投资核算是一项怎样的工作

cfo 要求你知道

什么是长期股权投资——长期股权投资的概念
控制、重大影响及合营企业——长期股权投资的范围
合并与非合并——长期股权投资的形成方式
成本法与权益法——长期股权投资核算方法
会计账户的使用——长期股权投资账户设置

关键术语

长期股权投资（Long-term Equity Investments）
控制（Control）
共同控制（Joint Control）
重大影响（Significant Impact）

6-1

6.1.1 长期股权投资概述

1. 长期股权投资概念

长期股权投资是指投资企业对被投资单位实施控制、重大影响的权益性投资，以及对其合营企业的权益性投资。除此之外，其他权益性投资不作为长期股权投资进行核算，而应当按照《企业会计准则第 22 号——金融工具确认和计量》的规定进行会计核算。

2. 长期股权投资的范围

长期股权投资的定义明确了企业进行权益性投资能够通过“长期股权投资”账户核算的范围。

1）投资企业对被投资单位实施控制的权益性投资

投资企业能够对被投资单位实施控制，被投资单位为本企业的子公司。

投资方拥有对被投资单位的控制权力，通过参与被投资单位的相关活动而享有可变回报，并且有能力运用对被投资单位的权力影响其回报金额，且有权决定一个企业的财务和经营政策，并能据以从该企业的经营活动中获取利益。母公司和子公司之间属于控制与被控制关系。

2）投资企业对其合营企业的权益性投资

投资企业与其他方一同对被投资单位实施控制，被投资单位为本企业的合营企业。

共同控制是指按照相关约定对某项安排所共有的控制，并且该安排的相关活动必须经过分享控制权的参与方一致同意后才能决策。通常是指按照合同约定对某项经济活动所共有的控制，仅在与该项经济活动相关的重要财务和生产经营决策需要分享控制权的投资方一致同意时存在。

3）投资企业能够对被投资单位实施重大影响的权益性投资

投资企业能够对被投资单位施加重大影响，被投资单位为本企业的联营企业。投资企业对被投资单位的财务和经营政策有参与决策的权力，但并不能够控制或者与其他方共同控制这些政策的制定。在确定能否对被投资单位施加重大影响时，应当考虑投资企业和其他方持有的被投资单位当期可转换公司债券、当期可执行认股权证等潜在表决权因素。其中，“考虑潜在表决权因素”是指应当考虑投资企业和其他方持有的被投资单位当期可转换公司债券、当期可执行认股权证等潜在表决权因素。

投资企业通过以下一种或几种情形来判断是否对被投资单位具有重大影响：①在被投资单位的董事会或类似权力机构中派有代表。②参与被投资单位财务和经营政策制定过程。③与被投资单位之间发生重要交易。④向被投资单位派出管理人员。⑤向被投资单位提供关键技术资料。但是，存在上述一种或多种情形并不意味着投资方一定对被投资方具有重大影响。投资企业需要综合考虑所有事实和情况来做出恰当的判断。

6.1.2 长期股权投资的形成方式

按照形成长期股权投资的方式分类，长期股权投资分为以企业合并方式形成的长期股权投资和以非企业合并方式形成的长期股权投资。

1. 以企业合并方式形成的长期股权投资

企业合并是指将两个或者两个以上单独的企业合并形成一个报告主体的交易或事项。报告主体的变化意味着控制权的变化。以是否在同一控制下进行企业合并为基础，企业合并分为同一控制下的企业合并和非同一控制下的企业合并。

（1）同一控制下的企业合并。同一控制下的企业合并，是指参与合并的企业在合并前后均受同一方或相同的多方最终控制且该控制并非暂时性的企业合并。在合并日取得对其他参与合并企业控制权的一方为合并方，参与合并的其他企业为被合并方。合并日是指合并方实际取得对被合并方控制权的日期。

（2）非同一控制下的企业合并。非同一控制下的企业合并，是指参与合并的各方在合并前后不受同一方或相同的多方最终控制的企业合并。对于非同一控制下的企业合并，在购买日取得对其他参与合并企业控制权的一方为购买方，参与合并的其他企业为被购买方。购买日是指购买方实际取得对被购买方控制权的日期。

2. 以非企业合并方式形成的长期股权投资

非企业合并形成的长期股权投资包括以支付现金方式取得的长期股权投资、以发行权益性证券的方式取得的长期股权投资，以及投资者投入非现金资产获得的长期股权投资等。

6.1.3 长期股权投资的核算方法

长期股权投资的核算方法有两种：一是成本法，二是权益法。

1. 成本法的适用范围

成本法是指投资按成本计价的方法。长期股权投资成本法适用于投资方对子公司的长期股权投资采用成本法核算。

提示

采用成本法核算主要是为了避免出现在子公司实际宣告发放现金股利或利润之前，母公司垫付资金发放现金股利或利润等情况，解决了原来权益法核算下投资收益不能足额收回导致超分配的问题。

2. 权益法的适用范围

权益法是指投资以初始投资成本计量后，在投资持有期间根据投资企业享有被投资单位所有者权益份额的变动对投资的账面价值进行调整的方法。

长期股权投资权益法适用于对合营企业和联营企业投资应当采用权益法核算。

6.1.4 长期股权投资的账户设置

为了核算长期股权投资，企业应当设置“长期股权投资”账户，账户结构如图 6-1 所示。

借　　　　长期股权投资	贷
借方登记长期股权投资取得时的成本及采用权益法核算时按被投资单位实现的净损益、其他综合收益和其他权益变动等计算的应享有的份额	贷方登记处置长期股权投资的账面余额或采用权益法核算时被投资单位宣告发放的现金股利或取得利润时企业按持投比例计算应享有的份额，以及按被投资单位发生净亏损其他综合收益和其他权益变动等计算的应分担的份额
期末借方余额，反映企业长期股权投资的账面价值	

图 6-1 “长期股权投资”账户

6.2 长期股权投资的初始计量
——长期股权投资如何入账

cfo 要求你知道

属于同一母公司——企业合并形成的长期股权投资
属于不同母公司——企业合并以外其他方式取得的长期股权投资

关键术语

初始投资成本（The Initial Cost of Investment）
同一控制（Same Control）
合并（Merge）

长期股权投资取得时的成本，是指取得长期股权投资时支付的全部价款，或放弃非现金资产的公允价值，或取得长期股权投资的公允价值，包括税金、手续费等相关费用，不包括为取得长期股权投资所发生的评估、审计、咨询等费用。

具体来说，长期股权投资初始投资成本的确定，存在企业合并形成的长期股权投资和其他方式取得的长期股权投资两种方式。

6.2.1 企业合并形成的长期股权投资

企业合并是指将两个或者两个以上单独的企业合并形成一个报告主体的交易或事项。企业合并分为同一控制下的企业合并和非同一控制下的企业合并。

1. 同一控制下的企业合并形成的长期股权投资

1）合并方以支付现金等方式作为合并对价

合并方以支付现金、转让非现金资产或承担债务方式作为合并对价的，应当在合并日将取得的被合并方所有者权益账面价值的份额作为长期股权投资的初始成本。长期股权投资的初始投资成本与支付的现金、转让的非现金资产及所承担债务的账面价值之间的差额，应当调整资本公积（资本溢价或股本溢价），资本公积的余额不足冲减的，调整留存收益。

合并方为企业发行的债券或承担其他债务支付的手续费、佣金等，应当计入所发行的债券及其他债务的初始计量金额；为进行企业合并发生的各项直接相关费用，如为进行企业合并而支付的审计费用、评估费用、法律服务费等，应当于发生时计入当期损益。与发行权益性工具作为合并对价直接相关的交易费用，应当冲减资本公积（资本溢价或股本溢价）。

【情景 6-1】2018 年 1 月 1 日，华信食品股份有限公司的子公司华信烘焙厂，以银行存款 3 000 000 元作为对价，取得同一集团内另外一家华信酱菜加工厂 60% 的股权，合并日华信食品股份有限公司合并财务报表中华信酱菜加工厂的账面所有者权益总额为 8 000 000 元，则华信烘焙厂的账务处理如下：

借：长期股权投资——华信酱菜加工厂　　4 800 000
　　贷：银行存款　　3 000 000
　　　　资本公积——资本溢价　　1 800 000

若华信烘焙厂支付银行存款 11 000 000 元，华信烘焙厂账务处理如下：

借：长期股权投资——华信酱菜加工厂　　4 800 000
　　资本公积——资本溢价　　200 000
　　贷：银行存款　　5 000 000

提示

“资本公积 ——资本溢价”账户余额不足冲减的，应冲减留存收益账户。

2）合并方以发行权益性证券作为合并对价

合并方以发行权益性证券作为合并对价，应当在合并日按照取得被合并方所有者权益账面价值的份额作为长期股权投资的初始投资资本，以发行股份面值总额作为股本，长期股权投资初始投资成本与所发行股份面值总额之间的差额，应当调整资本公积，资本公积不够冲减的冲减留存收益。

【情景 6-2】2018 年 3 月，华信食品股份有限公司的子公司华信啤酒股份有限公司通过增发 4 000 000 股普通股，每股面值 1 元，取得同一集团内华信调料加工厂 80% 的股权，并于当日起对华信调料加工厂实施控制。按照增发前后的平均股价计算，该 4 000 000 股股份的公允价值为 10 000 000 元。合并日华信食品股份有限公司合并财务报表中华信调料加工厂的账面所有者权益总额为 8 000 000 元。则华信啤酒股份有限公司的账务处理如下：

借：长期股权投资　　6 400 000
　　贷：实收资本——华信调料加工厂　　4 000 000
　　　　资本公积——股本溢价　　2 400 000

2. 非同一控制下的企业合并形成的长期股权投资

（1）购买方应在购买日，将确定的企业合并成本作为长期股权投资的初始资本成本，分录如下：

借：长期股权投资——成本

应收股利（按享有被投资单位已宣告但尚未发放的现金股利或利润）

贷：固定资产、无形资产等（按支付合并对价的账面价值）

银行存款（按发生的直接相关费用）

按其差额，贷记“营业外收入”账户，或借记“营业外支出”账户。

（2）非同一控制下企业合并涉及以库存商品等作为合并对价的，应按库存商品的公允价值，贷记“主营业务收入”“其他业务收入”账户，同时结转销售成本。涉及增值税的，还应进行相应的处理。以公允价值计量且其变动计入其他综合收益的债权性金融资产作为合并对价的，原持有期间公允价值变动形成的其他综合收益应一并转入投资收益，分录如下：

借：其他综合收益

贷：投资收益

【情景 6-3】2018 年 4 月 1 日，华信食品股份有限公司与北木股份有限公司达成合并协议，约定华信食品股份有限公司以一台固定资产和银行存款 1 000 000 元向北木股份有限公司投资，占北木股份有限公司股份总额的 55%。该固定资产的账面原值为 5 000 000 元，已计提累计折旧 1 000 000 元，已计提固定资产减值准备 800 000 元，公允价值为 3 500 000 元，支付的评估费为 50 000 元。假定华信食品股份有限公司与北木股份有限公司在此之前不存在任何投资关系。华信食品股份有限公司的账务处理如下：

转销参与合并的固定资产账面价值：

借：固定资产清理	3 200 000	
累计折旧	1 000 000	
固定资产减值准备	800 000	
贷：固定资产		5 000 000

确认长期股权投资初始成本：

借：长期股权投资——北木股份有限公司	4 500 000	
管理费用	50 000	
贷：固定资产清理		3 200 000
银行存款		1 050 000
营业外收入		300 000

6.2.2 其他方式取得的长期股权投资

除企业合并形成的长期股权投资外，企业还可以通过支付现金、发行权益性证券、投资者投入、非货币性资产交换、债务重组等非企业合并方式取得长期股权投资。企业应当根据不同的取得方式，分别确定长期股权投资的初始成本，作为入账的依据。

1. 以支付现金取得的长期股权投资

企业以支付现金取得长期股权投资，应当按照实际支付的购买价款作为初始投资成本。初始投资成本包括与取得长期股权投资直接相关的费用、税金及其他必要支出。

【情景 6-4】华信食品股份有限公司以支付现金的方式取得精益股份有限公司 25% 的股权，实际支付的买价为 2 000 000 元，在购买过程中另支付手续费等相关费用 50 000 元，会计分录为

借：长期股权投资——精益股份有限公司 2 050 000

贷：银行存款 2 050 000

2. 以发行权益性证券取得的长期股权投资

以发行权益性证券取得的长期股权投资，应当以发行权益性证券的公允价值作为初始投资成本。为发行权益性证券而支付给证券承销机构的手续费、佣金等相关税费及其他直接相关支出，不构成长期股权投资的初始成本，应自权益性证券的溢价发行收入中扣除；权益性证券的溢价发行收入不足冲减的，应依次冲减盈余公积和未分配利润。

【情景 6-5】2018 年 6 月 1 日华信食品股份有限公司与静和股份有限公司达成合并协议，约定该企业以增发的权益性证券作为对价向静和股份有限公司投资。当日，该企业权益性证券增发成功，共增发普通股股票 1 000 000 股，每股面值 1 元，实际发行价格 5 元。假定华信食品股份有限公司支付了 100 000 元的佣金和手续费，账务处理为

初始投资成本 =1 000 000×5=5 000 000（元）

借：长期股权投资——静和股份有限公司 5 000 000

贷：股本 1 000 000

资本公积——资本溢价 4 000 000

借：资本公积——资本溢价 100 000

贷：银行存款 100 000

3. 投资者投入的长期股权投资

接受投资者投入的长期股权投资时，企业应当将投资合同或协议约定的价值及相关的税费等作为初始投资成本，分录如下：

借：长期股权投资——成本

贷：应收股利（按享有被投资者单位已宣告但尚未发放的现金股利或利润）

实收资本、股本 [按照投资者出资构成实收资本（或股本）的部分]

银行存款（按照支付的相关税费）

上述借贷方之间的差额，计入“资本公积”账户。

【情景 6-6】2018 年 5 月 1 日，华信机械股份有限公司接受华信烘焙厂所持有的华信酱菜加工厂长期股权投资。华信烘焙厂对华信酱菜加工厂长期股权投资账面余额为 3 000 000 元，未计提长期股权投资减值准备。华信机械股份有限公司和华信烘焙厂约定的对华信酱菜加工厂长期股权投资的入账价值为 3 500 000 元，占华信酱菜加工厂所有者权益总额的 60%。假定在 2018 年 5 月 1 日，华信酱菜加工厂所有者权益总额为 50 000 000 元，不考虑其他相关税费。华信机械股份有限公司的账务处理为

借：长期股权投资——华信烘焙厂 3 500 000

贷：股本——华信烘焙厂　　3 000 000

　　资本公积　　500 000

4. **以非货币性资产交换、债务重组等方式取得的长期股权投资**

企业对外进行的长期股权投资，应当依不同情况决定采用成本法或者权益法核算。

6.3 长期股权投资成本法的核算

——投资按成本计价的方法

cfo 要求你知道

使用哪些会计账户——长期股权投资成本法账户设置

如何进行账务处理——长期股权投资成本法账务处理

关键术语

成本法（Cost Method）

现金股利（Cash Dividends）

6-3

6.3.1 账户设置

成本法下应设置“长期股权投资”账户，反映长期股权投资的初始成本。在收回投资前，无论被投资单位经营情况如何，净资产是否增减，投资企业一般不对长期股权投资的账面价值进行调整。只有在收到清算性股利和追加或收回投资时才应调整长期股权投资的成本。

6.3.2 账务处理

1. **长期股权投资取得核算**

企业以支付现金取得长期股权投资，应当将实际支付的购买价款作为初始投资成本。初始投资成本包括与取得长期股权投资直接相关的费用、税金及其他必要支出。

【情景 6-7】2018 年 5 月 10 日，华信食品股份有限公司购买惠华股份有限公司发行的股票 1 000 000 股准备长期持有，从而拥有惠华股份有限公司 60% 的股份。每股买入价为 6 元，另外购买该股票时发生有关税费 500 000 元，款项已由银行存款支付，不考虑相关税费及其他因素的影响。华信食品股份有限公司的账务处理为

借：长期股权投资——惠华股份有限公司　　　　6 500 000

　　贷：银行存款　　　　6 500 000

2. 长期股权投资持有期间核算

1）被投资单位宣告发放现金股利或利润的核算

长期股权投资持有期间被投资单位宣告发放现金股利或利润时，企业按应享有的部分将其确认为投资收益。

【情景 6-8】承情景 6-7，2018 年 10 月 1 日，惠华股份有限公司宣告分派现金股利，华信食品股份有限公司按照持股比例可取得 800 000 元，2018 年 12 月 1 日，惠华股份有限公司实际分派现金股利。华信食品股份有限公司的账务处理为

借：应收股利　　　　800 000

　　贷：投资收益　　　　800 000

借：银行存款　　　　800 000

　　贷：应收股利　　　　800 000

2）减值的核算

每年年末，企业应对长期股权投资的账面价值进行减值测试。如果发生减值的迹象，应对其可收回金额进行估计。如果由于市价持续下跌或被投资单位经营状况变化等原因导致可收回金额低于投资的账面价值，应将可收回金额低于长期股权投资账面价值的差额，确认为当期投资损失。将该长期股权投资的账面价值减记至可收回金额，减记的金额确认为减值损失，计入当期损益，同时计提相应的资产减值准备。

借：资产减值损失——计提的长期股权投资减值准备

　　贷：长期股权投资减值准备

提示

长期股权投资减值损失一经确认，在以后会计期间不得转回。

3）长期股权投资的处置

处置长期股权投资时，应将实际取得的价款与长期股权投资账面价值的差额确认为投资损益，同时结转已计提的长期股权投资减值准备。

【情景 6-9】华信食品股份有限公司将其作为长期投资持有的春航公司 150 000 股股票，以每股 10 元的价格卖出，支付相关税费 100 000 元，取得价款 1 400 000 元，款项已由银行收妥。该长期股权投资账面价值为 1 300 000 元，假定已计提减值准备 200 000 元。华信食品股份有限公司应做如下账务处理：

编制出售股票时的会计分录：

借：银行存款	1 400 000	
长期股权投资减值准备	200 000	
贷：长期股权投资——春航公司		1 300 000
投资收益		300 000

6.4 长期股权投资权益法的核算
——投资按享有的权益计价的方法

cfo 要求你知道

使用哪些会计账户——长期股权投资权益法账户设置
如何进行账务处理——长期股权投资权益法账务处理

关键术语

权益法（Equity Method）
损益调整（Profit and Loss Adjustment）

权益法核算的一般程序：①初始投资或追加投资时，按照初始投资或追加投资时的投资成本增加长期股权投资的账面价值。②比较初始投资成本与投资时应享有被投资单位可辨认资产公允价值的份额。对于初始投资成本小于应享有被投资单位可辨认资产公允价值份额的，应对长期股权投资的账面价值进行调整，计入取得投资当期的损益。③投资后，随着被投资单位所有者权益的变动而相应调整增加或减少长期股权投资的账面价值。

6.4.1 账户设置

长期股权投资采用权益法核算的，企业应设置“长期股权投资——成本”“长期股权投资——损益调整”“长期股权投资——其他权益变动”“长期股权投资——其他综合收益”明细账户，分别核算长期股权投资的初始投资成本、被投资单位发生净损益引起的所有者权益变动，以及被投资单位除净损益以外的其他原因引起的所有者权益变动而对长期股权投资账面价值进行调整的金额等。

6.4.2 账务处理

1. 长期股权投资取得核算

（1）长期股权投资的初始投资成本大于投资时应享有被投资单位可辨认净资产公允价值份额的，不调整已确认的初始投资成本。

借：长期股权投资——成本

　　贷：银行存款

（2）长期股权投资的初始投资成本小于投资时应享有被投资单位可辨认净资产公允价值份额的，调整已确认的初始投资成本。

借：长期股权投资——成本

　　贷：银行存款

　　　　营业外收入（按其差额）

【情景 6-10】华信食品股份有限公司 2018 年 8 月 5 日以银行存款购入远大股份有限公司股票 30% 的股权，支付价款 2 000 000 元，取得投资时远大股份有限公司净资产账面价值为 6 000 000 元，假定远大股份有限公司各项可辨认资产、负债的公允价值与其账面价值相同。

借：长期股权投资——远大股份有限公司——成本　　2 000 000

　　贷：银行存款　　2 000 000

【情景 6-11】承情景 6-10，假设取得投资时远大股份有限公司净资产账面价值为 7 000 000 元，假定远大股份有限公司各项可辨认资产、负债的公允价值与其账面价值相同。

借：长期股权投资——远大股份有限公司——成本　　2 100 000

　　贷：银行存款　　2 100 000

借：长期股权投资——远大股份有限公司——成本　　100 000

　　贷：营业外收入　　100 000

2. 长期股权投资持有期间权益的确认

（1）被投资单位实现净利润时（发生盈利时）：

借：长期股权投资——损益调整（被投资单位实现的公允净利润 × 持股比例）

　　贷：投资收益

（2）被投资单位宣告分配现金股利或利润时：

借：应收股利（分配总额 × 持股比例）

　　贷：长期股权投资——损益调整

（3）被投资单位发生亏损时：

借：投资收益

　　贷：长期股权投资——损益调整（被投资单位实现的公允亏损额 × 持股比例）

投资企业确认被投资单位发生的净亏损，应以长期股权投资的账面价值［账面价值减至零意味着“对某单位投资”的这四个二级明细账户（成本、损益调整、其他综合收益、其他权益变动）余额合计为零］及其他实质上构成对被投资单位净投资的长期权益减至零为限（该类长期权益不包括投资企业与被投资单位之间因销售商品、提供劳务等日常活动所产生的长期债权）。

还需承担的投资损失，应将实质上构成对被投资单位净投资的“长期应收款”等的账面价值减记至零为限；除按照以上步骤已确认的损失外，按照投资合同或协议约定，将承担的损失确认为“预计负债”。除上述情况外，仍未确认的应分担给被投资单位的损失，应在备查簿中登记。发生亏损的被投资单位以后实现净利润的，应按与上述相反的顺序进行处理。

（4）被投资单位其他综合收益。

在权益法核算下，被投资单位确认的其他综合收益及其变动，也会影响被投资单位所有者权益总额，进而影响投资企业应享有被投资单位所有者权益的份额，因此，当被投资单位其他综合收益发生变动时，投资企业应当按照归属于本企业的部分，相应调整长期股权投资的账面价值，同时增加和减少其他综合收益。

【情景 6-12】华信食品股份有限公司持有远大股份有限公司 30% 的股份，能够对远大股份有限公司施加重大影响。当期远大股份有限公司因持有的其他权益工具投资公允价值的变动计入其他综合收益的金额为 2 000 000 元，除该事项外，远大股份有限公司当期实现的净利润为 8 000 000 元。假定华信食品股份有限公司和远大股份有限公司适用的会计政策、会计期间相同，两者在当期及以前期间未发生任何内部交易，投资时远大股份有限公司各项可辨认资产、负债的公允价值与其账面价值相同。不考虑相关税费及其他因素，华信食品股份有限公司的账务处理如下：

借：长期股权投资——远大股份有限公司——损益调整　　2 400 000
　　　　　　　　　　　　　　　　　　——其他综合收益　　600 000
　贷：投资收益　　2 400 000
　　　其他综合收益　　600 000

（5）被投资单位其他因素引起所有者权益变动。

采用权益法核算时，投资企业对于被投资单位除净损益、其他综合收益及利润分配以外的所有者权益的其他变动，应按照持股比例与被投资单位所有者权益的其他变动计算的归属于本企业的部分，相应调整长期股权投资的账面价值，同时增加或减少“资本公积——其他资本公积”。

【情景 6-13】华信食品股份有限公司持有春航公司 30% 的股份，能够对远大股份有限公司施加重大影响。远大股份有限公司的母公司给予远大股份有限公司捐赠 1 000 000 元，该捐赠实质上属于资本性投入，远大股份有限公司将其计入资本公积（股本溢价）。不考虑其他因素，华信食品股份有限公司按权益法做如下账务处理：

借：长期股权投资——远大股份有限公司——其他权益变动　　3 00 000
　贷：资本公积——其他资本公积　　300 000

3. 减值的核算

权益法下减值的核算与成本法一致。

【情景 6-14】2018 年 1 月 1 日，华信食品股份有限公司以银行存款购入信安股份有限公司股票 200 000 股作为长期投资，占信安股份有限公司 30% 的股份，每股买入价为 10 元，另支付相关税费 150 000 元，款项已用银行存款支付，并准备长期持有。2018 年 4 月 1 日，信安股份有限公司宣告分配 2017 年度实现的净利润，分配现金股利 2 000 000 元。2018 年度，信安股份有限公司发生巨额亏损，2018 年 12 月 31 日，华信食品股份有限公司对信安股份有限公司的投资的可回收金额为 1 500 000 元。华信食品股份有限公司的账务处理如下：

2018 年 1 月 1 日，取得长期股权投资时：

借：长期股权投资——信安股份有限公司——成本　　2 150 000

　　贷：银行存款　　2 150 000

2018 年 4 月 1 日，信安股份有限公司宣告分配现金股利：

借：应收股利——信安股份有限公司　　600 000

　　贷：投资收益　　600 000

2018 年 12 月 31 日，华信食品股份有限公司计提减值：

借：资产减值损失——计提的长期股权投资减值准备　　650 000

　　贷：长期股权投资减值准备　　650 000

4. 处置的核算

处置长期投资时，应将实际取得的价款与长期股权投资账面价值的差额确认为投资收益，并同时结转已计提的长期股权投资减值准备。其账务处理如下：

企业处置长期股权投资时：

借：银行存款（应按实际收到的金额）

　　长期股权投资减值准备（按原已计提的减值准备）

　　贷：长期股权投资（按该长期股权投资的账面余额）

　　　　应收股利（按尚未领取的现金股利或利润）

按其差额，贷记或借记“投资收益”账户。同时，还应结转原记入资本公积和其他综合收益的相关金额，借记或贷记“资本公积——其他资本公积”“其他综合收益”账户，贷记或借记“投资收益”账户。

【情景 6-15】华信食品股份有限公司拥有信安股份有限公司有表决权股份的 30%，对信安股份有限公司构成重大影响。2018 年 12 月 30 日，华信食品股份有限公司出售信安股份有限公司的全部股权，所得价款 2 300 000 元全部存入银行，当日该项长期股权投资的账面价值为 2 000 000 元，其中投资成本为 1 500 000 元，损益调整为借方 7 000 000 元，其他权益变动为贷方 2 000 000 元。假设不考虑相关税费，该业务的账务处理如下：

借：银行存款　　2 300 000

　　长期股权投资——信安股份有限公司——其他权益变动　　100 000

　　贷：长期股权投资——信安股份有限公司——成本　　1 500 000

　　　　　　　　　　　　　　　　　　　　——损益调整　　200 000

　　　　投资收益　　700 000

同时，将原计入资本公积的部分金额转入投资收益。其账务处理如下：

借：投资收益　　100 000

　　贷：资本公积——其他资本公积　　100 000

7 固定资产

——具有实物形态的长期资产

CFO 导语

作为一个会计要知道：

1. 固定资产的概念、分类和构成是什么？
2. 取得固定资产的成本如何确定？如何进行账务处理？
3. 固定资产计提折旧有哪些方法？如何进行账务处理？
4. 固定资产如何计提减值准备？
5. 固定资产后续支出有哪些内容？如何进行账务处理？
6. 固定资产清理如何进行账务处理？

本项目架构

- 什么是固定资产
- 固定资产的初始计量
- 固定资产的后续计量
- 固定资产的处置

7.1 什么是固定资产
——固定资产核算是一项怎样的工作

cfo 要求你知道

固定资产的特征——固定资产的概念
有哪些形式的固定资产——固定资产的分类

关键术语

固定资产（Fixed Assets）
融资租赁（Finance Lease）

7.1.1 固定资产的概念

固定资产是指同时具有下列特征的有形资产：①为生产商品、提供劳务、出租或经营管理而持有；②使用寿命超过一个会计年度。

提示

企业持有固定资产并不直接用于出售。其中，以经营租赁方式出租机器设备等属于出租，以经营租赁方式出租的建筑物属于企业的投资性房地产。

固定资产的使用寿命，是指企业使用固定资产的预计期间，或者该固定资产所能生产产品或提供劳务的数量。例如，发电设备可按其预计发电量估计使用寿命。

固定资产必须是有形资产，具有实物形态，该特征将固定资产与无形资产区别开来。

7.1.2 固定资产的分类

为了便于管理和核算固定资产，需要对企业中种类繁多的固定资产进行分类。

1. 按经济用途分类

按照经济用途可以将固定资产分为经营用固定资产和非经营用固定资产。

1）经营用固定资产

经营用固定资产指直接参与或服务于生产经营的固定资产，比如直接服务于生产经营的厂房，以及直接参与生产经营的机器设备、工具器具等。

2）非经营用固定资产

非经营用固定资产指不直接参与或服务于生产经营的固定资产，比如用于职工公共福利设施的幼儿园、浴室、理发店等。

2. 按使用情况分类

按照使用情况可以将固定资产分为使用中固定资产、未使用固定资产、出租固定资产和不需用固定资产。

1）使用中固定资产

使用中固定资产是指企业正在使用的各种固定资产。无论是经营用固定资产还是非经营用固定资产，只要处于使用中就都属于使用中固定资产。

提示

房屋、建筑物无论是否使用，都属于使用中固定资产。由于季节性生产或大修理等而暂停使用及备用、内部替换使用的固定资产也属于使用中的固定资产。

2）未使用固定资产

未使用固定资产是指已完成购建手续但尚未交付使用的新增固定资产，以及由于改建、扩建而暂停使用的固定资产。

3）出租固定资产

出租固定资产是指根据租赁合同，企业以经营租赁方式出租的固定资产。这里不包括融资租赁方式出租的固定资产。

4）不需用固定资产

不需用固定资产是指企业曾经使用现在不需要以后也不再需要的、闲置的、待处理的固定资产。

3. 按所有权分类

按所有权可以将固定资产分为自有固定资产和租入固定资产。

1）自有固定资产

自有固定资产是指所有权属于企业的固定资产。

2）租入固定资产

租入固定资产是指企业根据租赁合同，以融资租赁方式租入的固定资产。根据融资租赁的性质，融资租赁方式租入的固定资产相当于分期付款购买固定资产。

7.2 固定资产的初始计量
——取得固定资产如何入账

cfo 要求你知道

使用哪些会计科目——固定资产初始计量的科目设置
如何做会计分录——固定资产初始计量的账务处理

关键术语

自营方式（Self-operated Basis）
出包方式（Contracted Basis）

7.2.1 固定资产的成本和账户设置

1. 固定资产的成本

固定资产的成本是指企业购建某项固定资产达到预定可使用状态前所发生的一切合理、必要的支出。这些支出包括直接发生的价款、税金、运杂费、包装费和安装成本等，也包括间接发生的，如应承担的借款利息、外币借款折算差额及应分摊的其他间接费用。对于特殊行业的特定固定资产，确定其初始入账成本时还应考虑弃置费用。

2. 账户设置

为了核算取得的固定资产，企业应当设置“固定资产”“在建工程”等账户，如图 7-1 和图 7-2

所示。“固定资产”账户属于资产类账户，核算企业固定资产的原价。该账户按固定资产的类别、使用部门等进行明细核算，一般可分为“房屋建筑物”“通用设备”“运输设备”等明细账户。

借	固定资产 贷
借方登记固定资产增加的原始价值	贷方登记固定资产减少的原始价值
期末余额在借方，反映企业期末固定资产的账面原价	

图 7-1 “固定资产”账户

借	在建工程 贷
借方登记投入在建工程的各项支出	贷方登记工程竣工、固定资产交付使用的工程成本数
期末余额在借方，反映尚未竣工的在建工程的实际成本	

图 7-2 “在建工程”账户

7.2.2 账务处理

企业取得固定资产的方式多种多样，包括外购、自行建造、投资者投入、融资租入等。取得的方式不同，初始成本计量方法也各不相同。

1. 外购固定资产的初始计量

企业外购固定资产的成本包括购买价款、相关税费、使固定资产达到预定可使用状态前所发生的可归属于该项资产的运输费、装卸费、安装费和专业人员服务费、利息等。外购固定资产分为购入不需要安装的固定资产和购入需要安装的固定资产两类。

1）购入不需要安装的固定资产

购入不需要安装的固定资产，购入后即可发挥作用，达到预定可使用状态。企业按实际支付归属该项固定资产的实际成本做如下分录：

借：固定资产

　　应交税费——应交增值税（进项税额）

　　贷：银行存款、长期应付款等

【情景 7-1】华信食品股份有限公司于 2019 年 7 月 10 日向华信机械股份有限公司购入一台不需要安装的真空包装机，发票上注明设备的价款为 6 000 元，应交增值税为 780 元，支付的场地整理费、运输费、装卸费等（不考虑增值税）合计 300 元。上述款项企业已用银行存款支付。原始凭证如图 7-3 至图 7-5 所示，其账务处理如下：

借：固定资产——真空包装机	6 300	
应交税费——应交增值税（进项税额）	780	
贷：银行存款		7 080

北京增值税专用发票

1100183130　　　　发票联　　　　№ 00122585

1100183130
00122585

机器编号：
256311626548

开票日期：　2019年07月10日

购买方	名　　称：华信食品股份有限公司 纳税人识别号：110202523113659 地址、电话：北京市通州区东大街67号 010-27606068 开户银行及账号：工行北京通州支行160300583638033666	密码区	6*< -5>+1 </*08875>*24+5-/0 1-0*+<>84*>3+/5>-6</1+->963 <2**47-<* /27*1+4>+0/*7/*5+ 9+0>36*+4+*626+*95-*255-60/

货物或应税劳务、服务名称	规格型号	单位	数量	单价	金额	税率	税额
*商用设备*真空包装机		台	1	6 000.00	6 000.00	13%	780.00
合　计					¥6 000.00		¥780.00
价税合计（大写）	⊗ 陆仟柒佰捌拾元整				（小写）¥6 780.00		

销售方	名　　称：华信机械股份有限公司 纳税人识别号：632200122125463 地址、电话：北京市昌平区新月路65号 010-89542259 开户银行及账号：工行北京昌平支行625600266558612336	备注	华信机械股份有限公司 632200122125463 发票专用章

收款人：张静霞　　复核：宋晓军　　开票人：刘凯华　　销售方：

税总函[2018] 507号北京东港安全印制有限公司

第三联：发票联　购买方记账凭证

图 7-3　增值税专用发票

固定资产验收单

固定资产来源：购入

供应单位：华信机械股份有限公司

支票号：　　　　2019年 7月 10日　　　　字第 1 号

固定资产类别	固定资产名称	规格材质	计量单位	数量	实收数量	单价	千	百	十	万	千	百	十	元	角	分
机器设备	真空包装机		台	1	1	6 000.00					6	0	0	0	0	0
检验结果：合格		检验员签章：				运杂费合计						3	0	0	0	0
备注：																

单位主管 张志平　　固定资产会计 王宏宇　　经办人 张力　　制单 张小凡

第二联　财务部门记账

图 7-4　固定资产验收单

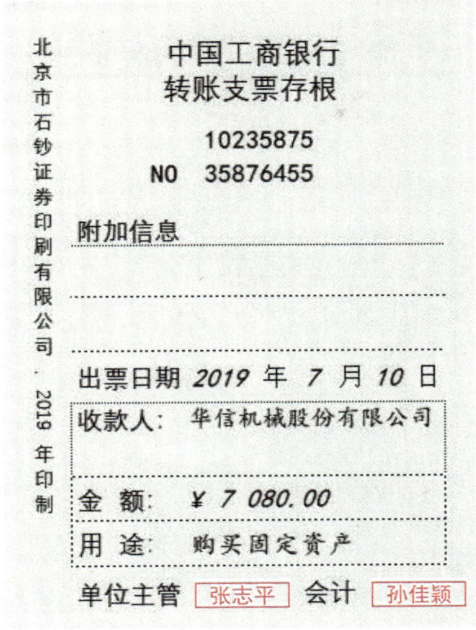
北京市石钞证券印刷有限公司 · 2019年印制

中国工商银行
转账支票存根

10235875
NO 35876455

附加信息

出票日期 2019 年 7 月 10 日

收款人：华信机械股份有限公司

金 额：¥ 7 080.00

用 途：购买固定资产

单位主管 张志平 会计 孙佳颖

图 7-5 转账支票存根

2）购入需要安装的固定资产

购入需要安装的固定资产，购入后经安装调试符合要求才能交付使用。其原始价值包括实际支付的价款（包括买价、包装费、运输费等）和安装调试费用等。购入需要安装的固定资产，先通过“在建工程”账户核算，待安装调试完工交付使用后，转入“固定资产”账户核算。

达到预定可使用状态前：

借：在建工程（包括买价、包装费、运输费和安装调试费用）

　　贷：银行存款等

达到预定可使用状态后：

借：固定资产

　　贷：在建工程

【情景 7-2】2019 年 7 月 11 日，华信食品股份有限公司向华信机械股份有限公司购入需要安装的 HXDJ- 电机 3 台，取得的增值税专用发票上注明的设备价款为 24 000 元，增值税税额为 3 120 元，安装设备时，发生安装费 300 元。全部款项已用银行存款支付。华信食品股份有限公司账务处理如下：

购入待安装设备时，发票及转账支票存根如图 7-6 和图 7-7 所示。

借：在建工程——HXDJ- 电机　　24 000

　　应交税费——应交增值税（进项税额）　　3 120

　　贷：银行存款　　27 120

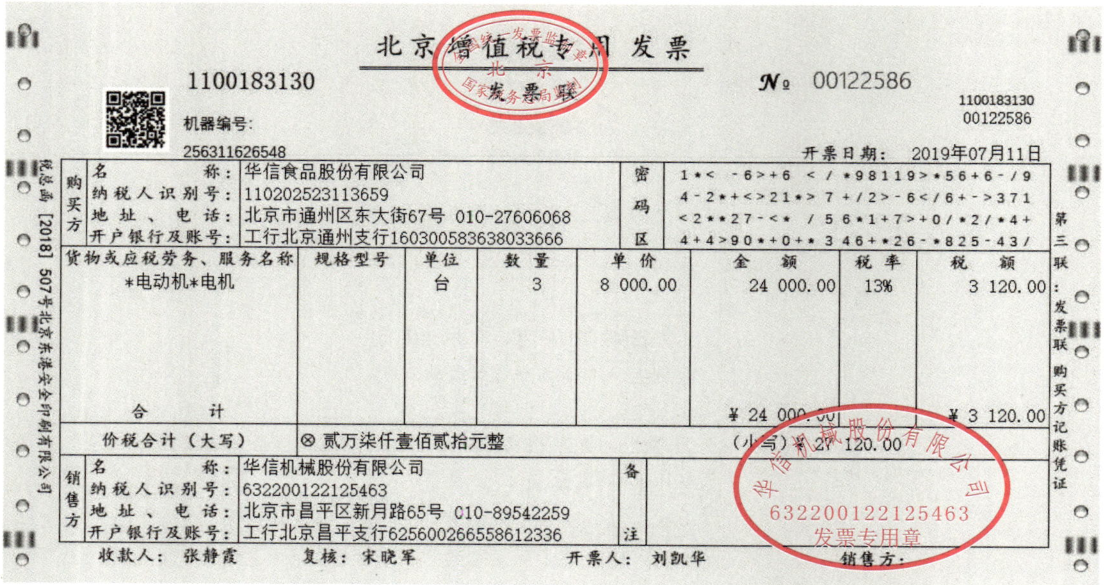
北京增值税专用发票

1100183130　　№ 00122586　　1100183130 00122586

机器编号：256311626548　　开票日期：2019年07月11日

购买方	名称：华信食品股份有限公司 纳税人识别号：110202523113659 地址、电话：北京市通州区东大街67号 010-27606068 开户银行及账号：工行北京通州支行16030058363803366	密码区

货物或应税劳务、服务名称	规格型号	单位	数量	单价	金额	税率	税额
*电动机*电机		台	3	8 000.00	24 000.00	13%	3 120.00
合计					¥ 24 000.00		¥ 3 120.00
价税合计（大写）	⊗ 贰万柒仟壹佰贰拾元整				（小写）¥ 27 120.00		

销售方	名称：华信机械股份有限公司 纳税人识别号：632200122125463 地址、电话：北京市昌平区新月路65号 010-89542259 开户银行及账号：工行北京昌平支行625600266558612336	备注

收款人：张静霞　　复核：宋晓军　　开票人：刘凯华　　销售方：

第三联：发票联　购买方记账凭证

图 7-6　增值税专用发票

中国工商银行

转账支票存根

10235875

NO 35876456

附加信息

出票日期 2019 年 7 月 11 日

收款人：华信机械股份有限公司

金额：¥ 27 120.00

用途：购买固定资产

单位主管 张志平　会计 孙佳颖

北京市石钞证券印刷有限公司，2019年印制

图 7-7　转账支票存根

支付安装费用：

借：在建工程——HXDJ- 电机　　300

　　应交税费——应交增值税（进项税额）　　27

　　贷：银行存款　　327

设备安装完毕，达到预定可使用状态，固定资产验收单如图 7-8 所示。

借：固定资产——HXDJ- 电机　　24 300

　　贷：在建工程——HXDJ- 电机　　24 300

固定资产验收单

固定资产来源
购入

供应单位：华信机械股份有限公司

支票号：　　　　　　2019年 7 月 11 日　　　　　　字第 2 号

固定资产类别	固定资产名称	规格材质	计量单位	数量	实收数量	金额										
						单价	千	百	十	万	千	百	十	元	角	分
机器设备	HXDJ-电机		台	3	3	8 000.00				2	4	0	0	0	0	0
检验结果：　合格	检验员签章：				运杂费合计							3	0	0	0	0
备注：																

单位主管 张志平　　固定资产会计 王宏宇　　经办人 张力　　制单 张小凡

第二联 财务部门记账

图 7-8　固定资产验收单

2. 自行建造固定资产的初始计量

企业自行建造固定资产，应将建造该项资产达到预定可使用状态前所发生的必要支出，作为固定资产的成本。

自建固定资产应先通过“在建工程”账户核算，工程达到预定可使用状态时，再从“在建工程”账户转入“固定资产”账户。企业自建固定资产，主要有自营和出包两种方式，采用的建设方式不同，其会计处理也不同。

1）自营方式建造固定资产

企业通过自营方式建造的固定资产，其入账价值应当按照该项资产达到预定可使用状态前所发生的必要支出确定，包括直接材料、直接人工、直接机械施工费等。

借：固定资产

　　贷：在建工程

工程完工后剩余的工程物资，可按其实际成本或计划成本转作企业的库存材料；存在可抵扣增值税进项税额的，应按减去增值税进项税额后的实际成本或计划成本，转作企业的库存材料。

借：原材料

　　贷：工程物资

盘盈、盘亏、报废、毁损的工程物资，减去保险公司、过失人赔偿部分后的差额，工程项目尚未完工的，计入或冲减所建工程项目的成本；工程已经完工的，计入当期营业外收支。

盘盈的工程物资：

借：工程物资

　　贷：在建工程

盘亏、报废、毁损的工程物资：

借：在建工程（减去保险公司、过失人赔偿部分后的差额）

其他应收款（保险公司、过失人赔偿部分）

贷：工程物资

所建造的固定资产已达到预定可使用状态，但尚未办理竣工决算的，应当自达到预定可使用状态之日起，根据工程预算、造价或者工程实际成本等，按暂估价值转入固定资产，并按有关计提固定资产折旧的规定，计提固定资产折旧。待办理竣工决算手续后再调整原来的暂估价值，但不需要调整原已计提的折旧额。

盘盈的工程物资：

借：工程物资

贷：营业外收入

盘亏、报废、毁损的工程物资：

借：营业外支出

贷：工程物资

【情景 7-3】华信食品股份有限公司利用剩余生产能力自行制造一台设备。在建造过程中主要发生下列支出：

（1）2019 年 7 月 11 日用银行存款向新华建筑有限公司购入工程物资水泥 1 000 吨，单价 800 元。取得增值税专用发票上注明价款 800 000 元，增值税税额为 104 000 元，原始凭证如图 7-9 和图 7-10 所示。

借：工程物资——水泥	800 000	
应交税费——应交增值税（进项税额）	104 000	
贷：银行存款		904 000

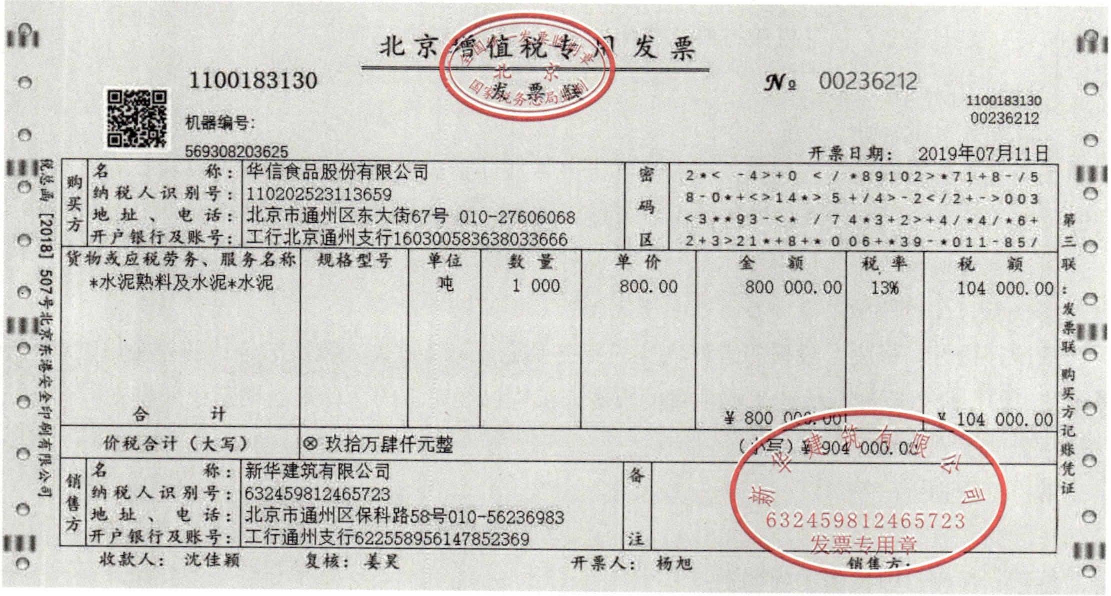

北京增值税专用发票

1100183130　　№ 00236212　　1100183130 00236212

机器编号：569308203625　　开票日期：2019年07月11日

购买方	名称：华信食品股份有限公司 纳税人识别号：110202523113659 地址、电话：北京市通州区东大街67号 010-27606068 开户银行及账号：工行北京通州支行16030058363803366	密码区	2*< -4>+0 </ *89102>*71+8-/5 8-0*+<>14*> 5+/4>-2</2+->003 <3**93-<* /74*3+2>+4/*4/*6+ 2+3>21*+8+* 006+*39-*011-85/

货物或应税劳务、服务名称	规格型号	单位	数量	单价	金额	税率	税额
*水泥熟料及水泥*水泥		吨	1 000	800.00	800 000.00	13%	104 000.00
合计					¥ 800 000.00		¥ 104 000.00
价税合计（大写）	⊗ 玖拾万肆仟元整				（小写）¥ 904 000.00		

销售方	名称：新华建筑有限公司 纳税人识别号：632459812465723 地址、电话：北京市通州区保科路58号010-56236983 开户银行及账号：工行通州支行622558956147852369	备注	

收款人：沈佳颖　　复核：姜昊　　开票人：杨旭　　销售方：

第三联：发票联　购买方记账凭证

图 7-9　增值税专用发票

北京市石钞证券印刷有限公司，2019年印制

中国工商银行
转账支票存根

10235875
NO 35876459

附加信息

出票日期 2019 年 7 月 11 日

收款人：	新华建筑有限公司
金 额：	¥ 904 000.00
用 途：	购买工程物资

单位主管 张志平 会计 孙佳颖

图 7-10 转账支票存根

（2）2019 年 7 月 17 日工程开始，当日实际领用工程物资 800 000 元工程物资领料单如图 7-11 所示。

借：在建工程——厂房　　800 000

　　贷：工程物资——水泥　　800 000

工程物资领料单

2019 年 7 月 17 日　　单位：元

发料仓库	A仓库		用途	建造厂房				
领料单位	工程队							
器材编号	物资名称	规格型号	单位	数量		实际价格		
				请领	实发	单价	总价	
5032	水泥		吨	1 000	1 000	800.00	800000.00	
供应	李丁	发料	李丁	领料单位主管	程心怡	领料	程心怡	

第二联会计记账

图 7-11 工程物资领料单

（3）2019 年 7 月 25 日，工程应负担直接人工费用 500 000 元。

借：在建工程　　500 000

　　贷：应付职工薪酬　　500 000

（4）2019 年 7 月 30 日工程完工，并达到预定可使用状态，固定资产交接验收单如图 7-12 所示。

借：固定资产　　1 300 000

贷：在建工程　　　　　　　　　　　　　　　　　　　　　　1 300 000

固定资产交接（验收）单

2019年 7 月 30 日　　　　　　　　　　　　　　单位：元

固定资产编号	名称	规格	型号	计量单位	数量	建造单位	建造编号	资金来源	附属技术资料
1602	厂房			栋	1	自建	00201801	筹资	
总价（净值）	土建工程费	设备费	安装费	运杂费	包装费	其他	合计	预计年限	净残值率
	1 300 000.00						1 300 000.00	80	0.90%
附属设备及建筑						原值	1 300 000.00	已提折旧	0
验收意见	合格		验收人签章	王宏宇		保管人签章	宋丽		

第二联财务部门记账

财务专用章

图 7-12　固定资产交接验收单

2）出包方式建造固定资产

在出包方式下，企业通过招标将工程项目发包，由其相关的承包企业组织项目施工。采用出包工程方式建造固定资产的企业，其成本由建造该项固定资产达到预定可使用状态前所发生的必要支出构成。

建造的固定资产的具体支出，由承包商核算，“在建工程”账户实际成为企业与承包商的结算科目，企业将与承包商结算的工程价款作为工程成本，通过“在建工程”账户核算。

企业按合理估计的工程进度和合同规定向承包商结算的工程价款：

借：在建工程

　　贷：银行存款

工程完成时按合同规定补付的工程款：

借：在建工程

　　贷：银行存款

工程达到预定可使用状态时，按其成本做如下分录：

借：固定资产

　　贷：在建工程

【情景 7-4】华信食品股份有限公司以出包方式让新华建筑有限公司建造一座仓库，按合理估计的发包工程进度和合同规定向新华建筑有限公司公司结算进度款 2 000 000 元，工程完工后，收到新华建筑有限公司有关工程结算单据，补付工程款 800 000 元，工程完工并达到预定可使用状态。华信食品股份有限公司编制如下会计分录：

2018 年 12 月 12 日，按合理估计的发包工程进度和合同规定向新华建筑有限公司结算进度款时，转账支票存根如图 7-13 所示。

借：在建工程——建筑工程（仓库）　　　　　　　　　　2 000 000

　　贷：银行存款　　　　　　　　　　　　　　　　　　　2 000 000

北京市石钞证券印刷有限公司，2018年印制

中国工商银行
转账支票存根

10235875
NO 35876460

附加信息

出票日期 2018 年 12 月 12 日

收款人： 新华建筑有限公司

金 额： ¥2 000 000.00

用 途： 结算进度款

单位主管 张志平 会计 孙佳颖

图 7-13 转账支票存根

2019 年 2 月 1 日，补付工程款 800 000 时，转账支票存根如图 7-14 所示。

借：在建工程——建筑工程（仓库） 800 000

贷：银行存款 800 000

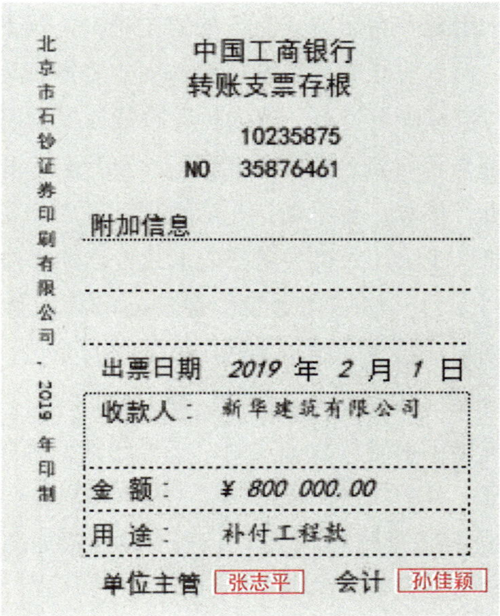

北京市石钞证券印刷有限公司，2019年印制

中国工商银行
转账支票存根

10235875
NO 35876461

附加信息

出票日期 2019 年 2 月 1 日

收款人： 新华建筑有限公司

金 额： ¥ 800 000.00

用 途： 补付工程款

单位主管 张志平 会计 孙佳颖

图 7-14 转账支票存根

2019 年 6 月 30 日，工程完工并达到预定可使用状态时，固定资产交接验收单如图 7-15 所示。

借：固定资产——仓库 2 800 000

贷：在建工程——建筑工程（仓库） 2 800 000

固定资产交接（验收）单

2019 年 6 月 30 日　　　　单位：元

固定资产编号	名称	规格	型号	计量单位	数量	建造单位	建造编号	资金来源	附属技术资料
1603	厂房			栋	1	外包	00205632	自有	
总价（净值）	土建工程费	设备费	安装费	运杂费	包装费	其他	合计	预计年限	净残值率
	2 800 000.00						2 800 000.00	60	0.50%
附属设备及建筑						原值	2 800 000.00	已提折旧	0
验收意见	合格		验收人签章	王宏宇		保管人签章	宋丽		

第二联财务部门记账

（印章：……食品股份有限公司 财务专用章）

图 7-15　固定资产交接验收单

3. 投资转入固定资产的初始计量

投资者投入固定资产的成本，应当按照投资合同或协议约定的价值确定，合同或协议约定价值不公允的除外。在投资合同或协议约定价值不公允的情况下，将该项固定资产的公允价值作为入账价值。转入固定资产时做如下分录：

借：固定资产

　　贷：实收资本（或股本）

4. 租入固定资产的初始计量

租赁有两种形式，融资租赁和经营租赁。融资租赁是指实质上转移了与资产所有权有关的全部风险和报酬的租赁。企业采用融资租赁方式租入的固定资产，虽然在法律形式上资产的所有权在租赁期间仍然属于出租人，但承租企业应将融资租入固定资产视为企业自有资产予以确认，同时确认相应的负债，并采用与自有固定资产一致的折旧政策计提折旧。

经营租赁实质上没有转移与租赁资产所有权相关的全部风险和报酬，企业不需要将租赁资产资本化，不作为企业的固定资产核算，也不确认相应负债。通常情况下，企业应将经营租赁的租金在租赁期内各个期间，按照直线法计入相关资产成本或者当期损益。

【情景 7-5】2018 年 12 月 1 日，华信食品股份有限公司从华泰租赁公司以经营租赁方式租入一台办公设备。租赁合同规定：租赁开始日为 2018 年 12 月 1 日，租赁期为 2 年，租金总额为 200 000 元，租入设备时支付押金 100 000 元，预付租金 120 000 元，租赁期满时再支付剩余租金。假定华信食品股份有限公司每年年末确认租金费用，不考虑其他相关税费。华信食品股份有限公司账务处理如下：

2018 年 12 月 1 日，支付押金、预付租金时，转账支票存根如图 7-16 所示。

借：预付账款——华泰租赁公司　　120 000

　　其他应收款——华泰租赁公司　　100 000

　　贷：银行存款　　220 000

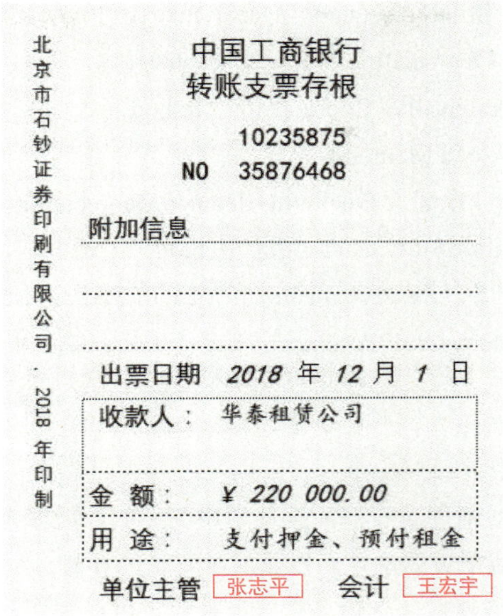

北京市石钞证券印刷有限公司 · 2018 年印制

中国工商银行
转账支票存根

10235875
NO 35876468

附加信息

出票日期 2018 年 12 月 1 日

收款人：华泰租赁公司

金 额：¥ 220 000.00

用 途：支付押金、预付租金

单位主管 张志平 会计 王宏宇

图 7-16 转账支票存根

2019 年 12 月 1 日，确认本年租金时：

借：管理费用　　100 000

　　贷：预付账款——华泰租赁公司　　100 000

2020 年 12 月 31 日，租赁期满，支付剩余租金、收回押金时：

借：管理费用　　100 000

　　银行存款　　20 000

　　贷：预付账款——华泰租赁公司　　20 000

　　　　其他应收款——华泰租赁公司　　100 000

7.3 固定资产的后续计量
——确定固定资产使用中的价值和最终价值

cfo 要求你知道

损耗价值计入成本——固定资产折旧

固定资产修理和更新改造——固定资产固定资产后续支出

固定资产可 收回金额低于其账面价值——固定资产减值准备

关键术语

固定资产后续计量（Subsequent Measurement of Fixed Assets）
固定资产折旧（Depreciation of Fixed Assets）
年限平均法（Straight-line Depreciation Method）
工作量法（Workload Method）
双倍余额递减法（Double Declining Balance Depreciation Method）
年数总和法（Sum-of-the-years-digits Method）
固定资产减值准备（Reserve for Impairment of Fixed Assets）
可收回金额（Recoverable Amount）

7-3

固定资产的后续计量就是对固定资产后续使用中变化的价值额及最终价值额的确定，主要包括固定资产折旧的计提、减值损失的确定，以及后续支出的计量。

7.3.1 固定资产折旧的核算

固定资产在使用过程中，由于磨损或技术进步等原因会产生有形损耗和无形损耗，其价值也逐渐发生转移，这部分转移的价值是以折旧费用的形式计入成本费用中的，并从企业营业收入中得到补偿。折旧的实质是将固定资产的成本以一定的方式分配到由此项固定资产获得收益的各期，以便收入与费用配比。

固定资产折旧是指在固定资产使用寿命内，按照确定的方法对应计折旧额进行系统分摊。应计折旧额，是指应当计提折旧的固定资产的原价扣除其预计净残值后的金额。已计提减值准备的固定资产，还应当扣除已计提的固定资产减值准备累计金额。

1. 计提折旧的固定资产范围

企业应当对所有的固定资产计提折旧，但以下两种情况除外：已提足折旧仍然继续使用的资产；单独计价入账的土地。

提示

这里存在历史遗留问题。我国在 20 世纪 50 年代清产核资时，每个单位分得的土地要单独计价计入固定资产。现在已经很少出现这种情况，由于土地不会贬值，所以不提折旧。

固定资产应该按月计提折旧，计提折旧原则是当月增加的固定资产，当月不提折旧，从下月起计提折旧；当月减少的固定资产，当月仍提折旧，从下月起停止计提折旧。当月增加的无形资产，当月开始摊销；当月减少的无形资产，当月不再摊销。

已达到预定可使用状态但尚未办理竣工决算的固定资产，应当按照估计价值确定成本，并计提折旧；待办理竣工决算后再按实际成本调整原来的暂估价值，但不需要调整已计提的折旧额。

2. 固定资产折旧方法

1）年限平均法（直线法）

年限平均法又称直线法，是指将固定资产的应计折旧额均衡分摊到固定资产预计使用寿命内的一种方法。采用这种方法计算的每期折旧额相等。

计算公式如下：

年折旧率 =（1- 预计净残值）÷ 预计使用年限 ×100%

月折旧率 = 年折旧率 ÷12

月折旧额 = 固定资产原价 × 月折旧率

【情景 7-6】华信食品股份有限公司购入机器设备一台，原价为 200 000 元，预计使用年限为 5 年，预计净残值率为 3%。折旧计算表如表 7-1 所示，计算年折旧率和折旧额。

年折旧率 =（1-3%）÷5×100% =19.4%

折旧额 =200 000×19.4%=38 800（元）

表 7-1 折旧计算表（年限平均法）

年次	原值	年折旧率	年折旧额	累计折旧额	期末账面净值
1	200 000 元	19.4%	38 8000 元	38 8000 元	161 2000 元
2	200 0000 元	19.4%	38 8000 元	77 6000 元	122 4000 元
3	200 0000 元	19.4%	38 8000 元	116 4000 元	83 6000 元
4	200 0000 元	19.4%	38 8000 元	155 2000 元	44 8000 元
5	200 0000 元	19.4%	38 8000 元	194 0000 元	6 0000 元

2）工作量法

工作量法是指按照固定资产工作量平均计算折旧额的一种方法。工作量法与年限平均法都是平均折旧法，只是改日历时间为工作量作为平均的基础。工作量法适用于使用不均衡且能单独考核固定资产工作量的固定资产折旧，如季节性生产或订单式生产企业的汽车、大型设备、大型建筑施工机械等。其计算公式如下：

$$\text{单位工作量折旧额} = \frac{\text{固定资产原价} \times (1 - \text{预计净残值率})}{\text{使用寿命内预计总工作量}}$$

$$\text{某项固定资产月折旧额} = \text{该项固定资产当月实际工作量} \times \text{单位工作量折旧额}$$

公式中的工作量可以是运输工具的行驶里程、机器设备的工作小时或产品产量、大型设备的工作台班等。

【情景 7-7】华信食品股份有限公司新购置货运卡车一辆，原值 150 000 元，预计净残值率为 5%，预计行驶 800 000 千米，本月实际行驶 5 000 千米。本月应计提折旧额为

单位工作量折旧额 =150 000×（1-5%）÷800 000=17.8%

本月应计提折旧额 =5 000×17.8%=890（元）

3）双倍余额递减法

双倍余额递减法是指在不考虑固定资产预计净残值的情况下，根据每期期初固定资产原价减

去累计折旧后的金额和双倍的直线法折旧率计算固定资产折旧的一种方法。应用这种方法计算折旧时，由于每年年初固定资产净值没有扣除预计净残值，所以在计算固定资产折旧时应在其折旧年限到期前两年内，将固定资产净值扣除预计净残值后的余额平均摊销。计算公式如下：

年折旧额＝期初固定资产净值 ×2÷ 预计使用年限（不考虑净残值）

最后两年改为直线法（考虑净残值）：

年折旧额＝（期初固定资产净值－预计净残值）÷2

【情景 7-8】华信食品股份有限公司有一台设备，原值为 100 000 元，预计残值为 4 000 元，预计使用 5 年，折旧率为 20%，采用双倍余额递减法计算各年的折旧额，如表 7-2 所示。

年折旧率＝（2÷5）×100%=40%

表 7-2　折旧计算表（双倍余额递减法）

年次	年初账面净值	折旧率	折旧额	累计折旧额	期末账面净值
1	100 000 元	40%	40 000 元	40 000 元	60 000 元
2	60 0000 元	40%	24 000 元	64 000 元	36 000 元
3	36 000 元	40%	14 400 元	78 400 元	21 600 元
4	100 000 元	—	8 800 元	87 200 元	12 800 元
5	100 000 元	—	8 800 元	96 000 元	4 000 元

4）年数总和法

年数总和法，是以固定资产的原值减去预计净残值后的金额为基数，以一个逐年递减的分数为折旧率，计算各年固定资产折旧额的一种折旧方法。计算公式如下：

年折旧率＝尚可使用年限 ÷ 预计使用年限的年数总和 ×100% 月折旧率＝年折旧率 ÷12

月折旧额＝（固定资产原值－预计净残值）× 月折旧率

【情景 7-9】沿用情景 7-7 的资料，采用年数总和法计算各年折旧额，如表 7-3 所示。

表 7-3　折旧计算表（年数总和法）

年次	原值－预计净残值	折旧率	折旧额	累计折旧额	期末账面净值
1	96 000 元	5/15	32 000 元	32 000 元	64 000 元
2	96 000 元	4/15	25 600 元	57 600 元	38 400 元
3	96 000 元	3/15	19 200 元	76 800 元	19 200 元
4	96 000 元	2/15	12 800 元	89 600 元	6 400 元
5	96 000 元	1/15	6 400 元	96 000 元	0

7.3.2　固定资产减值核算

固定资产减值是指由固定资产发生损坏、技术陈旧或其他经济原因，所导致的其可收回金额低于其账面价值的情况。

企业发生固定资产减值时，如果固定资产的可收回金额低于其账面价值，企业应当按可收回金额低于账面价值的差额计提减值准备，并设置“固定资产减值准备”账户进行核算，如图 7-17 所示。

借　　　　　　　　固定资产减值准备	贷
借方登记处置固定资产时结转已计提的固定资产减值准备	贷方登记计提的固定资产减值准备，表示减值准备的增加和固定资产账面价值的减少
	期末余额在贷方，反映已计提但尚未转销的固定资产减值准备。

图 7-17　“固定资产减值准备”账户

固定资产减值准备应按单项资产计提，计提时做如下分录：

借：资产减值损失

　　贷：固定资产减值准备

【情景 7-10】华信食品股份有限公司有一台电烤箱，账面原值为 200 000 元，已提累计折旧 100 000 元，经检查该设备的性能已经陈旧，预计可收回金额仅为 50 000 元，则对可收回金额低于其净值 100 000 元（200 000-100 000）的 50 000 元（100 000 -50 000）提取减值准备如下，固定资产减值准备计提表如图 7-18 所示。

借：资产减值损失　　　　　　　　　　　　　　　　50 000

　　贷：固定资产减值准备　　　　　　　　　　　　　　50 000

固定资产减值准备计提表

2018 年　12　月　30　日　　　　　　　　单位：元

固定资产名称	账面原价	已提折旧	预计可收回金额	计提减值准备
烤箱	200 000.00	100 000.00	50 000.00	50 000.00
合计				

第二联　会计记账

总经理 张志平　财务经理 李海洋　审核 李海洋　制表 王宏宇

图 7-18　固定资产减值准备计提表

企业在对固定资产检查时，如发现某项固定资产存在以下几种情况：①长期闲置不用、在可预见的未来不会再使用，且已无转让价值；②由于技术进步等原因，已不可使用；③虽尚可使用，但使用后会严重影响产品的质量及其他实质上已经不能再给企业带来经济利益等，应按该项固定资产的账面价值全额提取减值准备。

提示

已全额计提减值准备的固定资产，不再计提折旧。

7.3.3　固定资产后续支出核算

固定资产后续支出是指固定资产在使用过程中发生的日常修理费用、大修理费用、更新改造支出等，分为资本化后续支出和费用化后续支出。

1. **资本化后续支出**

固定资产发生可资本化的后续支出时，企业一般应将该固定资产的原价、已计提的累计折旧和减值准备转销，将其账面价值转入在建工程，并停止计提折旧。发生的可资本化的后续支出，通过“在建工程”账户核算。在固定资产发生的后续支出完工并达到预定可使用状态时，再从在建工程转为固定资产，并按重新确定的使用寿命、预计净残值和折旧方法计提折旧。

【情景 7-11】华信食品股份有限公司是一家糕点生产企业，有关业务资料如下。

（1）2017 年 12 月，该公司自行建成了一条糕点生产线并投入使用，建造成本为 500 000 元；采用年限平均法计提折旧；预计净残值率为固定资产原价的 3%，预计使用年限为 8 年。

（2）2018 年 12 月 31 日，由于生产的产品适销对路，现有这条糕点生产线的生产能力已难以满足公司生产发展的需要，但若新建生产线成本过高，周期过长，于是决定对现有生产线进行扩建，以提高其生产力。假定该生产线未发生过减值。

（3）至 2019 年 4 月 30 日，完成了对这条生产线的改扩建工程，达到预定可使用状态。改扩建过程中发生支出：用银行存款购买工程物资一批，增值税专用发票上注明的价款为 100 000 元，增值税税额为 16 000 元，已全部用于改扩建工程；发生有关人员薪酬 48 000 元。

（4）该生产线改扩建工程达到预定使用状态后，生产能力得到很大提高，预计尚可使用年限为 7 年。假定改扩建后的生产线的预计净残值率为改扩建后其账面价值的 4%；折旧方法仍为年限平均法。假定华信食品股份有限公司按年度计提固定资产折旧，为了简化计算过程，整个过程不考虑其他相关税费，华信食品股份有限公司的账务处理如下：

（1）年折旧额 =500 000×（1−3%）÷8=60 625（元）

借：在建工程	439 375	
累计折旧	60 625	
贷：固定资产		500 000

（2）扩建过程中发生支出：

借：在建工程	148 000	
贷：工程物资		100 000
应付职工薪酬		48 000

（3）达到预定可使用状态：

借：固定资产	587 375	
贷：在建工程		587 375

（4）计提 2019 年折旧：

2019 年折旧额 =587 375×（1−4%）÷7÷12×8=53 702.86（元）

借：管理费用	53 702.86	
贷：累计折旧		53 702.86

2. **费用化后续支出**

固定资产的后续支出如果只是确保固定资产的正常工作状态，如固定资产的维修、保养支出等，不符合固定资产的确认条件，应在发生时直接计入当期损益。企业生产车间和行政管理部门等发生的固定资产修理费用等后续支出计入管理费用。专设销售机构的，其发生的与专设销售机构相关的固定资产修理费用等后续支出，计入销售费用。

【情景 7-12】2018 年 6 月 5 日至 6 日，华信食品股份有限公司生产车间一台设备进行日常维修，应支付维修人员工资为 6 000 元，领用原材料的成本为 3 000 元。对销售部门一台设备进行维修，发生应付人工费 2 000 元。华信食品股份有限公司账务处理如下：

借：管理费用	9 000	
销售费用	2 000	
贷：应付职工薪酬		8 000
原材料		3 000

7.4 固定资产的处置
——固定资产终止确认

cfo 要求你知道

使用哪些会计科目——固定资产处置的账户设置

如何进行账务处理——固定资产处置的账务处理

关键术语

固定资产清理（Disposal of Fixed Assets）

企业在生产经营过程中，对那些不需用、不适用、报废、遭受自然灾害等发生毁损的固定资产应及时清理。固定资产处置主要包括固定资产的出售、报废、毁损、捐赠、抵债、无偿调出、投资转出等。

7.4.1 固定资产处置的账户设置

企业设置“固定资产清理”账户，核算企业因出售、报废、损毁等原因而减少的固定资产账面价值及清理收入等，如图 7-19 所示。该账户属于资产类账户，清理完毕，企业应将清理净损益结转至营业外收支，结转后该账户无余额。该科目可按被清理的固定资产项目进行明细核算。

借	固定资产清理　　　　　　　　　　　　贷
借方登记固定资产转入清理的净值、清理过程中发生的费用及清理完毕后净收益转入损益类账户的数额	贷方登记收回出售固定资产的价款、残料价值和变价收入及清理完毕后净损失转入损益类账户的数额

图 7-19 “固定资产清理”账户

7.4.2 固定资产处置的账务处理

企业因出售、转让、报废或毁损等处置固定资产，其会计处理一般经过以下几个步骤。

1. 固定资产转入清理

固定资产转入清理就是将处置的固定资产的账面价值转入“固定资产清理”的借方。固定资产转入清理时做如下分录：

借：固定资产清理（按固定资产账面价值）

　　累计折旧（按已计提的累计）

　　固定资产减值准备（按已计提的减值准备）

　　贷：固定资产（按固定资产账面原值）

2. 发生的清理费用

在固定资产清理过程中发生的有关费用及应支付的相关税费，应增加清理支出。

借：固定资产清理

　　贷：银行存款

3. 出售收入和残料等的处理

企业收到出售固定资产的价款、残料价值和变价收入等，应冲减清理支出。按实际收到的出售价款及残料或变价收入等做如下分录：

借：银行存款、原材料

　　贷：固定资产清理

　　　　应交税费——应交增值税

4. 保险赔偿的处理

企业计算或收到应由保险公司或过失人赔偿的损失，应冲减清理支出。

借：其他应收款、银行存款

　　贷：固定资产清理

5. 清理净损益的处理

（1）因已丧失使用功能或因自然灾害等原因而报废，清理产生的利得或损失应计入营业外收支。

属于生产经营期间正常的处理损失：

借：营业外支出——处置非流动资产损失

贷：固定资产清理

属于生产经营期间由于自然灾害等非正常原因造成的：

借：营业外支出——非常损失

贷：固定资产清理

固定资产清理完成后的净收益：

借：固定资产清理

贷：营业外收入

（2）因出售、转让等原因产生的固定资产处置利得或损失应计入资产处置损益。

产生处置净损失：

借：资产处置损益

贷：固定资产清理

产生处置净收益：

借：固定资产清理

贷：资产处置损益

【情景 7-13】华信食品股份有限公司有一台烤箱，原值 300 000 元，已提折旧 286 800 元，减值准备 8 400 元，因使用期满经批准报废。在清理过程中，以银行存款支付清理费用 4 000 元，拆除的残料变卖收入 8 000 元。要求：编制相关的会计分录。

（1）固定资产转入清理，固定资产拆除报废申请单如图 7-20 所示。

借：固定资产清理——烤箱	4 800	
累计折旧	286 800	
固定资产减值准备	8 400	
贷：固定资产——烤箱		300 000

固定资产拆除报废清单

2018 年 12 月 20 日　　单位：元

固定资产名称	规格型号	单位	数量	预计使用年限	已使用年限	原值	已提折旧	预计净残值率
烤箱		台	1	10	10	300 000.00	286 800.00	1%
报废原因	已达到使用年限，不能继续使用 经办人：任晓飞							
技术鉴定意见	同意报废 鉴定负责人：张志平							
审批意见	使用部门		固定资产管理部门			主管领导		
	同意 负责人：吴民		负责人：任晓飞			负责人：张志平		

第二联会计部门记账

（印章：华信食品股份有限公司 财务专用章）

图 7-20　固定资产拆除报废申请单

（2）发生清理费用，转账支票存根如图 7-21 所示。

借：固定资产清理——烤箱　　4 000
　　贷：银行存款　　4 000

北京市石钞证券印刷有限公司．2018 年印制

中国工商银行
转账支票存根

10235875
NO 35876463

附加信息

出票日期 2018 年 12 月 20 日

收款人：	佳美固资清理厂
金 额：	¥ 4 000.00
用 途：	支付清理费用

单位主管 张志平　会计 孙佳颖

图 7-21　转账支票存根

（3）收到残料变卖收入，进账单如图 7-22 所示。

借：银行存款　　8 000
　　贷：固定资产清理　　8 000

工商银行　进账单　（回单）

2018 年 12 月 20 日

出票人	全　称	佳美固资清理厂	收款人	全称	华信食品股份有限公司
	账　号	321546884521364256		账号	160300583638033666
	开户银行	工行海淀支行		开户银行	工行北京通州支行
金额	人民币（大写）	捌仟元整		亿千百十万千百十元角分	¥ 8 0 0 0 0 0
票据种类	转账支票	票据张数	壹		
票据号码					
复核：	记账：			收款人开户银行签章	

工商银行通州支行
2018.12.20
转讫

此联是收款人开户银行交给收款人的收账通知

图 7-22　进账单

（4）结转固定资产净损益，固定资产清理损益计算表如图 7-23 所示。

借：营业外支出——处置非流动资产损失　　800

　　贷：固定资产清理　　800

固定资产清理损益计算表

2018 年 12 月 20 日

清理项目	烤箱	清理原因	报废
固定资产清理借方发生额		固定资产清理贷方发生额	
清理支出内容	金额	清理支出内容	金额
固定资产净值	8 800.00	出售固定资产价款	8 000.00
借方合计	8 800.00	贷方合计	8 000.00
固定资产清理 净收益/~~净损失~~ 金额 人民币 捌佰元整			

主管 李海洋　　　　制表 王宏宇

图 7-23　固定资产清理损益计算表

8 无形资产

——没有实物形态的非货币资产

CFO 导语

作为一个会计要知道：

1. 无形资产的概念、特征和内容是什么？
2. 无形资产初始成本如何确定？如何进行账务处理？
3. 无形资产出租、摊销、减值的账务处理是什么？
4. 无形资产如何进行处置？

本项目架构

- 无形资产概述
- 无形资产的初始计量
- 无形资产的后续计量
- 无形资产的处置

8.1 无形资产概述
——无形资产是一项怎样的资产

cfo 要求你知道

没有实物形态——无形资产的概念
与其他资产的区别——无形资产的特征
哪些是无形资产——无形资产的内容

关键术语

无形资产（Intangible Assets）
商誉（Business Reputation）
专利权（Patent）
非专利技术（Non-proprietary Technology）
商标权（Trademark Right）
著作权（Copyright）
特许权（Franchise）
土地使用权（Land Usage Right）

8-1

8.1.1 无形资产的概念

无形资产是指企业拥有或者控制的没有实物形态的可辨认非货币性资产。

提示

客户关系、人力资源等，由于企业无法控制其带来的未来经济利益，不符合无形资产的定义，不应将其确认为无形资产。

8.1.2 无形资产的特征

1. 无形资产没有实物形态

无形资产通常表现为某种权利、某项技术或是某种获取超额利润的综合能力，它们没有实物形态。这是无形资产区别于其他资产的显著特征。

2. 无形资产具有可辨认性

无形资产能够区别于其他资产单独辨认，能够从企业中分离或者划分出来，并能单独用于出售、转让、租赁或交换。

提·示

商誉的存在无法与企业本身分离，不具有可辨认性，不属于本节所讲的无形资产。

3. 属于非货币性长期资产

无形资产的使用年限一般在一年以上，能够在较长时间内为企业带来经济利益，但其在使用过程中能为企业带来未来经济利益的大小具有很大的不确定性，属于一种非货币性的长期资产。

提·示

企业持有无形资产主要用于生产产品或提供劳务、出租给他人使用，或是为了管理的需要，而不是为了对外销售。

8.1.3 无形资产的内容

无形资产主要包括专利权、非专利技术、商标权、著作权、特许权、土地使用权等。

1. 专利权

专利权是指国家专利主管机关依法授予发明创造专利申请人，对其发明创造在法定期限内所享有的专有权利，包括发明专利权、实用新型专利权和外观设计专利权。

2. 非专利技术

非专利技术也称专有技术，指不为外界所知、在生产经营活动中已采用了的、不享有法律保护的、可以带来经济效益的各种技术和诀窍。非专利技术一般包括工业专有技术、商业贸易专有技术、管理专有技术等。

3. 商标权

商标是用来辨认特定的商品或劳务的标记。商标权指专门在某类指定的商品或产品上使用特定的名称或图案的权利。

4. 著作权

著作权又称版权，指作者对其创作的文学、科学和艺术作品依法享有的某些特殊权利。著作权包括作品署名权、发表权、修改权和保护作品完整权，还包括复制权、发行权、出租权、展览权、表演权、放映权、广播权、信息网络传播权、摄制权、改编权、翻译权、汇编权及应当由著作权人享有的其他权利。

5. 特许权

特许权又称经营特许权、专营权，指企业在某一地区经营或销售某种特定商品的权利或是一家企业接受另一家企业使用其商标、商号、技术秘密等的权利。通常有两种形式，一种是由政府机构授权，准许企业使用的，或在一定地区享有经营某种业务的特权，如水、电、邮电通信等专营权、烟草专卖权等；另一种指依照签订的合同，企业可有限期或无限期使用的另一家企业享有的某些权利，如连锁店分店使用总店的名称等。

6. 土地使用权

土地使用权，指国家准许某企业在一定期间内对国有土地享有开发、利用、经营的权利。根据《中华人民共和国土地管理法》的规定，我国土地实行公有制，任何单位和个人不得侵占、买卖或者以其他形式非法转让土地。企业取得土地使用权的方式大致有以下几种：行政划拨取得、外购取得及投资者投资取得。

8.2 无形资产的初始计量
——取得无形资产如何入账

cfo 要求你知道

购买无形资产入账价值——外购无形资产的核算
研发无形资产入账价值——自行研发无形资产的核算
投资的无形资产入账——投资者接受投资的无形资产的核算
捐赠的无形资产入账价值——接受捐赠的无形资产
土地使用权如何入账——土地使用权的处理

关键术语

研发支出（Research and Development Expenditure）

8-2

8.2.1 账户设置

无形资产应当按照取得时的实际成本计量。企业取得无形资产的主要方式有外购、自行研究开发、接受投资者投入等。取得方式不同，其具体会计处理也有所不同。

“无形资产”账户属于资产类账户，用于核算企业持有的无形资产成本。应按无形资产项目分别设置明细账进行明细核算。其账户结构如图 8-1 所示。

借	无形资产 贷
借方登记取得的无形资产的成本，表示无形资产的增加	贷方登记出售无形资产转出的账面余额，表示无形资产的减少
期末借方余额表示企业期末无形资产的账面原价	

图 8-1 “无形资产”账户

8.2.2 无形资产的核算

1. 外购无形资产的核算

外购无形资产的成本包括买价、相关税费及直接归属于使该项资产达到预定用途所发生的其他支出。

提示

下列各项不包括在无形资产的初始成本中：引入新产品进行宣传发生的广告费、管理费用及其他间接费用；无形资产已经达到预定用途以后发生的费用。

【情景 8-1】2018 年 12 月 13 日，华信食品股份有限公司从万盛科技有限公司购入一项专利权，价款 3 000 000 元，用银行存款支付，不考虑增值税，转账支票存根如图 8-2 所示，华信食品股份有限公司的账务处理如下：

借：无形资产——专利权　　　　3 000 000

　贷：银行存款　　　　3 000 000

北京市石钞证券印刷有限公司．2018年印制

中国工商银行
转账支票存根

10235875
NO 35876464

附加信息

出票日期 2018 年 12 月 13 日

收款人：万盛科技有限公司

金 额：¥3 000 000.00

用 途：购买专利权

单位主管 张志平　会计 孙佳颖

图 8-2 转账支票存根

购买无形资产的价款超过正常信用条件延期支付，实质上具有融资性质的，无形资产的成本应以购买价款的现值为基础确定。

【情景 8-2】2017 年 1 月 8 日，华信食品股份有限公司从万盛科技有限公司购买一项商标权，由于华信食品股份有限公司资金周转比较紧张，经与万盛科技有限公司协议采用分期付款方式支付款项。合同规定，该项商标权总计 1 000 000 元，每年年末付款 500 000 元，两年付清。假定银行同期贷款利率为 6%，2 年期年金现值系数为 1.833 4。假定未确认融资费用采用实际利率法摊销。有关会计处理如下：

无形资产现值 =500 000×1.833 4=916 700（元）

未确认融资费用 =1 000 000 － 916 700= 83 300（元）

第一年应确认的融资费用 =916 700×6%=55 002（元）

第二年应确认的融资费用 =83 300 － 55 002=28 298（元）

借：无形资产——商标权	916 700	
未确认融资费用	83 300	
贷：长期应付款		1 000 000

第一年年底付款时：

借：长期应付款	500 000	
贷：银行存款		500 000
借：财务费用	55 002	
贷：未确认融资费用		55 002

第二年年底付款时：

借：长期应付款	500 000	
贷：银行存款		500 000
借：财务费用	28 298	
贷：未确认融资费用		28 298

2. 自行研发无形资产的核算

1）账户设置

“研发支出”账户属于成本类账户，核算企业进行研究与开发无形资产过程中发生的各项支出，该账户可按研究开发项目，分别对“费用化支出”“资本化支出”进行明细核算。账户结构如图 8-3 所示。

借　　　　　　　　研发支出	贷
借方登记企业自行开发无形资产发生的研发支出	贷方登记研究开发项目达到预定用途形成无形资产的资本化支出
期末借方余额反映企业正在进行无形资产研究开发项目满足资本化条件的支出	

图 8-3 “研发支出”账户

2）账务处理

对于企业自行研究开发的无形资产，应当区分研究阶段与开发阶段分别进行核算。

①研究阶段。

研究是指为获取新的技术和知识而进行的有计划的调查。研究阶段基本上是探索性的，是为进一步的开发活动进行资料及相关方面的准备。已经进行的研究活动将来是否会转入开发、开发后是否会形成无形资产具有较大的不确定性。因此，研究阶段的有关支出在发生时应当费用化，计入当期损益。

【情景 8-3】2018 年 9 月，华信食品股份有限公司自行研制一项新材料，本月发生研究人员工资 40 000 元，消耗材料 8 000 元。

借：研发支出——费用化支出	48 000	
贷：应付职工薪酬		40 000
原材料		8 000

期末时：

借：管理费用	48 000	
贷：研发支出——费用化支出		48 000

②开发阶段。

开发是指在进行商业性生产或使用前，将研究成果或其他知识应用于某项计划或设计，以生产出新的或具有实质性改进的材料、装置、产品等。进入开发阶段的研发项目往往形成无形资产的可能性较大。企业所发生的开发支出若能够证明满足无形资产的定义及相关确认条件，可资本化，确认为无形资产的成本。未能够证明满足无形资产的定义及相关确认条件的，应费用化，计入当期损益。

【情景 8-4】2018 年 10 月，华信食品股份有限公司新材料研究成功后，进入开发阶段，开发阶段发生的相关支出有：研究人员工资 30 000 元，消耗材料 10 000 元，用银行存款支付其他费用 30 000 元。

借：研发支出——资本化支出	70 000	
贷：原材料		10 000
应付职工薪酬		30 000
银行存款		30 000

无法可靠区分研究阶段和开发阶段的支出，应当在发生时费用化，计入当期损益（管理费用）。

提示

"研发支出——资本化支出"余额列示在资产负债表中的"开发支出"项目。

【情景 8-5】2018 年 11 月，华信食品股份有限公司对研制出的新材料申请专利，取得专利权支付的注册费、律师费共 50 000 元。

借：研发支出——资本化支出　　50 000

　　贷：银行存款　　50 000

新材料达到预定用途形成无形资产时：

借：无形资产　　50 000

　　贷：研发支出——资本化支出　　50 000

3. 接受投资者投入的无形资产的核算

企业接受投资者投入的无形资产，其成本应当按照投资合同或协议约定的价值确定，合同或协议约定价值不公允的除外。

【情景 8-6】2018 年 7 月，华信食品股份有限公司某一方投资者以非专利技术作价投资，各方协商价为 500 000 元，按投资协议规定该投资者投入为 480 000 元，全部手续已办妥。

借：无形资产——非专利技术　　500 000

　　贷：股本　　480 000

　　　　资本公积——资本溢价　　20 000

4. 接受捐赠的无形资产

企业接受捐赠的无形资产，如果捐赠者提供了有关凭据，应按凭据中的金额加上应支付的相关税费计价；如果捐赠者没有提供有关凭据，则应按下列顺序计价：

（1）同类或类似无形资产存在活跃的市场，应参照同类或类似无形资产的市场价格估计的金额，加上应支付的相关税费计价。

（2）同类或类似无形资产不存在活跃的市场，应按其预计未来现金流量的现值计价。

企业接受无形资产捐赠时做如下分录：

借：无形资产

　　贷：营业外收入

【情景 8-7】2018 年 8 月，华信食品股份有限公司接受一项专利捐赠，确认价值为 80 000 元，有关手续已办妥。

借：无形资产——专利权　　80 000

　　贷：营业外收入　　80 000

8.2.3 土地使用权的处理

企业取得的土地使用权，通常应当按照取得时所支付的价款及相关税费确认为无形资产。属于投资性房地产的土地使用权，应当按照投资性房地产进行会计处理。

土地使用权用于自行开发建造厂房等地上建筑物时，土地使用权的账面价值不与地上建筑物合并计算其成本，而仍作为无形资产进行核算，土地使用权与地上建筑物分别进行摊销和计提折旧。但下列情况除外：

（1）房地产开发企业取得的土地使用权用于建造对外出售的房屋建筑物，相关的土地使用权应当计入所建造的房屋建筑物成本。

（2）企业外购房屋建筑物所支付的价款中包括土地使用权和建筑物的价值的，应当对实际支付的价款按照合理的方法（如公允价值相对比例）在土地使用权与地上建筑物之间进行分配；确实无法再土地使用权与地上建筑物之间进行合理分配的，应当全部作为固定资产，按照固定资产确认和计量的原则进行会计处理。

企业改变土地使用权的用途，停止自用土地使用权而用于赚取租金或资本增值时，应将其转为投资性房地产。

8.3 无形资产的后续计量

——如何确定无形资产的价值变化和最终价值

cfo 要求你知道

预计可收回金额低于其账面价值——无形资产的摊销

无形资产的价值损耗——无形资产的减值

关键术语

无形资产减值（Intangible Assets Impairment）

无形资产摊销（Amortization of Intangible Assets）

累计摊销（Accumulated Amortization）

8.3.1 无形资产的摊销

1. 摊销范围

无形资产属于长期资产，企业应当于取得无形资产时分析判断其使用寿命，确定是否需要对其价值进行摊销。使用寿命不确定的无形资产不进行摊销（每期末进行减值测试，计提减值准备），对使用寿命有限的无形资产进行摊销。

2. 摊销金额

应摊销金额 = 无形资产成本 − 预计残值 − 已计提减值

使用寿命有限的无形资产，其残值应当视为零，但下列情况除外：有第三方承诺在无形资产使用寿命结束时购买该无形资产；可以根据活跃市场得到预计残值信息，并且该市场在无形资产使用寿命结束时很可能存在。

3. 摊销方法

摊销方法主要有直线法、生产总量法等。其选择应当能够体现与该项无形资产有关的经济利益的预期实现方式，无法可靠确定其预期实现方式的，应当采用直线法进行摊销。

4. 摊销期

应当自可供使用的当月起开始摊销，终止确认当月不再摊销。

5. 账户设置

“累计摊销”账户属于“无形资产”账户的调整账户，用于核算企业对使用寿命有限的无形资产计提的累计摊销。其账户结构如图 8-4 所示。

借　　累计摊销	贷
借方登记处置无形资产转出的累计摊销额，表示累计摊销的减少	贷方登记企业计提的累计摊销额，表示累计摊销的增加

图 8-4 “累计摊销”账户

6. 账务处理

无形资产应按月进行摊销，其摊销金额应根据无形资产所包含的经济利益的不同实现方式分别计入不同成本或费用账户。

【情景 8-8】华信食品股份有限公司对无形资产采用直线法摊销，所拥有的 A 土地使用权原值 10 000 000 元，可使用寿命 50 年，为企业生产经营自用；B 专利技术原值 2 000 000 元，预计使用寿命 10 年；专门用于生产蛋糕；C 专利技术原值 2 400 000 元，预计使用寿命 8 年，用于出租给其他企业使用以收取租金。要求编制华信食品股份有限公司各月无形资产摊销的会计分录。

借：管理费用	200 000	
生产成本——蛋糕	200 000	
其他业务成本	300 000	
贷：累计摊销		700 000

8.3.2 无形资产的减值

1. 账户设置

“无形资产减值准备”账户属于资产类账户，核算企业无形资产的减值准备。该账户可按无形资产项目进行明细核算，账户结构如图 8-5 所示。

借	无形资产减值准备	贷
借方登记处置无形资产应同时结转减值准备的金额	贷方登记无形资产发生减值应减记的金额	
	期末贷方余额，反映企业已计提但尚未转销的无形资产减值准备	

图 8-5 “无形资产减值准备”账户

2. 账务处理

企业应当定期或至少在每年年度终了时对各项无形资产进行减值测试，预计可收回金额低于其账面价值的，应对可收回金额低于账面价值的差额计提相应的减值准备，确认为减值损失，计入当期损益。已计提减值准备的无形资产，应当按照该无形资产的账面价值及尚可使用寿命重新计算确定摊销额。

提示 无形资产减值损失一经确认，在以后会计期间不得转回。

【情景 8-9】华信食品股份有限公司于 2018 年 1 月 1 日以 2 000 000 元购入一项专利权，按 10 年的预计使用寿命采用直线法摊销。2019 年年末，该无形资产的可收回金额为 1 400 000 元，2020 年 1 月 1 日，对无形资产的使用寿命和摊销方法进行复核，该无形资产的尚可使用寿命为 4 年，摊销方法仍采用直线法。

通过分析，2019 年年末该专利权的账面净额 =2 000 000 − 2 000 000÷10×2=1 600 000（元），可收回金额为 1 400 000 元，减值 200 000 元。

借：资产减值损失　　　　200 000

　贷：无形资产减值准备——专利权　　　　200 000

减值后账面价值为 1 200 000 元。2020 年应摊销的金额 =1 200 000÷4=300 000（元）。

8.4 无形资产的处置
——无形资产转销并不再确认

cfo 要求你知道

让渡无形资产使用权——无形资产出租
放弃无形资产所有权——无形资产出售
无形资产不再使用——无形资产报废

关键术语

处置无形资产（Disposal of Intangible Assets）

出售无形资产（Sale of Intangible Assets）

8-4

无形资产的处置主要包括对外出租、出售和报废，在无法为企业带来未来经济利益时，应予转销并终止确认。

8.4.1 无形资产出租

企业让渡无形资产使用权并收取租金，在满足收入确认条件的情况下，应确认相关的收入和费用。

（1）出租无形资产取得租金收入时：

借：银行存款

　　贷：其他业务收入

（2）摊销出租无形资产的成本和发生与转让有关的各种费用支出时：

借：其他业务成本

　　税金及附加

　　贷：累计摊销

　　　　应交税费

【情景 8-10】2018 年 1 月 1 日，华信食品股份有限公司将某商标权出租给上海佳美购物连锁超市使用，租期为 5 年，每年收取不含税租金 100 000 元。在出租期间内华信食品股份有限公司不再使用该商标权。该商标权是华信食品股份有限公司 2017 年 1 月 1 日购入的，初始入账价值为 1 500 000 元，预计使用年限为 10 年，采用直线法摊销。假定按年摊销商标权，且不考虑增值税以外的其他相关税费。华信食品股份有限公司为一般纳税人，应缴纳的增值税为 6 000 元（适用增值税税率为 6%）。

华信食品股份有限公司的账务处理如下：

每年取得租金：

借：银行存款	106 000	
贷：其他业务收入——出租商标权		100 000
应交税费——应交增值税（销项税额）		6 000

按年对该商标权进行摊销：

借：其他业务成本——商标权摊销　　100 000

　　贷：累计摊销　　100 000

8.4.2 无形资产出售

企业出售无形资产，表明企业放弃该无形资产的所有权，应将所取得的价款与该无形资产账面价值的差额作为资产处置利得或损失，计入当期损益。但值得注意的是，企业出售无形资产确认其利得的时点，应按照收入确认中的相关原则进行确定。

出售无形资产时，分录如下：

借：银行存款（按实际收到的金额）

　　累计摊销（按已计提的累计摊销额）

　　无形资产减值准备（已计提的减值准备）

　　贷：无形资产（按其账面余额）

　　　　应交税费（按应支付的相关税费及其他费用）

按其差额，借记或贷记“资产处置损益”账户。

【情景 8-11】华信食品股份有限公司为增值税一般纳税人，出售一项商标权，该商标权成本为 5 000 000 元，已摊销金额为 2 000 000 元。已计提的减值准备为 200 000 元。公司于 2018 年将该项专利技术出售给大发有限公司，取得收入 3 000 000 元，不考虑相关税费，华信食品股份有限公司的账务处理如下：

借：银行存款　　3 000 000

　　累计摊销　　2 000 000

　　无形资产减值准备——商标权　　200 000

　　贷：无形资产——商标权　　5 000 000

　　　　资产处置损益　　200 000

8.4.3 无形资产报废

如果无形资产预期不能为企业带来未来经济利益，如某无形资产已被其他新技术替代或超过法律保护期，则不再符合无形资产的定义，应先将其报废并予以转销，其账面价值转作当期损益。

【情景 8-12】华信食品股份有限公司原拥有一项非专利技术，采用直线法进行摊销，预计使用期限为 10 年。现该项非专利技术已被内部研发成功的新技术替代，并且根据市场调查，用该非专利技术生产的产品已没有市场，预期不能再为企业带来任何经济利益，故应当予以转销。转销时，该项非专利技术的成本为 6 000 000 元，已摊销 6 年，累计计提减值准备为 1 600 000 元，该项非专利技术的残值为 0。假定不考虑其他相关因素，华信食品股份有限公司的账务处理如下：

累计摊销额 =6 000 000÷10×6=3 600 000（元）

借：累计摊销　　3 600 000

　　无形资产减值准备——专利权　　1 600 000

　　营业外支出——处置非流动资产损失　　800 000

　　贷：无形资产——专利权　　6 000 000

9 投资性房地产

——企业为赚取租金或资本增值而持有的房地产

CFO 导语

作为一个会计要知道：

1. 投资性房地产的含义和特征是什么？
2. 投资性房地产的核算范围是什么？
3. 如何进行投资性房地产初始计量的核算？
4. 投资性房地产后续支出的账务处理是怎样的？
5. 如何对成本模式和公允价值模式下处置投资性房地产进行会计核算？

本项目架构

- 什么是投资性房地产
- 投资性房地产的初始计量
- 投资性房地产的后续支出
- 投资性房地产的后续计量
- 投资性房地产的转换
- 投资性房地产的处置

9.1 什么是投资性房地产
——投资性房地产是一项怎样的资产

cfo 要求你知道

什么是投资性房地产——投资性房地产的概念
区别投资性房地产和其他资产——投资性房地产的特征
哪些是投资性房地产——投资性房地产的范围
成本模式和公允价值模式——投资性房地产的计量模式

关键术语

投资性房地产（Investment Real Estate）
房地产（Real Estate）

9.1.1 投资性房地产的概念

投资性房地产是指为赚取租金或资本增值，或者两者兼有而持有的房地产。投资性房地产应当能够单独计量和出售。

提示

例如，华信食品股份有限公司拥有一个厂房，一共有 10 间屋子，对外出租五间，如果每一间自用屋子都可以单独计量，那么出租的 5 间就可以确认为投资性房地产，如果不能单独计量就确认为固定资产。

其中，房地产是土地和房屋及其权属的总称。在我国，土地归国家和集体所有，企业只能取得土地使用权。因此，房地产中的土地是指土地使用权。房屋是指土地上的建筑物及构筑物。随着我国经济的发展和完善，房地产市场日益活跃，企业持有房地产除自身使用外，还可以赚取租金或者谋求增值收益。

9.1.2 投资性房地产的特征

首先，投资性房地产可用于经营活动。

投资性房地产主要用于出租建筑物和出租土地使用权，这实质上是一种让渡资产使用权行为。房地产租金就是让渡资产使用权取得的使用费收入，是企业为完成其经营目标所从事的经营性活动及与之相关的其他活动形成的经济利益总流入。投资性房地产增值后可以转让，赚取增值收益，从而增加企业为完成其经营目标所从事的经营性活动及与之相关的其他活动形成的经济利益总流入。

其次，投资性房地产在用途、状态、目的等方面区别于作为生产经营场所的房地产和用于销售的房地产。

企业持有的房地产除用作自身管理、生产经营活动场所和对外销售外，还出现了将房地产用于赚取租金或增值收益的活动，甚至成为个别企业的主营业务。这就需要将投资性房地产单独作为一项资产进行核算和反映，与自用的厂房、办公楼等房地产和作为存货（已建完工商品房）的房地产加以区别，从而更加清晰地反映企业所持有房地产的构成情况和盈利能力。

9.1.3 投资性房地产的范围

投资性房地产的范围包括已出租的土地使用权、持有并准备增值后转让的土地使用权、已出租的建筑物。

1. 已出租的土地使用权

已出租的土地使用权，是指企业通过出让或转让方式取得的、以经营租赁方式出租的土地使用权。企业取得的土地使用权通常包括在一级市场上以缴纳土地出让金的方式取得的土地使用权，以及在二级市场上接受其他单位转让的土地使用权。

对于以经营租赁方式租人再转租给其他单位的土地使用权，不能将之确认为投资性房地产。

2. 持有并准备增值后转让的土地使用权

持有并准备增值后转让的土地使用权，是指企业取得的、准备增值后转让的土地使用权。例如，企业发生转产或厂址搬迁，部分土地使用权停止自用，企业管理当局（董事会或类似机构）做出书面决议，明确继续持有这部分土地使用权，待其增值后转让以赚取增值收益。

按照国家有关规定认定的闲置土地，不享有持有并准备增值后转让的土地使用权，也就不属于投资性房地产。

3. 已出租的建筑物

已出租的建筑物是指企业拥有产权并以经营租赁方式出租的房屋等建筑物，包括自行建造成开发活动完成后用于出租的建筑物。

企业在判断和确认已出租的建筑物时，需要注意：

（1）用于出租的建筑物是指企业拥有产权的建筑物。企业以经营租赁方式租入再转租的建筑物不属于投资性房地产。

（2）已出租的建筑物是企业已经与其他方签订了租赁协议，约定以经营租赁方式出租的建筑物。一般自租赁协议规定的租赁期开始日起，经营租出的建筑物才属于已出租的建筑物。

（3）企业将建筑物出租，按租赁协议向承租人提供的相关辅助服务在整个协议中不重大的，应当将该建筑物确认为投资性房地产。

提示

华信食品股份有限公司将其办公楼出租，同时向承租人提供维护、保安等日常辅助服务，则企业应当将其确认为投资性房地产。

9.1.4 投资性房地产的计量模式

投资性房地产应当按照成本进行初始计量，其中建筑物成本构成与固定资产的一致，土地使用权成本构成与无形资产的一致。

在后续计量时，通常应当采用成本模式，满足特定条件的情况下也可以采用公允价值模式。但同一企业只能采用一种模式对所有投资性房地产进行后续计量，不得同时采用两种计量模式。

1. 成本模式

在成本模式下，投资性房地产的后续计量与固定资产或无形资产一致，需要计提折旧或摊销、计提资产减值准备等。但投资性房产转让属于其他业务，不计入营业外收支。

2. 公允价值模式

在公允价值模式下，不需对投资性房地产计提折旧或进行摊销，应当以资产负债表日投资性房地产的公允价值为基础调整其账面价值，公允价值与原账面价值之间的差额计入当期损益。

采用公允价值模式计量的，应当同时满足下列两个条件：

（1）投资性房地产所在地有活跃的房地产交易市场；

（2）企业能够从房地产交易市场上取得同类或类似房地产的市场价格及其他相关信息，从而对投资性房地产的公允价值做出合理的估计。

提示

已采用公允价值模式计量的投资性房地产，不得从公允价值模式转为成本模式。

9.2 投资性房地产的初始计量

——取得投资性房地产时如何入账

cfo 要求你知道

购入投资性房地产如何入账——外购投资性房地产核算
自建的投资性房地产如何入账——自建投资性房地产核算

关键术语

自行建造投资性房地产（Self-built Investment Real Estate）

9-2

采用成本模式计量的企业，应设置“投资性房地产”账户，比照“固定资产”“无形资产”账户进行核算，反映投资性房地产的成本。

采用公允价值模式计量的企业，应当在“投资性房地产”账户下设置“成本”和“公允价值变动”两个明细账户，其中“成本”明细账户反映投资性房地产取得的成本。

9.2.1 外购投资性房地产的初始计量

1. 成本模式计量

在采用成本模式计量时，外购的土地使用权和建筑物，按照取得时的实际成本进行初始计量。

借：投资性房地产

　　应交税费——应交增值税（进项税额）

　　贷：银行存款

取得时的实际成本包括购买价款、相关税费和可直接归属于该资产的其他支出。

提示

企业购入的房地产，部分用于出租（或资本增值），部分自用，用于出租（或资本增值）的部分应当予以单独确认的，应按照不同部分的公允价值占公允价值总额的比例将成本在不同部分之间进行分配。

【情景 9-1】2018 年 10 月，华信食品股份有限公司计划购入一栋写字楼用于对外出租。10 月 22 日，华信食品股份有限公司与福地公司签订了经营租赁合同，约定自写字楼购买日起将此栋写字楼出租给福地公司，为期 5 年。12 月 30 日，华信食品股份有限公司实际购入写字楼，支付价款共计 10 000 000 元（假设不考虑其他因素，华信食品股份有限公司采用成本模式进行后续计量）。账务处理如下：

借：投资性房地产——写字楼　　10 000 000
　　应交税费——应交增值税（进项税额）　　1 000 000
　　贷：银行存款　　11 000 000

2. **公允价值模式计量**

在采用公允价值模式计量时，外购的投资性房地产应当按照取得时的实际成本进行初始计量，其实际成本的确定与采用成本模式计量的投资性房地产一致。企业应当在“投资性房地产”账户下设置“成本”和“公允价值变动”两个明细账户，按照外购的土地使用权和建筑物发生的实际成本，计入“投资性房地产——成本”账户。

借：投资性房地产——成本
　　应交税费——应交增值税（进项税额）
　　贷：银行存款

【情景 9-2】承接情景 9-1，假设华信食品股份有限公司拥有的投资性房地产符合采用公允价值模式计量的条件，采用公允价值模式进行初始计量，华信食品股份有限公司账务处理如下：

借：投资性房地产——写字楼——成本　　10 000 000
　　应交税费——应交增值税（进项税额）　　1 000 000
　　贷：银行存款　　11 000 000

9.2.2　自行建造投资性房地产的初始计量

1. **成本模式计量**

在采用成本模式计量时，自行建造投资性房地产，其成本由建造该项资产达到预定可使用状态前发生的必要支出构成，包括土地开发费、建筑成本、安装成本、应予以资本化的借款费用、支付的其他费用和分摊的间接费用等。建造过程中发生的非正常性损失，直接计入当期损益，不计入建造成本。按照建造过程中发生的成本，编制如下分录：

借：投资性房地产

　　贷：在建工程

【情景 9-3】2018 年 1 月，华信食品股份有限公司从其他单位购入一块土地的使用权，并在这块土地上自行建造两栋厂房。2018 年 10 月，华信食品股份有限公司预计厂房即将完工，与华尔公司签订经营租赁合同，将其中的一栋厂房租给华尔公司使用。租赁合同约定，该厂房于完工（达到预定可使用状态）时开始起租。2018 年 11 月 1 日，两栋厂房同时完工（达到预定可使用状态）。该块土地使用权的成本为 8 000 000 元；两栋厂房的实际造价均为 5 000 000 元，能够单独计量。假设华信食品股份有限公司采用成本模式计量，账务处理如下：

土地使用权中的对应部分同时转换为投资性房地产

=8 000 000×（5 000 000÷10 000 000）=4 000 000（元）

借：投资性房地产——厂房	5 000 000	
固定资产——厂房	5 000 000	
贷：在建工程——厂房		10 000 000
借：投资性房地产——土地使用权	4 000 000	
贷：无形资产——土地使用权		4 000 000

2. 公允价值模式计量

自行建造的采用公允价值模式计量的投资性房地产，应当按照取得时的实际成本进行初始计量。其实际成本的确定与自行建造的采用成本模式计量的投资性房地产一致。

借：投资性房地产——成本

　　贷：在建工程

【情景 9-4】承接情景 9-3，假设华信食品股份有限公司拥有的投资性房地产符合公允价值模式计量的条件，采用公允价值模式进行初始计量，账务处理如下：

借：投资性房地产——厂房——成本	5 000 000	
固定资产——厂房	5 000 000	
贷：在建工程——厂房		10 000 000
借：投资性房地产——土地使用权——成本	4 000 000	
贷：无形资产——土地使用权		4 000 000

9.3 投资性房地产的后续支出
——如何核算投资性房地产初始计量后的支出

cfo 要求你知道

后续支出计入成本——资本化的后续支出
后续支出计入费用——费用化的后续支出

关键术语

资本化的后续支出（Capitalized Subsequent Expenditure）

9-3

9.3.1 资本化的后续支出

与投资性房地产有关的后续支出，满足投资性房地产确认条件的，应当计入投资性房地产成本。

提示

例如，企业为了提高投资性房地产的使用效能，往往需要对投资性房地产进行改建、扩建而使其更加坚固耐用，或者通过装修来改善其室内装潢，改扩建或装修支出满足确认条件的，应当将其资本化。

1. **成本模式**

（1）投资性房地产进入改扩建或装修阶段后，应当将其账面价值转入改扩建工程，分录如下：

借：投资性房地产——在建

投资性房地产累计折旧

贷：投资性房地产

（2）发生资本化的改良或装修支出，通过“投资性房地产——在建”账户核算，分录如下：

借：投资性房地产——在建

贷：银行存款、应付账款

（3）改扩建或装修完成后，分录如下：

借：投资性房地产

贷：投资性房地产——在建

【情景 9-5】2018 年 6 月，华信食品股份有限公司与盛行公司的一项厂房经营租赁合同即将到期。该厂房原价为 10 000 000 元，已计提折旧 3 000 000 元。为了提高厂房的租金收入，华信食品股份有限公司决定在租赁期满后对该厂进行改扩建，并与盛行公司签订经营租赁合同，约定自改扩建完工时将该厂房出租给盛行公司。2018 年 6 月 30 日，与盛行公司租赁合同到期，该厂房随即进入改扩建工程。2018 年 12 月 31 日，该厂房改扩建工程完工，共发生支出 400 000 元，均已支付，即日按照租赁合同出租给盛行公司。假定华信食品股份有限公司采用成本计量模式，编制会计分录如下：

改建开始时：

借：投资性房地产——厂房——在建	7 000 000	
投资性房地产累计折旧	3 000 000	
贷：投资性房地产——厂房		10 000 000

发生改良费用时：

借：投资性房地产——厂房——在建	400 000	
贷：银行存款		400 000

改建完成后：

借：投资性房地产——厂房	7 400 000	
贷：投资性房地产——厂房——在建		7 400 000

2. 公允价值模式

（1）投资性房地产进入改扩建或装修阶段，分录如下：

借：投资性房地产——在建

贷：投资性房地产——成本

——公允价值变动

（2）在改扩建或装修完成后，分录如下：

借：投资性房地产——成本

贷：投资性房地产——在建

企业对某项投资性房地产进行改扩建等再开发且将来仍作为投资性房地产的，再开发期间应继续将其作为投资性房地产，再开发期间不计提折旧或摊销。

【情景 9-6】2018 年 7 月，华信食品股份有限公司与济源公司的一项厂房经营租赁合同即将到期。为了提高厂房的租金收入，华信食品股份有限公司决定在租赁期满后对该厂房进行改扩建，并与济源公司签订经营租赁合同，约定自改扩建完工时将该厂房出租给济源公司。2018 年 7 月 31 日，与济源公司租赁合同到期，该厂房随即进入改扩建工程。2018 年 8 月 31 日，该厂房账面余额为 20 000 000 元，其中，成本 18 000 000 元，累计公允价值变动 2 000 000 元。2018 年 12 月 31 日，该厂房改扩建工程完工，共发生支出 2 000 000 元，均已支付，即日按照租赁合同出租给济源公司。假定华信食品股份有限公司采用公允价值计量模式，编制会计分录如下：

扩建开始时：

借：投资性房地产——厂房——在建	20 000 000	
贷：投资性房地产——厂房——成本		18 000 000
——公允价值变动		2 000 000

发生改扩建支出：

借：投资性房地产——厂房——在建	2 000 000	
贷：银行存款		2 000 000

改扩建工程完工：

借：投资性房地产——厂房——成本	22 000 000	
贷：投资性房地产——厂房——在建		22 000 000

9.3.2 费用化的后续支出

与投资性房地产有关的后续支出，不满足投资性房地产确认条件的，如企业对投资性房地产进行日常维护所发生的支出，应当在发生时计入当期损益。

借：其他业务成本

　　贷：银行存款

【情景 9-7】华信食品股份有限公司对其某项投资性房地产进行日常维修，共发生维修支出 100 000 元。

借：其他业务成本	100 000	
贷：银行存款		100 000

9.4 投资性房地产的后续计量

——投资性房地产能否计提折旧或摊销

cfo 要求你知道

可以计提折旧或摊销——采用成本模式进行后续计量
不能计提折旧或摊销——采用公允价值模式计量

关键术语

成本模式（Cost Model）
公允价值模式（Fair Value Pattern）

9-4

投资性房地产后续计量，通常应当采用成本模式，只有满足特定条件时才可以采用公允价值模式。但是，同一企业只能采用一种模式对所有投资性房地产进行后续计量，不得同时采用两种计量模式。

9.4.1 采用成本模式进行后续计量的投资性房地产

（1）采用成本模式进行后续计量的投资性房地产，应当按期（月）计提折旧或摊销，分录如下：

借：其他业务成本
　　贷：投资性房地产累计折旧（摊销）

取得的租金收入：

借：银行存款
　　贷：其他业务收入

（2）投资性房地产存在减值迹象的，还应当适用资产减值的有关规定。经减值测试后确定发生减值的，应当计提减值准备，分录如下：

借：资产减值损失

　　贷：投资性房地产减值准备

如果已经计提减值准备的投资性房地产的价值又得以恢复，不得转回。

【情景 9-8】华信食品股份有限公司将一栋办公楼出租给方华公司使用，已确认为投资性房地产，采用成本模式进行后续计量。假设此办公楼的成本为 12 000 000 元，按照直线法计提折旧。使用寿命为 50 年，预计净残值为零。按照经营租赁合同约定，方华公司每月支付华信食品股份有限公司租金 100 000 元。当年 12 月，此办公楼发生减值迹象，经减值测试，其可收回金额为 10 000 000 元，假设此时办公楼的账面价值为 11 000 000 元，以前未计提减值准备，方华公司按合同约定及时支付租金。

每月计提折旧时：

借：其他业务成本——出租办公楼折旧	20 000	
贷：投资性房地产累计折旧		20 000

每月确认租金收入：

借：银行存款	100 000	
贷：其他业务收入——出租办公楼租金收入		100 000

发生减值：

借：资产减值损失	1 000 000	
贷：投资性房地产减值准备		1 000 000

9.4.2　采用公允价值模式计量的投资性房地产

只有存在确凿证据表明投资性房地产的公允价值能够持续可靠取得的情况下，企业才可以采用公允价值模式对投资性房地产进行后续计量。企业一旦选择采用公允价值计量模式，就应当对其所有投资性房地产均采用公允价值模式进行后续计量。

提示

采用公允价值模式进行后续计量的投资性房地产，应当同时满足以下两个条件：①投资性房地产所在地有活跃的房地产交易市场。②企业能够从活跃的房地产交易市场上取得同类或类似房地产的市场价格及其他相关信息，从而对投资性房地产的公允价值做出合理的估计。

采用公允价值模式进行后续计量的投资性房地产，不对其计提折旧或摊销。

企业应当以资产负债表日投资性房地产的公允价值为基础调整其账面价值，公允价值与原账面价值之间的差额计入当期损益。

（1）资产负债表日，投资性房地产的公允价值高于原账面价值时：

借：投资性房地产——公允价值变动

　　贷：公允价值变动损益

（2）资产负债表日，投资性房地产的公允价值低于原账面价值时：

借：公允价值变动损益

　　贷：投资性房地产——公允价值变动

（3）取得的租金收入：

借：银行存款

　　贷：其他业务收入

【情景 9-9】2018 年 10 月，华信食品股份有限公司与祥源公司签订租赁协议，约定将华信食品股份有限公司新建造的一栋写字楼租赁给祥源公司使用，租赁期为 10 年。2018 年 12 月 1 日，该写字楼开始起租。写字楼的工程造价为 13 000 000 元，2018 年 12 月 31 日，该写字楼的公允价值为 15 000 000 元。假设华信食品股份有限公司对投资性房地产采用公允价值模式进行后续计量。

借：投资性房地产——公允价值变动　　2 000 000

　　贷：公允价值变动损益　　2 000 000

9.5 投资性房地产的转换

——如何核算投资性房地产与其他资产转换

cfo 要求你知道

投资性房地产转换为其他资产如何核算——投资性房地产转换为其他资产

其他资产转换为投资性房地产如何核算——其他资产转换为投资性房地产

关键术语

转换（Conversion）

其他资产（Other Assets）

9.5.1 投资性房地产转换为其他资产

1. 成本计量模式下的转换

企业将成本模式计量的投资性房地产转换为其他资产时，应当按照该项投资性房地产在转换日的账面余额、累计折旧、减值准备等，分别转入“固定资产”“累计折旧”“固定资产减值准备”等账户。

借：固定资产、无形资产（按账面余额）

　　投资性房地产累计折旧（摊销）（按已计提的折旧或摊销）

　　投资性房地产减值准备（按原已计提的减值准备）

　　贷：投资性房地产

　　　　累计折旧、累计摊销

　　　　固定资产减值准备

【情景 9-10】2018 年 8 月 1 日，为扩大生产经营，华信食品股份有限公司董事会做出书面决议，计划于 2018 年 8 月 31 日将某出租在外的厂房在租赁期满时收回，用于本公司生产产品。随后，华信食品股份有限公司做好了厂房再重新用于生产的各项准备工作。2018 年 8 月 31 日，华信食品股份有限公司将出租的厂房收回，2018 年 9 月 1 日开始用于本公司生产产品。该厂房在转换前采用成本模式计量，截至 2018 年 8 月 31 日，账面价值 6 000 000 元，其中，原价 8 000 000 元，已计提累计折旧 2 000 000 元。假定不考虑其他因素，华信食品股份有限公司的账务处理如下：

借：固定资产——厂房	8 000 000	
投资性房地产累计折旧	2 000 000	
贷：投资性房地产——厂房		8 000 000
累计折旧——厂房		2 000 000

2. 公允价值计量模式下的转换

企业采用成本模式计量的投资性房地产转换为其他资产时，应当以其转换当日的公允价值作为其他的账面价值，公允价值与原账面价值的差额计入当期损益。转换日，按该项投资性房地产的公允价值做如下分录：

借：固定资产、无形资产等

　　贷：投资性房地产——成本（按该项投资性房地产的成本）

按该项投资性房地产的累计公允价值变动，借记或贷记“投资性房地产——公允价值变动”账户，按其差额，借记或贷记“公允价值变动损益”账户。

【情景 9-11】2018 年 11 月 1 日，租赁期满，华信食品股份有限公司将出租的写字楼收回，公司董事会就将该写字楼作为办公楼用于本公司的行政管理形成了书面决议。2018 年 11 月 1 日，该写字楼正式开始自用，由投资性房地产转换为自用房地产，当日的公允价值 12 000 000 元。该项房地产在转换前采用公允价值模式计量，原账面价值为 10 000 000 元，其中，成本为 9 000 000 元，公允价值变动为增值 300 000 元。华信食品股份有限公司的账务处理如下：

借：固定资产——写字楼　　12 000 000
　　贷：投资性房地产——写字楼——成本　　9 000 000
　　　　　　　　　　　　　　——公允价值变动　　300 000
　　　　公允价值变动损益　　2 700 000

9.5.2 其他资产转换为投资性房地产

1. 成本计量模式下的转换

企业将其他资产转换为采用成本模式计量的投资性房地产时，应该按该项资产在转换日的原价、累计折旧、减值准备等，分别转入“投资性房地产”“投资性房地产累计折旧（摊销）”等账户。

借：投资性房地产（按其账面余额）
　　累计折旧、累计摊销（按已计提的折旧或摊销）
　　固定资产减值准备、无形资产减值准备（按原已计提的减值准备）
　　贷：固定资产、无形资产等
　　　　投资性房地产累计折旧（摊销）
　　　　投资性房地产减值准备

【情景 9-12】华信食品股份有限公司拥有一栋本公司总部办公使用的办公楼，公司董事会就将该本公楼用于出租形成了书面决议。2018 年 5 月 10 日，华信食品股份有限公司与银泰公司签订了经营租赁合同，将该栋办公楼出租给银泰公司使用，租赁期开始日为 2018 年 6 月 1 日，租赁期为 5 年，2018 年 6 月 1 日，该栋办公楼的账面余额为 10 000 000 元，已计提折旧 500 000 元。假设华信食品股份有限公司所在城市不存在活跃的房地产交易市场，账务处理如下：

借：投资性房地产——办公楼　　10 000 000
　　累计折旧——办公楼　　500 000
　　贷：固定资产——办公楼　　10 000 000
　　　　投资性房地产累计折旧　　500 000

2. 公允价值计量模式下的转换

企业将其他资产转换为采用公允价值计量模式的投资性房地产时，分录如下：

借：投资性房地产——成本（按照该项资产在转换日的公允价值）
　　累计折旧、累计摊销（按已计提的折旧或摊销）
　　固定资产减值准备、无形资产减值准备（按原已计提的减值准备）
　　贷：固定资产、无形资产等

如果转换日的公允价值小于账面价值，按其差额，借记或贷记“公允价值变动损益”账户；如果转换日的公允价值大于账面价值，按其差额，借记或贷记“其他综合收益”账户。待该项投资性房地产处置时，因转换计入其他综合收益的部分应当转入当期损益。

【情景 9-13】2018 年 8 月，华信食品股份有限公司打算搬迁至新建办公楼，由于原办公楼处于商业繁华地段，华信食品股份有限公司准备将其出租，以赚取租金收入，已经公司董事会批准形成书面决议。2018 年 8 月底华信食品股份有限公司完成了搬迁工作，原办公楼停止自用。2018 年 9 月 1 日，华信食品股份有限公司与济源公司签订了租赁协议，租赁期为 3 年，在本例中，华信食品股份有限公司应当于租赁期开始日（2018 年 9 月 1 日），将自用房地产转换为投资性房地产。该办公楼所在地房地产交易活跃，公司能够从市场上取得同类或类似房地产的市场价格及其他相关信息，设华信食品股份有限公司对出租的该办公楼采用公允价值模式计量。假设 2018 年 9 月 1 日，该办公楼的公允价值为 180 000 000 元，其原价为 150 000 000 元，已提 15 000 000 元。华信食品股份有限公司的账务处理如下：

借：投资性房地产——办公楼——成本	180 000 000	
累计折旧——办公楼	15 000 000	
公允价值变动损益	5 000 000	
贷：固定资产——办公楼		200 000 000

9.6 投资性房地产的处置

——如何核算终止确认投资性房地产

cfo 要求你知道

计入其他业务收支——采用成本模式计量处置

计入公允价值变动损益——采用公允价值模式计量处置

关键术语

处置投资性房地产（Disposal of Investment Real Estate）

9-6

当投资性房地产被处置或者永久退出使用且预计不能从其处置中取得经济利益时，应当终止确认该项投资性房地产。

企业出售、转让、报废投资性房地产或者发生投资性房地产毁损，应当将处置收入扣除其账面价值和相关税费后的金额计入当期损益。

9.6.1 采用成本模式计量的投资性房地产的处置

（1）出售、转让按照成本模式计量的投资性房地产时，分录如下：

借：银行存款

　　贷：其他业务收入（按照实际收到的金额）

（2）同时也应该结转该投资性房地产的成本：

借：其他业务成本

　　投资性房地产累计折旧（摊销）

　　投资性房地产减值准备

　　贷：投资性房地产

如果发生相关的税费，分录如下：

借：税金及附加

　　贷：应交税费

【情景9-14】华信食品股份有限公司将其出租的一栋写字楼确认为投资性房地产。租赁期满后，华信食品股份有限公司将该栋写字楼出售给盛行公司，合同价款为20 000 000元，银泰公司已用银行存款付清。这栋写字楼原采用成本模式计量。出售时，该栋写字楼的成本为16 000 000元，已计提折旧3 000 000元。不考虑其他税费。华信食品股份有限公司的账务处理如下：

借：银行存款	20 000 000	
贷：其他业务收入		20 000 000
借：其他业务成本	13 000 000	
投资性房地产累计折旧	3 000 000	
贷：投资性房地产——写字楼		16 000 000

9.6.2 采用公允价值模式计量的投资性房地产的处置

出售、转让按照公允价值模式计量的投资性房地产时，分录如下：

借：银行存款（按照实际收到的金额）

　　贷：其他业务收入

然后结转该投资性房地产的成本，分录如下：

借：其他业务成本

　　贷：投资性房地产——成本（按其初始成本）

按其累计公允价值变动，贷记或者借记“投资性房地产——公允价值变动”账户。同时，将该投资性房地产实际公允价值变动损益转入其他业务收入，借记或者贷记“公允价值变动损益”账户，贷记或者借记“其他业务收入”账户。

若存在原转换日计入资本公积的金额，则需一并转入其他业务收入。

借：资本公积——其他资本公积

　　贷：其他业务收入

如果发生相关的税费：

借：税金及附加

　　贷：应交税费

【情景 9-15】华信食品股份有限公司于 2018 年 5 月将一项投资性房地产以 26 000 000 元的价格出售，出售款项已收讫。出售时，该房地产的成本为 21 000 000 元，累计的公允价值变动为借方增加 1 000 000 元，不考虑相关税费。华信食品股份有限公司的账务处理如下：

借：银行存款	26 000 000	
贷：其他业务收入		26 000 000
借：其他业务成本	22 000 000	
贷：投资性房地产——成本		21 000 000
——公允价值变动		1 000 000

同时，将投资性房地产累计公允价值变动转入其他业务收入：

借：公允价值变动损益	1 000 000	
贷：其他业务收入		1 000 000

10 流动负债

——一年内能够偿还的债务

CFO 导语

作为一个会计要知道：

1. 什么是短期借款？如何进行会计核算？
2. 应付及预收款项包括哪些内容？怎样进行会计处理？
3. 应付职工薪酬的核算内容是什么？如何进行确认和计量？
4. 应交税费主要核算哪些税种？
5. 核算增值税和消费税的会计账户是什么？如何进行会计处理？

本项目架构

- 什么是流动负债
- 短期借款
- 应付及预收款项
- 应付职工薪酬
- 应交税费

10.1 什么是流动负债
——流动负债核算是一项怎样的工作

cfo 要求你知道

一年内偿还的债务——流动负债的概念

关键术语

负债（Liabilities）
流动负债（Current Liabilities）

负债是指企业过去的交易或者事项形成的，预期会导致经济利益流出企业的现时义务。负债在资产负债表上按照流动负债和非流动负债列示。

流动负债是将在一年或超过一年的一个营业周期内偿还的债务，主要包括短期借款、应付票据、应付账款、预收账款、应付职工薪酬、应交税费、应付股利、其他应付款等。

10.2 短期借款
——一年以内偿还的银行借款

cfo 要求你知道

什么是短期借款——短期借款的概念
使用什么账户进行短期借款核算——短期借款的账户设置
短期借款核算如何做会计分录——短期借款的账务处理

关键术语

短期借款（Short-term Borrowing）

10.2.1 短期借款的概念

短期借款是企业向银行或其他金融机构等借入的期限在一年以下（含一年）的各种借款。

10.2.2 短期借款的账户设置

为了满足正常生产经营的需要，企业应设置“短期借款”账户，核算短期借款的取得及偿还情况，账户结构如图 10-1 所示。

借	短期借款 贷
借方登记偿还借款的本金数额	贷方登记取得借款的本金数额
	余额在贷方，表示尚未偿还的短期借款

图 10-1 “短期借款”账户

10.2.3 短期借款的账务处理

企业从银行或其他金融机构取得短期借款时：

借：银行存款

　　贷：短期借款

在实际工作中，银行一般于每季度末收取短期借款利息，因此，企业的短期借款利息一般采用月末预提的方式进行核算。短期借款利息属于筹资费用，应记入“财务费用”科目。

（1）企业应当在资产负债表日按照计算确定的短期借款利息费用：

借：财务费用

　　贷：应付利息

（2）实际支付利息时：

借：应付利息

　　贷：银行存款

（3）企业短期借款到期偿还本金时：

借：短期借款

　　贷：银行存款

【情景 10-1】华信食品股份有限公司于 2018 年 1 月 1 日向银行借入一笔生产经营用短期借款，

共计 500 000 元，期限为 9 个月，月利率为 0.5%。根据与银行签署的借款协议，该项借款的本金到期后一次归还；利息分月预提，按季支付。华信食品股份有限公司的有关会计分录如下：

借入款项时：

借：银行存款	500 000	
贷：短期借款		500 000

每月计提利息时：

借：财务费用	2 500	
贷：应付利息		2 500

到期一次还本付息：

借：短期借款	500 000	
应付利息	22 500	
贷：银行存款		522 500

10.3 应付及预收款项
——企业日常生产经营中产生的债务

cfo 要求你知道

因赊购业务产生的负债——应付账款
以票据形式偿还的负债——应付票据
销货单位预先收到的款项——预收账款

关键术语

应付账款（Accounts Payable）
应付票据（Notes Payable）
预收账款（Advance Collection）

10.3.1 应付账款

1. 概念

应付账款是指企业因购买材料、商品或接受劳务供应等经营活动应支付的款项，是买卖双方在购销活动中取得物资与支付货款时间上不一致产生的负债。

2. 账户设置

企业应通过“应付账款”账户，核算应付账款的发生、偿还、转销等情况。该账户一般按照债权人设置明细账户进行明细核算，账户结构如图 10-2 所示。

借 应付账款	贷
借方登记偿还的应付账款，或开出商业汇票抵付应付账款的款项，或已冲销的无法支付的应付账款	贷方登记企业购买材料、商品和接受劳务等而发生的应付账款
	余额一般在贷方，表示企业尚未支付的应付账款余额

图 10-2 “应付账款”账户

3. 账务处理

（1）企业购入材料、商品等验收入库，但货款尚未支付，根据有关凭证（发票账单、随货同行发票上记载的实际价款或暂估价值）做如下分录：

借：材料采购、在途物资

　　应交税费——应交增值税（进项税额）（按可抵扣的增值税额）

　　贷：应付账款（按应付的价款）

（2）企业接受供应单位提供劳务而发生的应付未付款项，根据供应单位的发票账单做如下分录：

借：生产成本、管理费用

　　贷：应付账款

（3）企业偿还应付账款或开出商业汇票抵付应付账款时：

借：应付账款

　　贷：银行存款、应付票据

（4）企业转销确实无法支付的应付账款（比如因债权人撤销等原因而产生无法支付的应付账款），应按其账面余额计入营业外收入。

借：应付账款

　　贷：营业外收入

【情景 10-2】华信食品股份有限公司于 2019 年 7 月 2 日从红星粮油批发公司购入白砂糖 5 000 千克，单价 8 元，增值税专用发票上注明该批产品的价款为 50 000 元，增值税额为 5 200 元，合同中规定的现金折扣条件为“2/10，1/20，*n*/30”，该公司在 7 月 11 日付清货款，假定计算现金折扣时不考虑增值税。编制该公司的会计分录。

发出商品时，原始凭证如图 10-3 和图 10-4 所示。

借：原材料——白砂糖　　　　　　　　　　　　　　40 000

　　应交税费——应交增值税（进项税额）　　　　　　5 200

贷：应付账款——红星粮油批发公司　　45 200

北京增值税专用发票

1100183130　　发票联　　№ 23620239

1100183130
23620239

机器编号：
236523212236

开票日期：2019年07月02日

购买方	名　　称：华信食品股份有限公司 纳税人识别号：110202523113659 地址、电话：北京市通州区东大街67号 010-27606068 开户银行及账号：工行北京通州支行160300583638033666			密码区	9*< -9>+2 </*20609>*15+8-/0 9-0*+<>70*> 5+/5>-5</4+->770 <9**64-<* / 63*7+6>+9/*0/*1+ 3+6>09*+0+* 925+*17-*918-10/		
货物或应税劳务、服务名称	规格型号	单位	数量	单价	金额	税率	税额
*糖*成品糖		千克	5 000	8.00	40 000.00	13%	5 200.00
合　　计					¥ 40 000.00		¥ 5 200.00
价税合计（大写）	⊗ 肆万伍仟贰佰元整				（小写）¥ 45 200.00		
销售方	名　　称：红星粮油批发公司 纳税人识别号：110603001112228 地址、电话：北京市丰台区万绿街26号 010-89956283 开户银行及账号：北京市工行丰台区支行 156252003595010150			备注	红星粮油批发公司 110603001112228 发票专用章		

收款人：甘婷　　复核：陆彤　　开票人：江红　　销售方：

税总函［2018］507号北京东港安全印刷有限公司

第三联：发票联　购货方记账凭证

图 10-3　增值税专用发票

材料入库单

2019 年 7 月 2 日　　第 2 号

材料名称	计量单位	入库数量	单位成本	金　额	用途
白砂糖	千克	5 000	8.00	40 000.00	
合　计				¥ 40 000.00	

财务经理 李海洋　　部门主任 张力　　制表 张小凡

第三联财务部门记账

图 10-4　材料入库单

7 月 11 日，支付货款，转账支票存根如图 10-5 所示。

借：应付账款——红星粮油批发公司　　45 200

　　贷：银行存款　　44 400

　　　　财务费用　　800

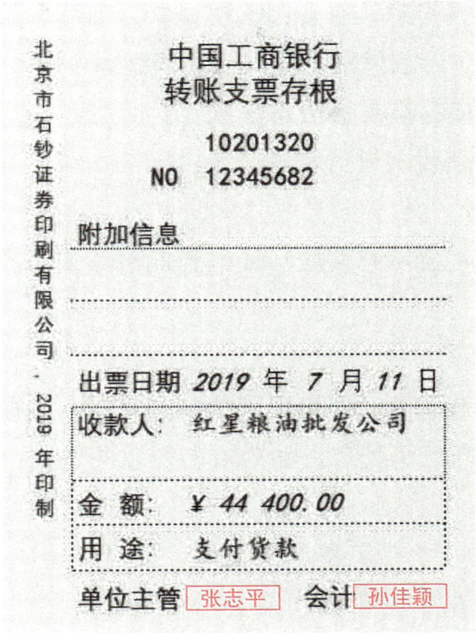
北京市石钞证券印刷有限公司 · 2019 年印制

中国工商银行
转账支票存根

10201320
NO 12345682

附加信息

出票日期 2019 年 7 月 11 日
收款人：红星粮油批发公司
金 额：¥ 44 400.00
用 途：支付货款
单位主管 张志平 会计 孙佳颖

图 10-5 转账支票存根

10.3.2 应付票据

1. 概念

应付票据是指企业购买材料、商品和接受劳务供应等而开出、承兑的商业汇票，包括商业承兑汇票和银行承兑汇票。企业应当设置“应付票据备查簿”，详细登记商业汇票的种类、号数和出票日期、到期日、票面余额、交易合同号和收款人姓名或单位名称及付款日期和金额等资料。应付票据到期结清时，应当在备查簿内予以注销。

2. 账户设置

企业应通过“应付票据”账户，核算应付票据的发生、偿付等情况，账户结构如图 10-6 所示。

借 应付票据	贷
借方登记支付票据的金额	贷方登记开出、承兑汇票的面值及带息 票据的预提利息
	余额在贷方，表示企业尚未到期的商业汇票的票面金额和应计未付的利息

图 10-6 “应付票据”账户

3. 账务处理

商业汇票的付款期限不超过六个月，因此在会计上应作为流动负债进行管理和核算。同时，由于应付票据的偿付时间较短，在会计实务中，一般均按照开出、承兑的应付票据的面值入账。商业汇票按是否带息分为带息票据和不带息票据。不带息票据的到期值即票面金额，带息票据的到期值则为票据的票面金额与按照注明的利率计算的利息之和。在会计处理上，不论是带息票据还是不带息票据，出票人在出具票据时都应按照票面金额记为负债，只是在票据到期支付票据款时，带息票据的利息支出要作为财务费用处理。

（1）无论企业应付票据是否带息，企业因购买材料、商品和接受劳务供应等而开出、承兑的商业汇票，应当按其票面金额作为应付票据的入账金额做如下分录：

借：材料采购、原材料、库存商品和应付账款

　　应交税费——应交增值税（进项税额）

　　贷：应付票据

（2）企业支付的银行承兑汇票手续费应当计入当期财务费用，分录如下：

借：财务费用

　　贷：银行存款

（3）企业开出并承兑的商业承兑汇票如果不能如期支付，应在票据到期时将“应付票据”的账面转入“应付账款”，待协商后再处理。如果重新签发的票据已清偿原应付票据，再从“应付账款”转入“应付票据”账户。

（4）企业开出并承兑的银行承兑汇票如果到期，企业无力支付到期票款，承兑银行除对持票人无条件付款外，对出票人尚未支付的到期银行承兑汇票，在接到银行转来的有关凭证时做如下分录：

借：应付票据

　　贷：短期借款

对计收的利息，按短期借款利息的处理方法处理。

【情景10-3】华信食品股份有限公司从红星粮油批发公司购买特质面粉8 000千克，单价10元。华信食品股份有限公司开出为期3个月、面值为90 400元的不带息商业承兑汇票用来支付材料款，材料已入库。华信食品股份有限公司的有关会计处理如下：

商品验收入库后，原始凭证如图10-7至图10-9所示，华信食品股份有限公司编制如下会计分录：

借：原材料——特质面粉	80 000	
应交税费——应交增值税（进项税额）	10 400	
贷：应付票据——商业承兑汇票		90 400

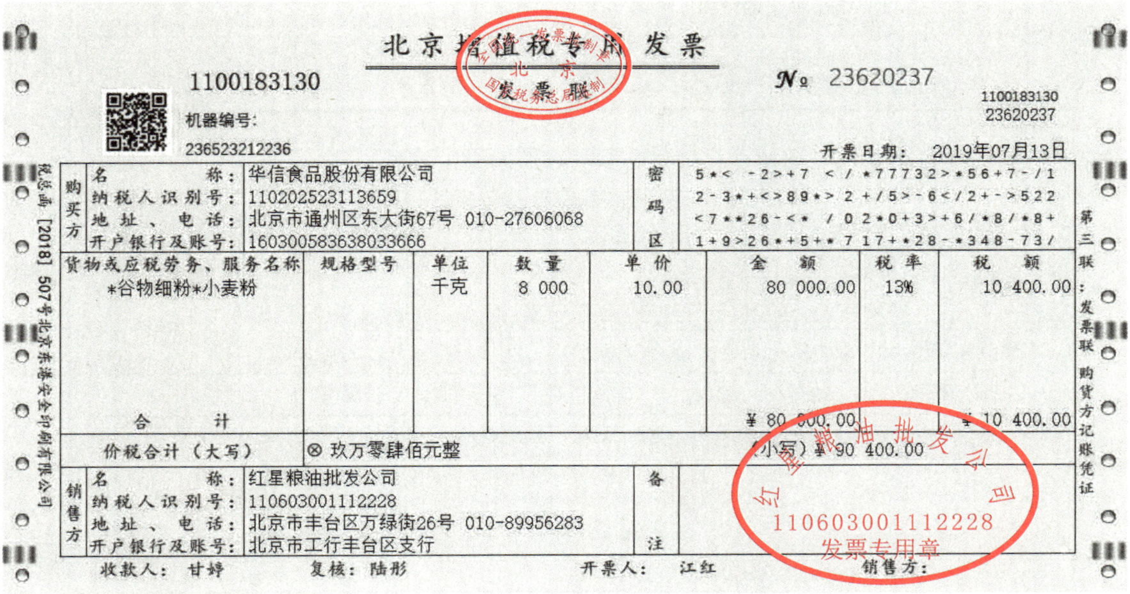

北京增值税专用发票

1100183130　　发票联　　№ 23620237

1100183130
23620237

机器编号：236523212236　　开票日期：2019年07月13日

购买方	名　　称：华信食品股份有限公司 纳税人识别号：110202523113659 地址、电话：北京市通州区东大街67号 010-27606068 开户银行及账号：160300583638033666	密码区	5*< -2>+7 </*77732>*56+7-/1 2-3*+<>89*>2+/5>-6</2+->522 <7**26-<* /02*0+3>+6/*8/*8+ 1+9>26*+5+*717+*28-*348-73/

货物或应税劳务、服务名称	规格型号	单位	数量	单价	金额	税率	税额
*谷物细粉*小麦粉		千克	8 000	10.00	80 000.00	13%	10 400.00
合　计					¥ 80 000.00		¥ 10 400.00
价税合计（大写）	⊗ 玖万零肆佰元整				（小写）¥ 90 400.00		

销售方	名　　称：红星粮油批发公司 纳税人识别号：110603001112228 地址、电话：北京市丰台区万绿街26号 010-89956283 开户银行及账号：北京市工行丰台区支行	备注	红星粮油批发公司 110603001112228 发票专用章

收款人：甘婷　　复核：陆彤　　开票人：江红　　销售方：

税总函［2018］507号北京东港安全印刷有限公司

第三联：发票联　购货方记账凭证

图 10-7　增值税专用发票

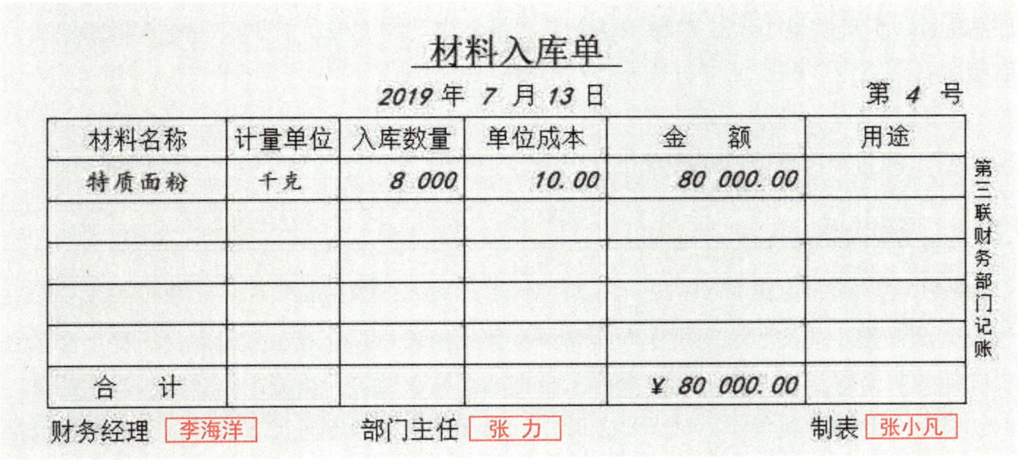

材料入库单

2019 年 7 月 13 日　　第 4 号

材料名称	计量单位	入库数量	单位成本	金　额	用途
特质面粉	千克	8 000	10.00	80 000.00	
合　计				¥ 80 000.00	

财务经理 李海洋　　部门主任 张 力　　制表 张小凡

第三联财务部门记账

图 10-8　材料入库单

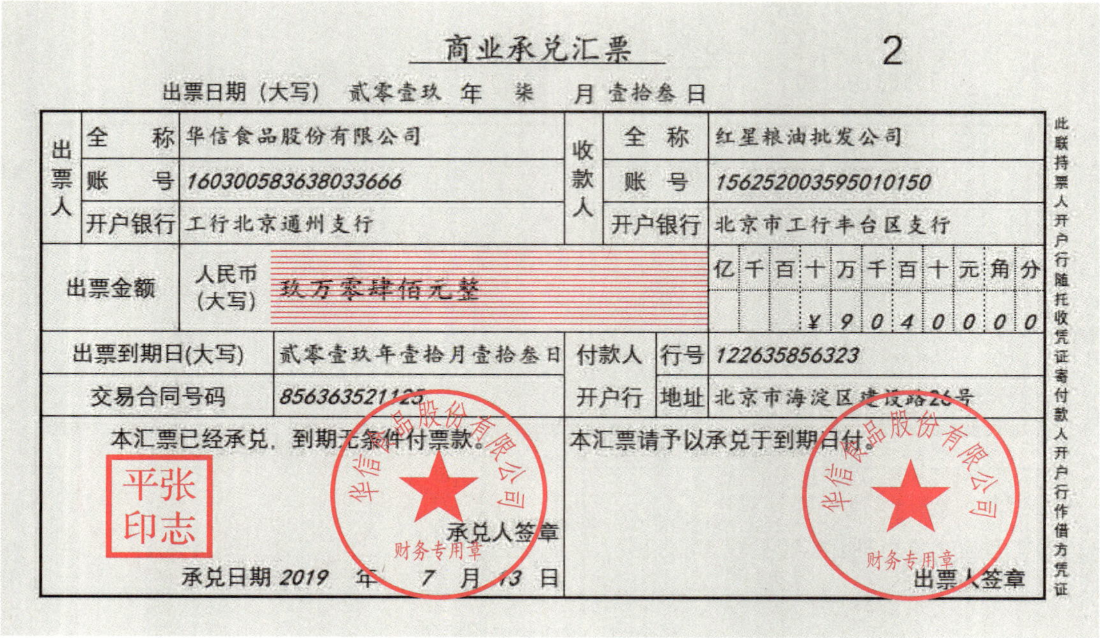

商业承兑汇票　2

出票日期（大写）　贰零壹玖　年　柒　月　壹拾叁　日

出票人	全　称	华信食品股份有限公司	收款人	全　称	红星粮油批发公司
	账　号	160300583638033666		账　号	156252003595010150
	开户银行	工行北京通州支行		开户银行	北京市工行丰台区支行
出票金额	人民币（大写）	玖万零肆佰元整		亿千百十万千百十元角分	￥9040000
出票到期日(大写)		贰零壹玖年壹拾月壹拾叁日	付款人开户行	行号	122635856323
交易合同号码		856363521125		地址	北京市海淀区建设路26号

本汇票已经承兑，到期无条件付票款。

平张印志

华信食品股份有限公司 财务专用章

承兑人签章

承兑日期 2019 年 7 月 13 日

本汇票请予以承兑于到期日付。

华信食品股份有限公司 财务专用章

出票人签章

此联持票人开户行随托收凭证寄付款人开户行作借方凭证

图 10-9　商业承兑汇票

【情景 10-4】承情景 10-3，假如华信食品股份有限公司在票据到期时无力支付票据款，则华信食品股份有限公司应编制如下会计分录：

借：应付票据——商业承兑汇票　　90 400

　　贷：应付账款——红星粮油批发公司　　90 400

10.3.3　预收账款

1. 概念

预收账款是指企业按照合同规定向购货单位预收的款项。企业在交付商品、提供劳务之前向买方收取部分或全部货款，表明企业承担了会在未来导致经济利益流出企业的应履行的义务，这些贷款就成为企业的一项负债。对于卖方而言，预收账款相当于向买方借用资金后再用商品、劳务抵偿。如果企业到期无法履行合同，就须如数退还。等到企业按照合同如期交货或提供劳务以后，预收账款才能转为营业收入，债务才能得以解除。

2. 账户设置

企业应设置“预收账款”账户，核算预收账款的取得、偿付等情况，账户结构如图 10-10 所示。

企业应当按照购货单位设置明细账户进行明细核算。

借 预收账款	贷
借方登记因向购货方发货后转销、退回购货方多付账款等而减少的金额	贷方登记因预收账款、购货方补付账款等增加的金额
余额在借方为企业多发货的金额，即应收账款	余额在贷方反映企业向购货方预收款项但尚未向购货方发货的数额

图 10-10 “预收账款”账户

对于预收款项情况不多的企业，也可以不设“预收账款”账户核算，将预收的款项直接记入“应收账款”账户的贷方。因为预收账款是在销售环节产生的债务，所以可以和应收账款合并，核算到销售环节。采用这种方式，“应收账款”所属明细账户可能会有贷方余额，月末应将其列入资产负债表的“预收账款”项目。

3. 账务处理

（1）企业向购货方预收款项时：

借：银行存款

　　贷：预收账款

（2）销售实现时：

借：预收账款（按实现的收入和应交的增值税销项税额）

　　贷：主营业务收入（按照实现的营业收入）

　　　　应交税费——应交增值税（销项税额）（按照增值税专用发票上注明的增值税额）

（3）企业收到购货方补付的款项时：

借：银行存款

　　贷：预收账款

（4）向购购货单位退回其多付的款项时：

借：预收账款

　　贷：银行存款

【情景 10-5】2019 年 7 月 15 日，华信食品股份有限公司收到顺凯生活购物超市预付的货款 20 000 元，12 月 17 日华信食品股份有限公司向顺凯生活购物超市发货，蛋糕 4 000 箱，单价 120 元，货款 480 000 元，增值税销项税额为 62 400 元，剩余款项月末付清。华信食品股份有限公司的有关会计分录如下：

7 月 15 日收到顺凯生活购物超市交来的预付货款，进账单如图 10-11 所示。

借：银行存款　　20 000

　　贷：预收账款——顺凯生活购物超市　　20 000

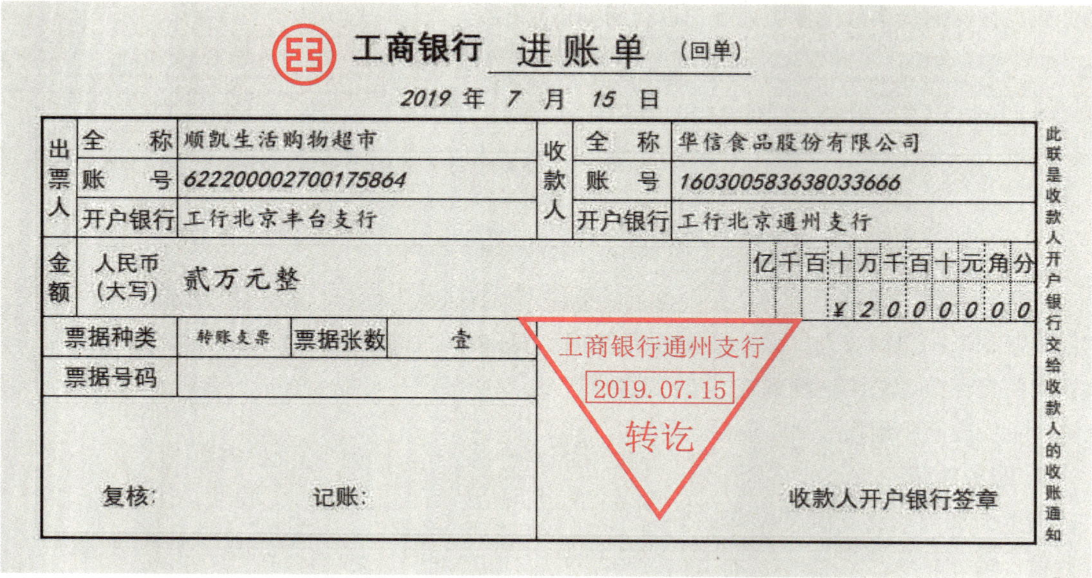

工商银行 进账单（回单）

2019 年 7 月 15 日

出票人	全称	顺凯生活购物超市	收款人	全称	华信食品股份有限公司
	账号	6222000027000175864		账号	1603005836380333666
	开户银行	工行北京丰台支行		开户银行	工行北京通州支行
金额	人民币（大写）	贰万元整		亿千百十万千百十元角分	¥2000000
票据种类	转账支票	票据张数	壹		
票据号码					
复核：	记账：			收款人开户银行签章	

工商银行通州支行 2019.07.15 转讫

此联是收款人开户银行交给收款人的收账通知

图 10-11　进账单

7 月 17 日华信食品股份有限公司公司发货，原始凭证如图 10-12 和图 10-13 所示。

借：预收账款——顺凯生活购物超市　　542 400

　　贷：主营业务收入——蛋糕　　480 000

　　　　应交税费——应交增值税（进项税额）　　62 400

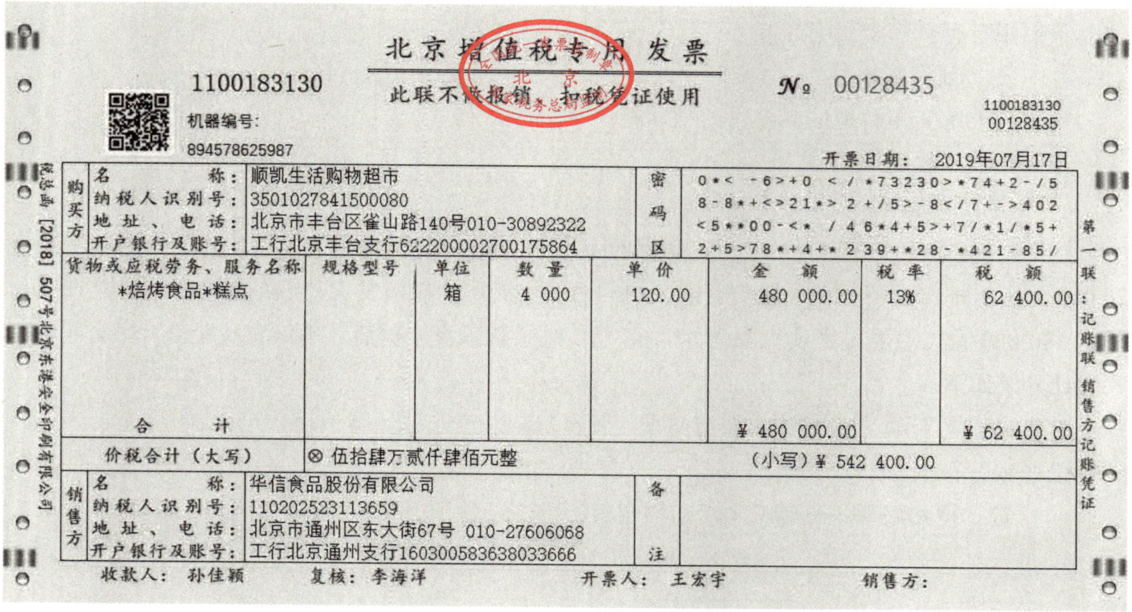

北京增值税专用发票

1100183130　　此联不做报销、扣税凭证使用　　№ 00128435

1100183130 00128435

机器编号：894578625987

开票日期：2019年07月17日

购买方	名称：顺凯生活购物超市 纳税人识别号：3501027841500080 地址、电话：北京市丰台区雀山路140号010-30892322 开户银行及账号：工行北京丰台支行6222000027000175864	密码区	0*< -6>+0 </*73230>*74+2-/5 8-8*+<>21*> 2+/5>-8</7+->402 <5**00-<* /46*4+5>+7/*1/*5+ 2+5>78**4+* 239+*28-*421-85/

货物或应税劳务、服务名称	规格型号	单位	数量	单价	金额	税率	税额
*焙烤食品*糕点		箱	4 000	120.00	480 000.00	13%	62 400.00
合计					¥480 000.00		¥62 400.00
价税合计（大写）	⊗伍拾肆万贰仟肆佰元整				（小写）¥542 400.00		

销售方	名称：华信食品股份有限公司 纳税人识别号：110202523113659 地址、电话：北京市通州区东大街67号 010-27606068 开户银行及账号：工行北京通州支行1603005836380333666	备注	

收款人：孙佳颖　　复核：李海洋　　开票人：王宏宇　　销售方：

税总函［2018］507号北京东港安全印刷有限公司

第一联：记账联　销售方记账凭证

图 10-12　增值税专用发票

产品出库单　　　　第 5 号

单位 顺凯生活购物超市　　　　2019 年 7 月 17 日

编号	产品名称	规格	单位	数量	单价	金额	过账	附注
A02	蛋糕		箱	4 000	120.00	480 000.00		
合计						¥ 480 000.00		

第二联：会计记账联

仓库主管 赵田　保管员 李丁　销售经理 李玉梅　制单 吴慧

图 10-13　产品出库单

7 月 30 日收到企业补付的货款，进账单如图 10-14 所示。

借：银行存款　　522 400

　　贷：预收账款　　522 400

工商银行 进账单（回单）

2019 年 7 月 30 日

出票人	全称	顺凯生活购物超市	收款人	全称	华信食品股份有限公司
	账号	6222000027000175864		账号	1603005836380336666
	开户银行	工行北京丰台支行		开户银行	工行北京通州支行
金额	人民币（大写）	伍拾贰万贰仟肆佰元整		亿千百十万千百十元角分	¥52240000
票据种类	转账支票	票据张数	壹		
票据号码					
复核：	记账：		收款人开户银行签章		

工商银行通州支行 2019.07.30 转讫

此联是收款人开户银行交给收款人的收账通知

图 10-14　进账单

10.4 应付职工薪酬

cfo 要求你知道

职工薪酬包括那些——职工薪酬的内容

应付职工薪酬会计账户和账务处理——应付职工薪酬的核算

关键术语

职工薪酬（Employee Compensation）

非货币性福利（Non-monetary Welfare）

离职后福利（Leave Welfare）

辞退福利（Dismission Welfare）

10-4

10.4.1 职工薪酬的内容

职工薪酬，是指企业为获得职工提供的服务或解除劳动关系而给予的各种形式的报酬或补偿。职工薪酬包括短期薪酬、离职后福利、辞退福利和其他长期职工福利。企业提供给职工配偶、子女、受赡养人、已故员工遗属及其他受益人等的福利，也属于职工薪酬。

职工薪酬主要包括以下内容。

1. 短期薪酬

短期薪酬是指企业在职工提供相关服务的年度报告期间结束后十二个月内需要全部予以支付的职工薪酬，因解除与职工的劳动关系而给予的补偿除外。

2. 离职后福利

离职后福利是指企业为获得职工提供的服务而在职工退休或与企业解除劳动关系后，提供的各种形式的报酬和福利，短期薪酬和辞退福利除外。

3. 辞退福利

辞退福利是指企业在职工劳动合同到期之前解除与职工的劳动关系，或者为鼓励职工自愿接受裁减而给予职工的补偿。

4. 其他长期职工福利

其他长期职工福利是指除短期薪酬、离职后福利、辞退福利之外所有的职工薪酬，包括长期带薪缺勤、长期残疾福利、长期利润分享计划等。

10.4.2 应付职工薪酬的核算

企业应当设置“应付职工薪酬”账户，核算应付职工薪酬的计提、结算、使用等情况，账户结构如图 10-15 所示。“应付职工薪酬”账户应当按照“工资、奖金、津贴和补贴”“职工福利费”“非货币性福利”“社会保险费”“住房公积金”“工会经费和职工教育经费”“带薪缺勤”“利润分享计划”“设定提存计划”“设定受益计划义务”“辞退福利”等职工薪酬项目设置明细账进行明细核算。

借　应付职工薪酬	贷
借方登记实际发放职工薪酬的数额，包括扣还的款项等	贷方登记已分配计入有关成本费用项目的职工薪酬的数额
	余额在贷方反映企业应付未付的职工薪酬

图 10-15 “应付职工薪酬”账户

企业应当在职工为其提供服务的会计期间，将实际发生的短期薪酬确认为负债，并计入当期损益，其他会计准则要求或允许计入资产成本的除外。

1. 货币性职工薪酬

企业应当在职工为其提供服务的会计期间，根据职工提供服务的受益对象，将应确认的职工薪酬（包括货币性薪酬和非货币性福利）计入相关资产成本或当期损益，同时确认为应付职工薪酬。具体分以下情况处理：

（1）生产部门人员的职工薪酬：

借：生产成本、制造费用、劳务成本

　　贷：应付职工薪酬

（2）管理部门人员的职工薪酬：

借：管理费用

　　贷：应付职工薪酬

（3）销售人员的职工薪酬：

借：销售费用

　　贷：应付职工薪酬

（4）应由在建工程、研发支出负担的职工薪酬：

借：在建工程、研发支出

　　贷：应付职工薪酬

【情景 10-6】华信食品股份有限公司 2018 年 7 月应付工资总额 558 000 元，“工资费用分配汇总表”中列示的产品生产人员工资为 180 000 元，车间管理人员工资为 108 000 元，企业行政管理人员工资为 168 000 元，专设销售机构人员工资为 102 000 元。编制华信食品股份有限公司会计分录。

借：生产成本　　180 000

　　制造费用　　108 000

　　管理费用　　168 000

　　销售费用　　102 000

　　贷：应付职工薪酬　　558 000

企业在每月发放工资时，一般根据“工资费用分配汇总表”中的“实发金额”栏的合计数，通过开户银行支付给职工，或从开户银行提取现金，向职工发放。

【情景 10-7】承情景 10-6，2018 年 7 月，华信食品股份有限公司根据相关规定，分别按照职工工资总额的 2% 和 2.5% 的计提标准，确认应付工会经费和职工教育经费。编制华信食品股份有限公司相关会计分录。

借：生产成本——基本生产成本　　8 100

　　制造费用　　4 860

　　管理费用　　7 560

　　销售费用　　4 590

　　贷：应付职工薪酬——工会经费和职工教育经费——工会经费　　11 160

　　　　——工会经费和职工教育经费——职工教育经费　　13 950

2. 非货币性职工薪酬

（1）企业以其自产产品作为非货币性福利发放给职工的，应当根据受益对象，按照该产品的公允价值，计入相关资产成本或当期损益，同时确认应付职工薪酬。

借：管理费用、生产成本、制造费用

　　贷：应付职工薪酬——非货币性福利

（2）将企业拥有的房屋等资产无偿提供给职工使用的，应当根据受益对象，将该住房每期应计提的折旧计入相关资产成本或当期损益，同时确认应付职工薪酬。

借：管理费用、生产成本、制造费用

　　贷：应付职工薪酬——非货币性福利

同时，

借：应付职工薪酬——非货币性福利

　　贷：累计折旧

（3）租赁住房等资产供职工无偿使用的，应当根据受益对象，将每期应付的租金计入相关资产成本或当期损益，并确认应付职工薪酬。

借：管理费用、生产成本、制造费用

　　贷：应付职工薪酬——非货币性福利

难以认定受益对象的非货币性福利，直接计入当期损益和应付职工薪酬。

【情景 10-8】华信食品股份有限公司是增值税一般纳税人，主营面包、蛋糕加工等，共有职工 510 人，其中生产工人 386 人，厂部管理人员 124 人。2018 年 12 月，公司决定以其生产的蛋糕和外购的啤酒作为福利发放给职工，每人 2 箱蛋糕，2 箱啤酒。每箱蛋糕单位生产成本 43 元，12 月平均销售价格 125 元（含增值税），购买啤酒时取得增值税专用发票，每箱采购成本 70 元，并已按发票注明的增值税额在销项税额中抵扣。请编制计提职业薪酬业务的会计分录。

（1）确定发放自产货物（蛋糕）时：

借：生产成本	111 940	
管理费用	35 960	
贷：应付职工薪酬——非货币性福利		147 900

（2）确定发放外购货物（啤酒）时：

借：生产成本	62 686.4	
管理费用	20 137.6	
贷：应付职工薪酬		82 824

10.5 应交税费

cfo 要求你知道

增值税的会计账户设置和账务处理——应交增值税的核算
消费税的会计账户设置和账务处理——应交消费税的核算
其他税费的账户设置和账务处理——其他应交税费的核算

关键术语

增值税（Value-added Tax）
消费税（Consumption Tax）
城市维护建设税（City Maintenance and Construction Tax）
资源税（Resources Tax）
企业所得税（Corporate Income Tax）
教育费附加（Extra Charges of Education Funds）
个人所得税（Individual Income Tax）

10.5.1 账户设置

企业根据税法规定应交纳的各种税费包括增值税、消费税、城市维护建设税、资源税、企业所得税、教育费附加、土地增值税、房产税、车船税、土地使用税、矿产资源补偿费、印花税、耕地占用税等。

企业应通过“应交税费”账户，总括反映各种税费的应交、交纳等情况，账户结构如图 10-16 所示。该账户按应交的税费项目设置明细账户进行明细核算。

借　　　　应交税费	贷
借方登记实际交纳的税费	贷方登记应交纳的各种税费等
期末余额如在借方，反映企业多交或尚未抵扣的税费	余额在贷方反映企业尚未交纳的税费

图 10-16 “应交税费”账户

10.5.2 应交增值税的核算

1. 增值税的内容

1）增值税的概念

增值税是对单位和个人在生产经营过程中取得的增值额为课税对象征收的一种税。单位是指一切从事销售或进口货物、提供应税劳务和销售服务、 无形资产、不动产的单位，包括企业、行政单位、军事单位、 社会团体及其他单位。个人指一切从事销售或进口货物、提供应税劳务和销售服务、 无形资产、不动产的个人，包括个体经营者和其他个人。

2）增值税的征收范围

增值税的征收范围：①销售货物，指有偿转让货物的所有权，能从购买方取得货币、货物或其他经济利益。包括电力、热力和气体在内。②提供加工、修理修配劳务，是指有偿提供加工、修理修配劳务，即应税劳务。单位或个体经营者聘用的员工为单位或雇主提供加工、修理修配劳务的，不包括在内。③销售服务，是指提供交通运输服务、邮政服务、电信服务、建筑服务、金融服务、现代服务、生活服务。④销售无形资产，是指转让无形资产所有权或者使用权的业务活动。⑤销售不动产，是指转让不动产所有权的业务活动。⑥进口货物。凡进入中国境内的货物，在报关进口环节，除依法缴纳关税之外，还必须缴纳增值税。

3）增值税纳税人

根据经营规模大小及会计核算健全程度，增值税纳税人分为一般纳税人和小规模纳税人。

2. 一般纳税人的核算

1）计算公式

一般纳税人采用购进扣税法计算当期增值税应纳税额，即先按当期销售额和适用税率计算出销项税额，然后对当期购进项目向对方支付的税款进行抵扣，从而间接算出当期的应纳税额。其计算公式如下：

$$当期应纳税额 = 当期销项税额 - 当期进项税额$$

当期销项税额小于当期进项税额不足抵扣时，其不足部分可以结转下期继续抵扣。

公式中的“当期销项税额”是指纳税人当期销售货物、提供应税劳务和应税服务，按照销售额和增值税税率计算的增值税额。“当期进项税额”是指纳税人当期购进货物、接受应税劳务和应税服务支付或负担的增值税额，通常包括从销售方或提供方取得的增值税专用发票上注明的增值税额；从海关取得的海关进口增值税专用缴款书上注明的增值税额；购进农产品，除取得增值税专用发票或者海关进口增值税专用缴款书外，按照农产品收购发票或者销售发票上注明的农产品买价和9%的扣除率计算的进项税额；接受境外单位或者个人提供的应税服务，从税务机关或者境内代理人取得的解缴税款的中华人民共和国税收缴款凭证上注明的增值税额。

2）账户设置

为了核算企业应交增值税会的发生、抵扣、交纳、退税及转出等情况，增值税一般纳税人应在“应交税费”账户下设置“应交增值税”“未交增值税”“预交增值税”“待抵扣进项税额”“待认证进项税额”“待转销项税额”“增值税留抵税额”“简易计税”“转让金融商品应交增值税”“代扣代交增值税”等明细科目。

（1）增值税一般纳税人应在“应交增值税”明细科目内设置“进项税额”“销项税额抵减”“已交税金”“转出未交增值税”“转出多交增值税”“减免税款”“出口抵减内销产品应纳税额”“销项税额”“出口退税”“进项税额转出”等专栏。其中：

“进项税额”专栏，记录一般纳税人购进货物、加工修理修配劳务、服务、无形资产或不动产而支付或负担的、准予从当期销项税额中抵扣的增值税额。

“销项税额抵减”专栏，记录一般纳税人按照现行增值税制度规定因扣减销售额而减少的销项税额。

“已交税金”专栏，记录一般纳税人当月已交纳的应交增值税额。

“转出未交增值税”和“转出多交增值税”专栏，分别记录一般纳税人月度终了转出当月应交未交和多交的增值税额。

“减免税款”专栏，记录一般纳税人按现行增值税制度规定准予减免的增值税额。

“出口抵减内销产品应纳税额”专栏，记录实行“免、抵、退”办法的一般纳税人按规定计算的出口货物的进项税抵减内销产品的应纳税额。

“销项税额”专栏，记录一般纳税人销售货物、加工修理修配劳务、服务、无形资产或不动产应收取的增值税额。

“出口退税”专栏，记录一般纳税人出口货物、加工修理修配劳务、服务、无形资产按规定退回的增值税额。

“进项税额转出”专栏，记录一般纳税人购进货物、加工修理修配劳务、服务、无形资产或不动产等发生非正常损失及其他原因而不应从销项税额中抵扣、按规定转出的进项税额。

（2）“未交增值税”明细科目，核算一般纳税人月度终了从“应交增值税”或“预交增值税”

明细科目转入当月应交未交、多交或预缴的增值税额，以及当月交纳以前期间未交的增值税额。

（3）“预交增值税”明细科目，核算一般纳税人转让不动产、提供不动产经营租赁服务、提供建筑服务、采用预收款方式销售自行开发的房地产项目等，以及其他按现行增值税制度规定应预缴的增值税额。

（4）“待抵扣进项税额”明细科目，核算一般纳税人已取得增值税扣税凭证并经税务机关认证，按照现行增值税制度规定准予以后期间从销项税额中抵扣的进项税额。包括一般纳税人自2016年5月1日后取得并按固定资产核算的不动产或者2016年5月1日后取得的不动产在建工程，按现行增值税制度规定准予以后期间从销项税额中抵扣的进项税额；实行纳税辅导期管理的一般纳税人取得的尚未交叉稽核比对的增值税扣税凭证上注明或计算的进项税额。

（5）“待认证进项税额”明细科目，核算一般纳税人由于未经税务机关认证而不得从当期销项税额中抵扣的进项税额。包括一般纳税人已取得增值税扣税凭证、按照现行增值税制度规定准予从销项税额中抵扣，但尚未经税务机关认证的进项税额；一般纳税人已申请稽核但尚未取得稽核相符结果的海关缴款书进项税额。

（6）“待转销项税额”明细科目，核算一般纳税人销售货物、加工修理修配劳务、服务、无形资产或不动产，已确认相关收入（或利得）但尚未发生增值税纳税义务而需于以后期间确认为销项税额的增值税额。

（7）“增值税留抵税额”明细科目，核算兼有销售服务、无形资产或者不动产的原增值税一般纳税人，截止到纳入营改增试点之日前的增值税期末留抵税额按照现行增值税制度规定不得从销售服务、无形资产或不动产的销项税额中抵扣的增值税留抵税额。

（8）“简易计税”明细科目，核算一般纳税人采用简易计税方法发生的增值税计提、扣减、预缴、缴纳等业务。

（9）“转让金融商品应交增值税”明细科目，核算增值税纳税人转让金融商品发生的增值税额。

（10）“代扣代交增值税”明细科目，核算纳税人购进在境内未设经营机构的境外单位或个人在境内的应税行为代扣代缴的增值税。

3）账务处理

①采购商品与接受应税劳务和应税服务。

企业从国内采购商品或接受应税劳务和应税服务等，根据增值税专用发票上记载的应计入采购成本或应计入加工、修理修配等物资成本的金额，做如下会计分录。

借：固定资产、原材料等

　　应交税费——应交增值税（进项税额）

　　贷：应付账款、银行存款等

购入货物发生的退货，做相反的会计分录。

企业购入免税农产品，按照买价和规定的扣除率计算进项税额：

借：材料采购、原材料（按买价扣除按规定计算的进项税额后的差额）

　　应交税费——应交增值税（进项税额）

　　贷：应付账款、银行存款等

【情景 10-9】华信食品股份有限公司为增值税一般纳税人，适用的增值税税率为 13%，原材料按实际成本核算，销售商品价格为不含增值税的公允价格。2019 年 7 月发生如下经济交易或事项，编制相关会计分录。

10 日，购入原材料植物油 6 000 千克，单价 15 元，增值税专用发票上注明货款 90 000 元，增值税税额 11 700 元，货物尚未到达，货款和进项税额已用银行存款支付，原始凭证如图 10-17 和图 10-18 所示。

借：在途物资——植物油	90 000
应交税费——应交增值税（进项税额）	11 700
贷：银行存款	101 700

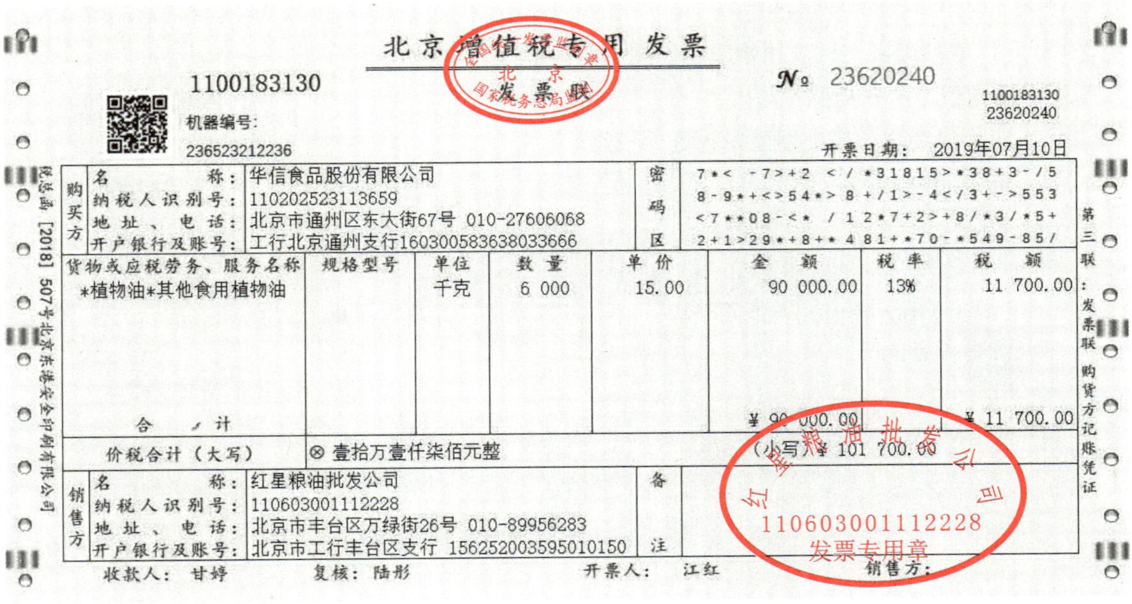

北京增值税专用发票

1100183130　　发票联　　№ 23620240

1100183130
23620240

机器编号：
236523212236

开票日期：2019年07月10日

购买方		密码区	
名称：华信食品股份有限公司			7*< -7>+2 </*31815>*38+3-/5
纳税人识别号：110202523113659			8-9*+<>54*>8+/1>-4</3+->553
地址、电话：北京市通州区东大街67号 010-27606068			<7**08-<* /12*7+2>+8/*3/*5+
开户银行及账号：工行北京通州支行160300583638033666			2+1>29**8+*481+*70-*549-85/

货物或应税劳务、服务名称	规格型号	单位	数量	单价	金额	税率	税额
*植物油*其他食用植物油		千克	6 000	15.00	90 000.00	13%	11 700.00
合计					¥ 90 000.00		¥ 11 700.00
价税合计（大写）	⊗壹拾万壹仟柒佰元整				（小写）¥ 101 700.00		

销售方	备注
名称：红星粮油批发公司	
纳税人识别号：110603001112228	
地址、电话：北京市丰台区万绿街26号 010-89956283	
开户银行及账号：北京市工行丰台区支行 156252003595010150	

收款人：甘婷　　复核：陆彤　　开票人：江红　　销售方：

第三联：发票联　购货方记账凭证

图 10-17　增值税专用发票

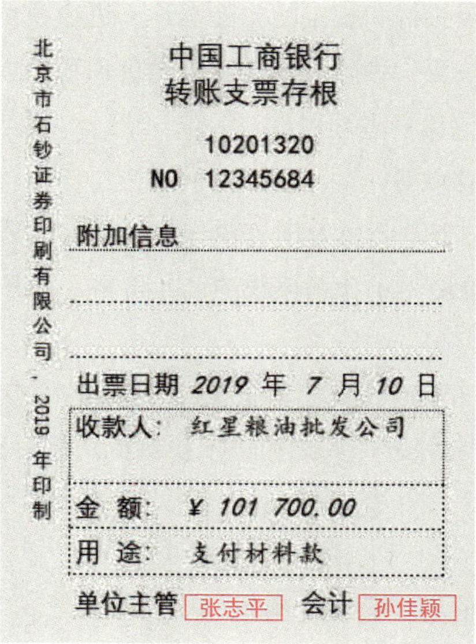
北京市石钞证券印刷有限公司 · 2019年印制

中国工商银行
转账支票存根

10201320
NO 12345684

附加信息

出票日期 2019 年 7 月 10 日

收款人：红星粮油批发公司

金　额：¥ 101 700.00

用　途：支付材料款

单位主管 张志平　会计 孙佳颖

图 10-18　转账支票存根

12 日，购入不需要安装的电脑一台，增值税专用发票上注明的价款为 18 000 元，增值税税额 2 340 元，款项尚未支付，原始凭证如图 10-19 和图 10-20 所示。

借：固定资产——电脑	18 000
应交税费——应交增值税（进项税额）	2 340
贷：应付账款	20 340

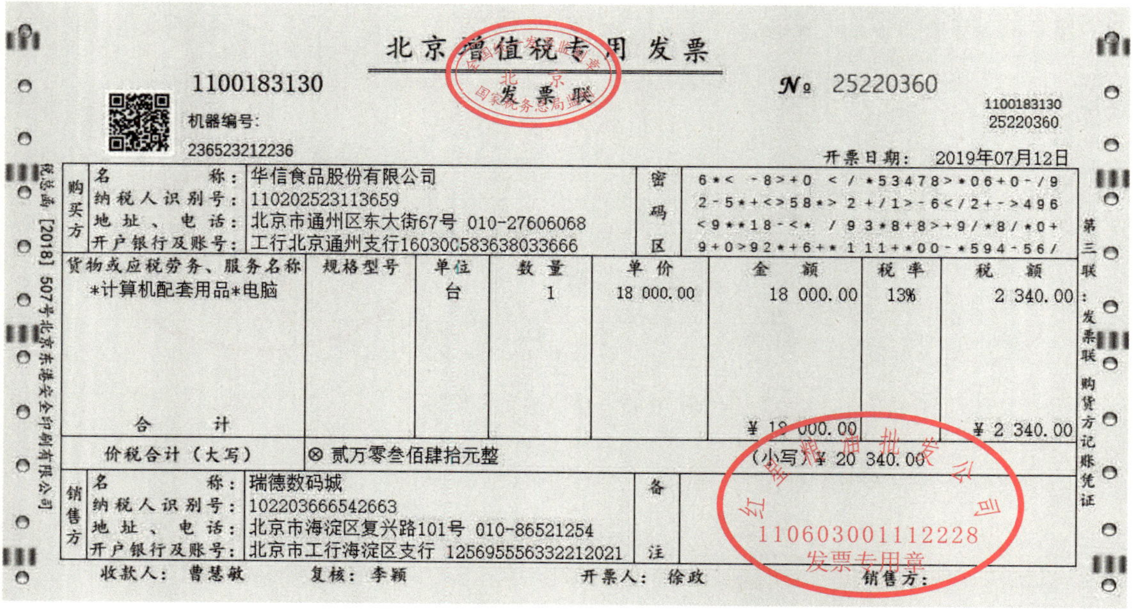
北京增值税专用发票

1100183130　　№ 25220360　　1100183130 25220360

发票联

机器编号：236523212236

开票日期：2019年07月12日

购买方 名称：	华信食品股份有限公司
纳税人识别号：	110202523113659
地址、电话：	北京市通州区东大街67号 010-27606068
开户银行及账号：	工行北京通州支行16030C583638033666

密码区：
6*< -8>+0 </*53478>*06+0-/9
2-5*+<>58*> 2+/1>-6</2+->496
<9**18-<* /93*8+8>+9/*8/*0+
9+0>92*+6+* 1 11+*00-*594-56/

货物或应税劳务、服务名称	规格型号	单位	数量	单价	金额	税率	税额
*计算机配套用品*电脑		台	1	18 000.00	18 000.00	13%	2 340.00
合计					¥ 18 000.00		¥ 2 340.00
价税合计（大写）	⊗ 贰万零叁佰肆拾元整				（小写）¥ 20 340.00		

销售方 名称：	瑞德数码城
纳税人识别号：	102203666542663
地址、电话：	北京市海淀区复兴路101号 010-86521254
开户银行及账号：	北京市工行海淀区支行 125695556332212021

备注

收款人：曹慧敏　复核：李颖　开票人：徐政　销售方：

红星粮油批发公司 110603001112228 发票专用章

第三联：发票联 购货方记账凭证

税总函[2018]507号北京东港安全印刷有限公司

图 10-19　增值税专用发票

固定资产验收单

固定资产来源：购入

供应单位：瑞德数码城

支票号：　　　　2019年 7 月 12 日　　　　字第 7 号

固定资产类别	固定资产名称	规格材质	计量单位	数量	实收数量	金额：单价	千	百	十	万	千	百	十	元	角	分
办公设备	电脑		台	1	1	18 000.00				1	8	0	0	0	0	0
检验结果：合格		检验员签章：			运杂费合计											
备注：																

第二联财务部门记账

单位主管 张志平　　固定资产会计 王宏宇　　经办人 张力　　制单 张小凡

图 10-20　固定资产验收单

15 日，购入免税农产品一批，价款 100 000 元，规定的扣除率为 9%，货物尚未到达，货款已用银行存款支付。

借：原材料　　90 000

　　应交税费——应交增值税（进项税额）　　9 000

　　贷：银行存款　　99 000

25 日，生产车间委托外单位修理机器设备，增值税专用发票上注明修理费用 1 000 元，增值税税额 130 元，款项已用银行存款支付。

借：管理费用　　1 000

　　应交税费——应交增值税（进项税额）　　130

　　贷：银行存款　　1 130

②进项税额转出。

企业购进的货物发生非常损失，以及将购进货物改变用途（如用于非应税项目、集体福利或个人消费等），其进项税额应通过“应交税费——应交增值税（进项税额转出）”账户转入有关账户。

借：待处理财产损溢、在建工程等

　　贷：应交税费——应交增值税（进项税额转出）

属于转作待处理财产损失的进项税额，应与遭受非常损失的购进货物、在产品或库存商品的成本一并处理。购进货物改变用途通常是指购进的货物在没有经过任何加工的情况下，对内改变用途的行为，如企业在建工程项目领用原材料等。

【情景 10-10】2019 年 7 月 10 日，华信食品股份有限公司库存材料因管理不善毁损面粉一批，有关增值税专用发票注明的成本为 300 元，增值税税额为 39 元，账务处理如下：

借：待处理财产损溢——待处理流动资产损溢　　339

　　贷：原材料——面粉　　300

　　　　应交税费——应交增值税（进项税额转出）　　39

③销售货物或者提供应税劳务和应税服务。

借：应收账款、银行存款等

　　贷：主营业务收入、其他业务收入等

　　　　应交税费——应交增值税（销项税额）

发生的销售退回，做相反的会计分录。

【情景 10-11】2019 年 7 月 21 日，华信食品股份有限公司向万家购物连锁超市销售面包 1 000 箱，单价 100 元，销售收入 100 000 元，增值税税额 13 000 元，款项存入银行，原始凭证如图 10-21 至图 10-23 所示。

借：银行存款　　113 000

　　贷：主营业务收入——面包　　100 000

　　　　应交税费——应交增值税（销项税额）　　13 000

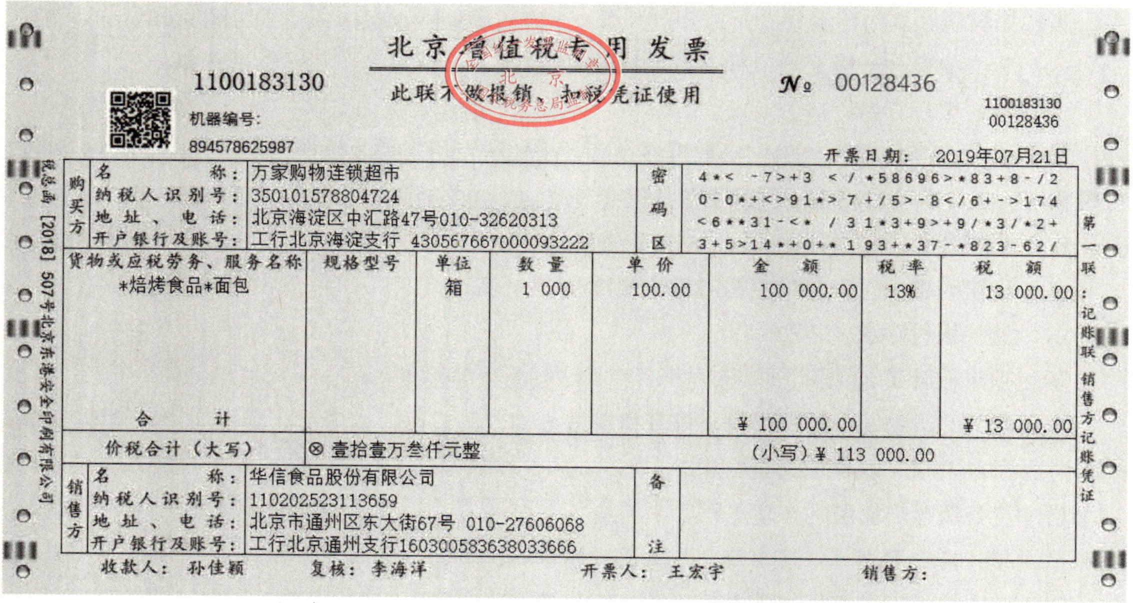

北京增值税专用发票

1100183130　　此联不做报销、扣税凭证使用　　№ 00128436

1100183130
00128436

机器编号：
894578625987

开票日期：2019年07月21日

购买方		密码区	
名称：	万家购物连锁超市		4*< -7>+3 </*58696>*83+8-/2
纳税人识别号：	350101578804724		0-0*+<>91*> 7+/5>-8</6+->174
地址、电话：	北京海淀区中汇路47号010-32620313		<6**31-<* /31*3+9>+9/*3/*2+
开户银行及账号：	工行北京海淀支行 4305676670000093222		3+5>14*+0+* 193+*37-*823-62/

货物或应税劳务、服务名称	规格型号	单位	数量	单价	金额	税率	税额
*焙烤食品*面包		箱	1 000	100.00	100 000.00	13%	13 000.00
合计					¥ 100 000.00		¥ 13 000.00
价税合计（大写）	⊗ 壹拾壹万叁仟元整				（小写）¥ 113 000.00		

销售方		备注
名称：	华信食品股份有限公司	
纳税人识别号：	110202523113659	
地址、电话：	北京市通州区东大街67号 010-27606068	
开户银行及账号：	工行北京通州支行160300583638033666	

收款人：孙佳颖　　复核：李海洋　　开票人：王宏宇　　销售方：

税总函［2018］507号北京东港安全印刷有限公司

第一联：记账联 销售方记账凭证

图 10-21　增值税专用发票

产品出库单 第 6 号

单位 万家购物连锁超市 2019 年 7 月 21 日

编号	产品名称	规格	单位	数量	单价	金额	过账	附注
A01	面包		箱	1 000	100.00	100 000.00		
合计						¥ 100 000.00		

第二联：会计记账联

仓库主管 赵田 保管员 李丁 销售经理 吴慧 制单 李玉梅

图 10-22 产品出库单

工商银行 进账单（回单）

2019 年 7 月 21 日

出票人			收款人		
全称	万家购物连锁超市		全称	华信食品股份有限公司	
账号	430567667000093222		账号	1603005836380336666	
开户银行	工行北京海淀支行		开户银行	工行北京通州支行	
金额 人民币（大写）	壹拾壹万叁仟元整			亿千百十万千百十元角分	¥11300000
票据种类	转账支票	票据张数 壹			
票据号码					
复核：	记账：		收款人开户银行签章		

工商银行通州支行 2019.07.21 转讫

此联是收款人开户银行交给收款人的收账通知

图 10-23 进账单

④视同销售行为。

企业有些交易和事项按照现行增值税制度规定，应视同对外销售处理，计算应交增值税。

视同销售需要交纳增值税的事项包括企业将自产或委托加工的货物用于集体福利或个人消费，将自产、委托加工或购买的货物作为投资、分配给股东或投资者、无偿赠送他人等。在这些情况下，企业应当根据视同销售的具体内容，按照现行增值税制度规定计算的销项税额（或采用简易计税方法计算的应纳增值税额），做如下会计分录：

借：在建工程、应付职工薪酬等

　　贷：应交税费——应交增值税（销项税额）

【情景 10-12】2019 年 7 月 15 日，华信食品股份有限公司将自己生产的面包捐赠给灾区 200 箱。该批产品的成本为 7 000 元，计税价格为 20 000 元。华信食品股份有限公司应编制如下会计分录：

借：营业外支出　　22 600

　　贷：主营业务收入　　20 000

　　　　应交税费——应交增值税（销项税额）　　2 600

⑤出口退税。

借：其他应收款（按应收的出口退税额）

　　贷：应交税费——应交增值税（出口退税）

⑥交纳增值税。

借：应交税费——应交增值税（已交税金）

　　贷：银行存款

“应交税费——应交增值税”账户的贷方余额，表示企业应交纳的增值税。

【情景 10-13】2018 年 12 月，华信食品股份有限公司发生销项税额合计 3 904 000 元（其中，销售面包占 1 660 000 元，蛋糕占 2 244 000 元），进项税额转出合计 320 元，进项税额合计 2 680 000 元。华信食品股份有限公司的账务处理如下：

缴纳税款时，完税证明如图 10-24 所示。

借：应交税费——应交增值税（已交税金）　　1 224 320

　　贷：银行存款　　1 224 320

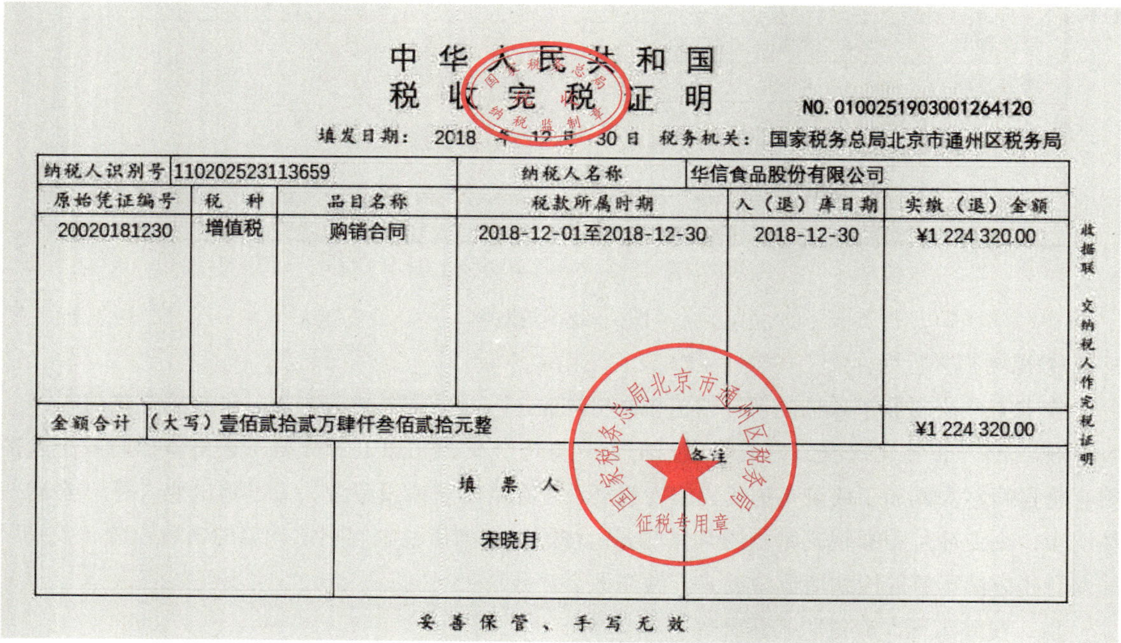

中华人民共和国
税收完税证明

NO. 0100251903001264120

填发日期：2018 年 12 月 30 日　税务机关：国家税务总局北京市通州区税务局

纳税人识别号	110202523113659		纳税人名称	华信食品股份有限公司	
原始凭证编号	税种	品目名称	税款所属时期	入（退）库日期	实缴（退）金额
20020181230	增值税	购销合同	2018-12-01至2018-12-30	2018-12-30	¥1 224 320.00
金额合计	（大写）壹佰贰拾贰万肆仟叁佰贰拾元整				¥1 224 320.00

填票人：宋晓月　　备注

收据联　交纳税人作完税证明

妥善保管、手写无效

图 10-24　完税证明

企业购入材料不能取得增值税专用发票的，发生的增值税应计入材料采购成本。

借：材料采购、在途物资

贷：银行存款

3. 小规模纳税人的核算

1）计算公式

小规模纳税人销售货物、提供应税劳务和应税服务，实行按照销售额和征收率计算应纳税额的简易办法，但不得抵扣进项税额。应纳税额计算公式：

$$应纳税额 = 销售额 \times 征收率$$

小规模纳税人增值税征收率为 3%。小规模纳税企业应当按照不含税销售额和规定的增值税征收率计算交纳增值税，销售货物或提供应税劳务和应税服务时只能开具普通发票，不能开具增值税专用发票。

2）账户设置

小规模纳税企业不享有进项税额的抵扣权，其购进货物或接受应税劳务和应税服务支付的增值税直接计入有关货物或劳务的成本。因此，小规模纳税企业只需在“应交税费”账户下设置“应交增值税”明细账户，不需要在“应交增值税”明细账户中设置专栏。“应交税费——应交增值税”账户贷方登记应交纳的增值税，借方登记已交纳的增值税；期末贷方余额反映尚未交纳的增值税，借方余额反映多交纳的增值税。

3）账务处理

（1）小规模纳税企业购进货物与接受应税劳务和应税服务时支付的增值税，直接计入有关货物和劳务的成本。

借：材料采购、在途物资

贷：银行存款

（2）销售货物、提供应税劳务和应税服务。

借：银行存款（按全部价款）

贷：主营业务收入（按不含税的销售额）

应交税费——应交增值税（按应纳增值税税额）

【情景 10-14】九安有限公司为增值税小规模纳税人，适用增值税税率为 3%，原材料按实际成本核算。该企业发生经济交易如下：购入植物油 500 千克，单价 15 元，取得的专用发票中注明货款 7 500 元，增值税 975 元，款项以银行存款支付，材料验收入库。销售产品面包 300 箱，单价 100 元，所开出的普通发票中注明的货款（含税）为 30 000 元，款项尚未支付。用银行存款交纳增值税 873.79 元。编制华信食品股份有限公司相关会计分录。

购进货物时，原始凭证如图 10-25 至图 10-27 所示。

借：原材料——植物油　　8 475

贷：银行存款　　8 475

北京增值税专用发票

1100183130　　发票联　　№ 23620242

1100183130
23620242

机器编号：236523212236

开票日期：2019年07月22日

购买方	名　　称：九安有限公司 纳税人识别号：102336255203695 地址、电话：北京市顺义区虎山路23号 010-89559622 开户银行及账号：北京市工行顺义区支行 200362200023336103					密码区	4*< -2>+4 </*81497>*28+4-/9 6-7*+<>93*> 3+/9>-1</2+->079 <9**08-<* /59*2+8>+7/*4/*6+ 7+1>17*+3+* 632+*25-*563-59/
货物或应税劳务、服务名称	规格型号	单位	数量	单价	金额	税率	税额
*植物油*其他食用植物油		千克	500	15.00	7 500.00	13%	975.00
合　　计					¥ 7 500.00		¥ 975.00
价税合计（大写）	⊗ 捌仟肆佰柒拾伍元整				（小写）¥ 8 475.00		
销售方	名　　称：红星粮油批发公司 纳税人识别号：110603001112228 地址、电话：北京市丰台区万绿街26号 010-89956283 开户银行及账号：北京市工行丰台区支行 156252003595010150					备注	

收款人：甘婷　　复核：陆彤　　开票人：江红　　销售方：（章）

红星粮油批发公司 110603001112228 发票专用章

税总函[2018]507号北京东港安全印刷有限公司

第三联：发票联 购货方记账凭证

图 10-25　增值税专用发票

材料入库单

2019 年 7 月 22 日　　第 11 号

材料名称	计量单位	入库数量	单位成本	金　额	用途
植物油	千克	500	16.95	8 475.00	
合　计				¥ 8 475.00	

财务经理 张嘉　　部门主任 赵晓玲　　制表 王雪

第三联财务部门记账

图 10-26　材料入库单

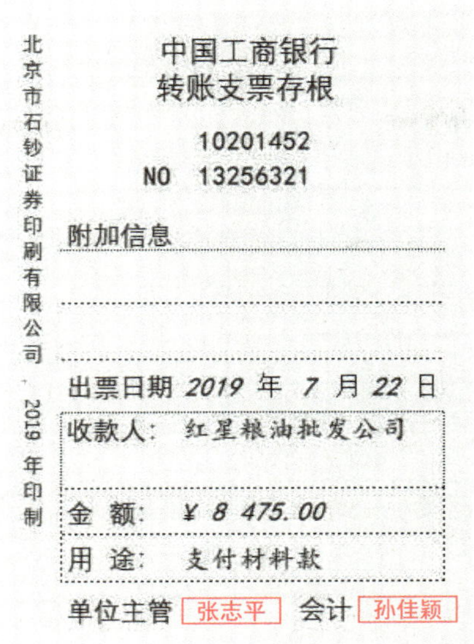
北京市石钞证券印刷有限公司 · 2019年印制

中国工商银行
转账支票存根

10201452
NO 13256321

附加信息

出票日期 2019 年 7 月 22 日

收款人：红星粮油批发公司

金 额：¥ 8 475.00

用 途：支付材料款

单位主管 张志平 会计 孙佳颖

图 10-27 转账支票存根

销售货物时，原始凭证如图 10-28 和图 10-29 所示。

借：银行存款　　　　30 000

　　贷：主营业务收入——面包　　　　29 126.21

　　　　应交税费——应交增值税　　　　873.79

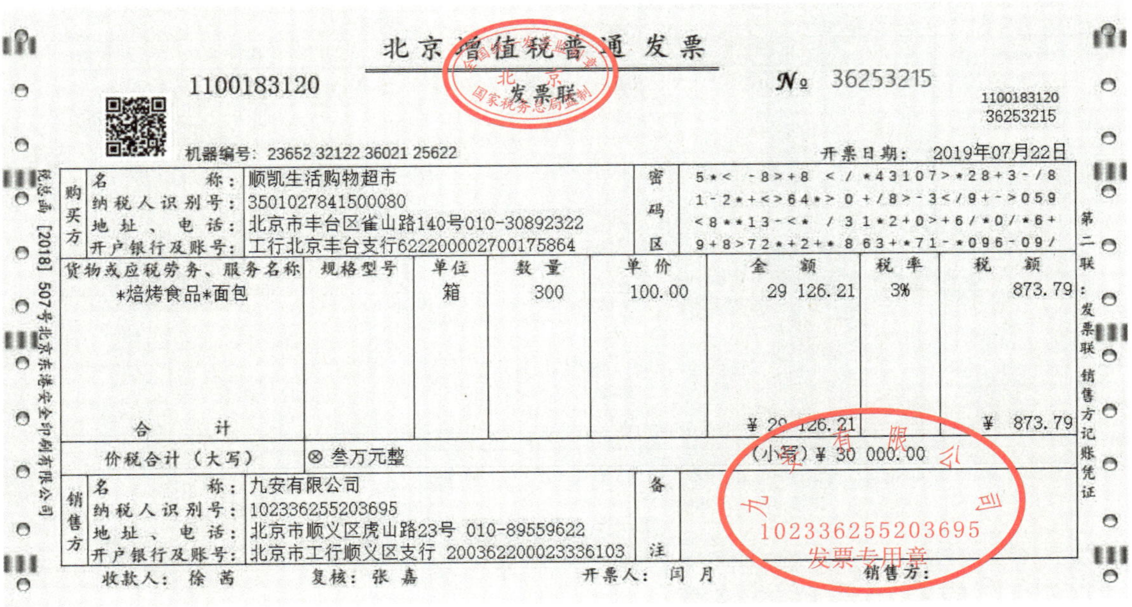
北京增值税普通发票

1100183120　　发票联　　№ 36253215

1100183120
36253215

机器编号：23652 32122 36021 25622　　开票日期：2019年07月22日

购买方	名称：顺凯生活购物超市 纳税人识别号：3501027841500080 地址、电话：北京市丰台区雀山路140号010-30892322 开户银行及账号：工行北京丰台支行622200002700175864	密码区	5*< -8>+8 </*43107>*28+3-/8 1-2*+<>64*> 0+/8>-3</9+->059 <8**13-<* /31*2+0>+6/*0/*6+ 9+8>72*+2+* 863+*71-*096-09/

货物或应税劳务、服务名称	规格型号	单位	数量	单价	金额	税率	税额
*焙烤食品*面包		箱	300	100.00	29 126.21	3%	873.79
合　计					¥ 29 126.21		¥ 873.79
价税合计（大写）	⊗ 叁万元整				（小写）¥ 30 000.00		

销售方	名称：九安有限公司 纳税人识别号：102336255203695 地址、电话：北京市顺义区虎山路23号 010-89559622 开户银行及账号：北京市工行顺义区支行 200362200023336103	备注	

收款人：徐茜　复核：张嘉　开票人：闫月　销售方：

第二联：发票联 销售方记账凭证

税总函[2018]507号北京东港安全印刷有限公司

图 10-28 增值税普通发票

产品出库单　　　　第 3 号

单位 顺凯生活购物超市　　　　2019 年 7 月 22 日

编号	产品名称	规格	单位	数量	单价	金额	过账	附注
A01	面包		箱	300	100.00	30 000.00		
合　计						¥ 30 000.00		

第二联：会计记账联

仓库主管 李海英　保管员 王志刚　销售经理 徐海英　制单 孔德鑫

图 10-29　产品出库单

上交本月应交增值税，原始凭证如图 10-30 所示。

借：应交税费——应交增值税　　　　873.79

　　贷：银行存款　　　　873.79

中华人民共和国
税收完税证明

NO. 010025190300017232

填发日期：2019 年 7 月 31 日　税务机关：国家税务总局北京市顺义区税务局

纳税人识别号	102336255203695		纳税人名称	九安有限公司	
原始凭证编号	税　种	品目名称	税款所属时期	入（退）库日期	实缴（退）金额
20020181230	增值税	购销合同	2019-07-01至2019-07-31	2019-07-31	¥ 873.79
金额合计	（大写）捌佰柒拾叁元柒角玖分				¥ 873.79
（盖章）国家税务总局北京市通州区税务局 征税专用章	填票人 张媛		备注		

收据联　交纳税人作完税证明

妥善保管、手写无效

图 10-30　完税证明

10.5.3　应交消费税的核算

1. 消费税的内容

消费税是指在我国境内生产、委托加工和进口应税消费品的单位和个人，按其流转额交纳的一种税。消费税有从价定率和从量定额两种征收方法。采取从价定率方法征收的消费税，以不含增值税的销售额为税基，按照税法规定的税率计算。企业的销售收入包含增值税的，应将其换算为不含增值税的销售额。采取从量定额计征的消费税，按税法确定的企业应税消费品的数量和单位应税消费品应缴纳的消费税计算确定。

企业应在“应交税费”账户下设置“应交消费税”明细账户，核算应交消费税的发生、交纳情况。该账户贷方登记应交纳的消费税，借方登记已交纳的消费税；期末贷方余额反映企业尚未交纳的消费税，借方余额反映企业多交纳的消费税。

2. 消费税的账务处理

（1）企业销售应税消费品应交的消费税：

借：税金及附加

　　贷：应交税费——应交消费税

（2）企业将生产的应税消费品用于在建工程等非生产机构时：

借：在建工程

　　贷：应交税费——应交消费税

（3）企业如有应交消费税的委托加工物资，一般应由受托方代收代缴税款。委托加工物资收回后，直接用于销售的，应将受托方代收代缴的消费税计入委托加工物资的成本，分录如下：

借：委托加工物资

　　贷：应付账款、银行存款

（4）委托加工物资收回后用于连续生产应税消费品的，按规定准予抵扣的，分录如下：

借：应交税费——应交消费税

　　贷：应付账款、银行存款

待用委托加工的应税消费品生产出应纳消费税的产品销售时，再交纳消费税。

【情景 10-15】华信食品股份有限公司投资的路北日化公司销售自己生产的化妆品，价款为 500 000 元（不含增值税），适用的消费税税率为 30%，不考虑其他相关税费。编制路北日化公司会计分录。

借：税金及附加　　　　150 000

　　贷：应交税费——应交消费税　　　　150 000

【情景 10-16】路北日化公司将自己生产的应税消费品用于集体福利。该批产品的成本 80 000 元，计税价格为 120 000 元（不含税）。增值税税率为 13%，消费税税率为 20%。该企业的有关会计分录如下：

借：应付职工薪酬　　　　159 600

　　贷：主营业务收入　　　　120 000

　　　　应交税费——应交增值税（销项税额）　　　　15 600

　　　　　　　　——应交消费税　　　　24 000

10.5.4 其他应交税费的核算

其他应交税费是指除上述应交税费以外的其他各种应上交国家的税费，包括应交资源税、应交城市维护建设税、应交土地增值税、应交所得税、应交房产税、应交土地使用税、应交车船税、应交教育费附加、应交矿产资源补偿费、应交个人所得税等。企业应当在“应交税费”账户下设置相应的明细账户进行明细核算，贷方登记应交纳的有关税费，借方登记已交纳的有关税费，期末贷方余额反映尚未交纳的有关税费。

1. 应交城市维护建设税和应交教育费附加

（1）城市维护建设税是以增值税、消费税为计税依据征收的一种税。其纳税人为交纳增值税、消费税的单位和个人，以纳税人实际缴纳的增值税、消费税税额为计税依据，并分别与增值税和消费税同时缴纳。

企业按规定计算出应交纳的城市维护建设税时：

借：税金及附加

　　贷：应交税费——应交城市维护建设税

交纳城市维护建设税时：

借：应交税费——应交城市维护建设税

　　贷：银行存款

【情景 10-17】华信食品股份有限公司销售商品实际应交增值税为 400 000 元，应交消费税为 250 000 元，提供运输劳务实际应交增值税为 100 000 元。该公司适用的城市维护建设税税率为 7%。假定不考虑其他因素，华信食品股份有限公司有关的会计分录如下：

计算应交城建税时，税费计算表如图 10-31 所示。

借：税金及附加　　52 500

　　贷：应交税费——应交城市维护建设税　　52 500

城建税、教育费附加计算表

2018 年 12 月 1 日至 2018 年 12 月 30 日　　单位：元

计税税额	城建税适用税率	税　额	教育费附加适用税率	税　额	合　计
750 000.00	7%	52 500.00			52 500.00
合计		52 500.00			52 500.00

财务主管 李海洋　　制表 王宏宇

图 10-31　税费计算表

以存款上交城建税时，完税证明如图 10-32 所示。

借：应交税费——应交城市维护建设税　　52 500

　　贷：银行存款　　52 500

中华人民共和国
税收完税证明

NO. 010025190300126412O

填发日期：2018 年 12 月 30 日　税务机关：国家税务总局北京市通州区税务局

纳税人识别号	110202523113659		纳税人名称	华信食品股份有限公司	
原始凭证编号	税种	品目名称	税款所属时期	入（退）库日期	实缴（退）金额
20020181230	城市维护建设税	购销合同	2018-12-01至2018-12-30	2018-12-30	¥52 500.00
金额合计	（大写）伍万贰仟伍佰元整				¥52 500.00
	填票人 宋晓月		备注		

妥善保管、手写无效

收据联　交纳税人作完税证明

国家税务总局北京市通州区税务局 征税专用章

图 10-32　完税证明

（2）教育费附加是为了发展教育事业而向企业征收的附加费用，企业按应交流转税的一定比例计算交纳。

借：税金及附加

　　贷：应交税费——应交教育费附加

【情景 10-18】沿用情景 10-17，华信食品股份有限公司适用的教育费附加率为 3%，该公司有关的会计分录如下：

计算应交教育费附加时，税费计算表如图 10-33 所示。

借：税金及附加　　22 500

　　贷：应交税费——应交教育费附加　　22 500

城建税、教育费附加计算表

2018 年 12 月 1 日至 2018 年 12 月 30 日　　单位：元

计税税额	城建税适用税率	税额	教育费附加适用税率	税额	合计
750 000.00			3%	22 500.00	22 500.00
合计				22 500.00	22 500.00

财务主管 李海洋　　制表 王宏宇

图 10-33　税费计算表

以存款上交教育费附加时，完税证明如图 10-34 所示。

借：应交税费——应交教育费附加　　22 500

　　贷：银行存款　　22 500

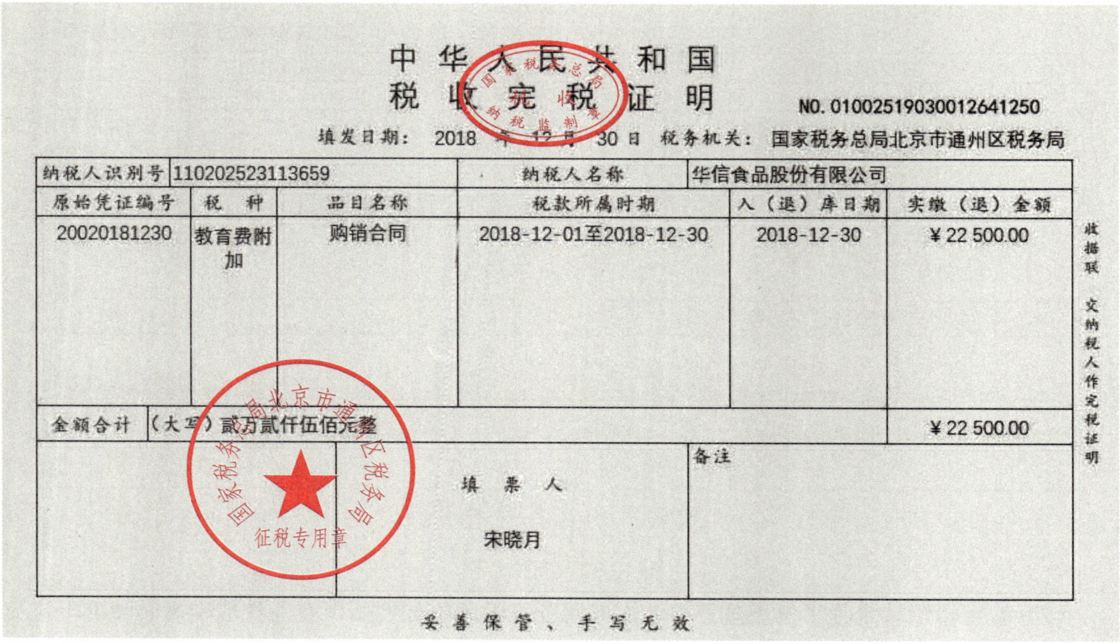

中华人民共和国
税收完税证明

NO. 01002519030012641250

填发日期：2018 年 12 月 30 日　税务机关：国家税务总局北京市通州区税务局

纳税人识别号	110202523113659		纳税人名称	华信食品股份有限公司	
原始凭证编号	税种	品目名称	税款所属时期	入（退）库日期	实缴（退）金额
20020181230	教育费附加	购销合同	2018-12-01至2018-12-30	2018-12-30	¥22 500.00
金额合计	（大写）贰万贰仟伍佰元整				¥22 500.00
国家税务总局北京市通州区税务局 征税专用章	填票人 宋晓月		备注		

收据联　交纳税人作完税证明

妥善保管、手写无效

图 10-34　完税证明

2. 应交土地增值税

土地增值税是对转让国有土地使用权、地上的建筑物及其附着物并取得增值性收入的单位和个人所征收的一种税。

土地增值税按照转让房地产所取得的增值额和规定的税率计算征收。转让房地产的增值额是转让收入减去税法规定扣除项目金额后的余额，其中，转让收入包括货币收入、实物收入和其他收入；扣除项目主要包括取得土地使用权所支付的金额、房地产开发成本及费用、与转让房地产有关的税金、旧房及建筑物的评估价格、财政部确定的其他扣除项目等。

根据企业对房地产核算方法的不同，企业应交土地增值税的账务处理也有所区别。

（1）企业转让的土地使用权连同地上建筑物及其附着物一并在“固定资产”账户核算的，转让时应交的土地增值税分录如下：

借：固定资产清理

　　贷：应交税费——应交土地增值税

（2）土地使用权在“无形资产”账户核算的，按实际收到的金额做如下分录：

借：银行存款、累计摊销、无形资产减值准备

　　营业外支出（转让损失）

　　贷：应交税费——应交土地增值税（按应交的土地增值税）

　　　　无形资产（土地使用权的账面价值）

营业外收入（转让利得）

（3）房地产开发经营企业销售房地产应交纳的土地增值税：

借：税金及附加

贷：应交税费——应交土地增值税

（4）交纳土地增值税时：

借：应交税费——应交土地增值税

贷：银行存款

【情景 10-19】华信食品股份有限公司对外转让一栋厂房，根据税法规定计算的应交土地增值税为 25 000 元。编制华信食品股份有限公司的会计分录。

计算应交土地增值税：

借：固定资产清理　　25 000

贷：应交税费——应交土地增值税　　25 000

用银行存款交纳土地增值税：

借：应交税费——应交土地增值税　　25 000

贷：银行存款　　25 000

3. 应交资源税

资源税是对在我国境内开采矿产品或者生产盐的单位和个人征收的税。对外销售应税产品应交纳的资源税应记入“税金及附加”账户。

借：税金及附加

贷：应交税费——应交资源税

自产自用应税产品应交纳的资源税应记入“生产成本”“制造费用”等账户。

借：生产成本、制造费用

贷：应交税费——应交资源税

【情景 10-20】福地公司将自产的居民用煤炭 1 000 吨用于产品生产，销售居民用煤炭 10 000 吨，每吨售价 300 元，货款未收，每吨应交资源税 5 元。根据该项经济业务，该公司应做账务处理如下：

自产自用应税产品：

借：制造费用　　5 000

贷：应交税费——应交资源税　　5 000

对外销售应税产品：

借：税金及附加　　50 000

贷：应交税费——应交资源税　　5 000

4. 应交个人所得税

企业职工按规定应交纳的个人所得税通常由单位代扣代缴。

（1）企业按规定计算的代扣代缴的职工个人所得税：

借：应付职工薪酬

贷：应交税费——应交个人所得税

（2）企业交纳个人所得税：

借：应交税费——应交个人所得税

　　贷：银行存款

【情景 10-21】华信食品股份有限公司结算 12 月应付职工工资总额 200 000 元，按税法规定应代扣代缴的职工个人所得税共计 2 000 元，实发工资 198 000 元。编制该企业会计分录。

借：应付职工薪酬　　200 000

　　贷：银行存款　　198 000

　　　　应交税费——应交个人所得税　　2 000

5. 应交房产税、城镇土地使用税、车船税

1）房产税

房产税是国家对在城市、县城、建制镇和工矿区征收的由产权所有人缴纳的一种税。房产税依照房产原值一次减除一定比例后的余额计算交纳。没有房产原值作为依据的，由房产所在地税务机关参考同类房产核定；房产出租的，以房产租金收入为房产税的计税依据。

2）城镇土地使用税

城镇土地使用税是以城市、县城、建制镇、工矿区范围内使用土地的单位和个人为纳税人，以其实际占用的土地面积和规定税额计算征收的一种税。

3）车船税

车船税是以车辆、船舶为课征对象，向车船的所有人或者管理人征收的一种税。

企业核算应交的房产税、城镇土地使用税、车船税时：

借：税金及附加

　　贷：应交税费——应交房产税（或应交城镇土地使用税、应交车船税）

【情景 10-22】华信食品股份有限公司应税房产评估价值 5 000 000 元。当地政府规定房产税分季缴纳，每季度开始月缴清该季税款，房产税税率 2%。则每季应纳房产税额为 25 000 元，该公司账务处理如下：

借：税金及附加——房产税　　25 000

　　贷：应交税费——应交房产税　　25 000

11 非流动负债

——偿还期超过一年的债务

CFO 导语

作为一个会计要知道：

1 非流动负债包括哪些内容？

2 长期借款的概念和会计处理是什么？

3. 债券有哪些分类？如何核算应付债券？

4. 长期应付款、专项应付款、和预计负债如何进行会计核算？

5. 可转换公司债券的内容和会计处理是什么？

6. 借款费用的概念和范围是什么？借款费用资本化期间如何确定？

本项目架构

- 长期借款
- 应付债券
- 可转换公司债券
- 长期应付款
- 专项应付款
- 预计负债
- 借款费用

11.1 长期借款
——偿还期在一年以上的借款

cfo 要求你知道

期限在一年以上的负债——长期借款的概念
什么账户核算长期借款——长期借款的账户设置
如何编制长期借款业务会计分录——长期借款的账务处理

关键术语

非流动负债（Non-current Liability）
长期借款（Long-term Loans）
本金（Principal）
利息调整（Interest Adjustments）

11-1

11.1.1 长期借款的概念

非流动负债是指流动负债以外的负债，通常是指偿还期在一年，或者超过一年的一个营业周期以上的债务。它包括长期借款、应付债券、长期应付款、专项应付款等。

长期借款是指企业向银行或其他金融机构借入的期限在一年以上（不含一年）的各种借款，一般用于固定资产的购建、改扩建工程、大修理工程、对外投资，以及保持长期经营能力等方面。它是企业长期负债的重要组成部分，必须加强管理与核算。

11.1.2 长期借款的账户设置

企业应通过“长期借款”账户，核算长期借款的借入、归还等情况。该账户可按照贷款单位和贷款种类设置明细账，分别以“本金”“利息调整”等账户进行明细核算，账户结构如图 11-1 所示。该账户的贷方登记长期借款本息的增加额，借方登记本息的减少额，贷方余额表示企业尚未偿还的长期借款。

借	长期借款	贷
借方登记本息的减少额	贷方登记长期借款本息的增加额	
	期末贷方余额表示企业尚未偿还的长期借款	

图 11-1 “长期借款”账户

11.1.3 长期借款的账务处理

长期借款的核算包括取得长期借款、发生利息、归还长期借款等环节。

1. 取得长期借款

企业借入长期借款时：

借：银行存款

　　贷：长期借款——本金

如果有差额还应借记“长期借款——利息调整”账户。

【情景 11-1】华信食品股份有限公司于 2019 年 7 月 1 日从银行借入资金 3 000 000 元，借款期限为 2 年，年利率为 6.4%（到期一次还本付息，不计复利）。所借款项已存入银行。华信食品股份有限公司用该借款于当日购买不需要安装的整形机 3 台，每台 300 000 元。价款 900 000 元，增值税税额 117 000 元，设备已于当日投入使用。华信食品股份有限公司的有关会计处理如下：

（1）取得借款时：

	借方	贷方
借：银行存款	3 000 000	
贷：长期借款——本金		3 000 000

（2）支付设备款时，原始凭证如图 11-2 至图 11-4 所示。

	借方	贷方
借：固定资产——整形机	900 000	
应交税费——应交增值税（进项税额）	117 000	
贷：银行存款		1 017 000

北京增值税专用发票

1100183130　　　　发票联　　　　№ 21563222

1100183130
21563222

机器编号：236523652896

开票日期：2019年07月01日

购买方	名　　称：华信食品股份有限公司 纳税人识别号：110202523113659 地址、电话：北京市通州区东大街67号 010-27606068 开户银行及账号：工行北京通州支行16030058363803366	密码区	7*< -6>+8 </ *53683>*64+5-/3 8-1*+<>12*> 9+/1>-5</0+->699 <1**86-<* /57*3+7>+4/*8/*0+ 4+2>03**4+* 522+*75-*307-90/

货物或应税劳务、服务名称	规格型号	单位	数量	单价	金额	税率	税额
*商用设备*整形机		台	3	300 000.00	900 000.00	13%	117 000.00
合　计					¥ 900 000.00		¥ 117 000.00
价税合计（大写）	⊗ 壹佰零壹万柒仟元整				（小写）¥1 017 000.00		

销售方	名　　称：万家购物连锁超市 纳税人识别号：632200122125463 地址、电话：北京市昌平区新月路65号 010-89542259 开户银行及账号：工行北京昌平支行625600266558612336	备注	万家购物连锁超市 632200122125463 发票专用章

收款人：张静霞　　复核：宋晓军　　开票人：刘凯华　　销售方：

第三联：发票联　购货方记账凭证

税总函〔2018〕507号北京东港安全印刷有限公司

图 11-2　增值税专用发票

固定资产验收单

固定资产来源：购入

供应单位：万家购物连锁超市

支票号：

2019年7月1日　　　　字第1号

固定资产类别	固定资产名称	规格材质	计量单位	数量	实收数量	单价	千	百	十	万	千	百	十	元	角	分
生产设备	整形机		台	3	3	300 000.00			9	0	0	0	0	0	0	0
检验结果：合格		检验员签章：			运杂费合计											
备注：																

单位主管 张志平　　固定资产会计 王宏宇　　经办人 张力　　制单 张小凡

第二联财务部门记账

图 11-3　固定资产验收单

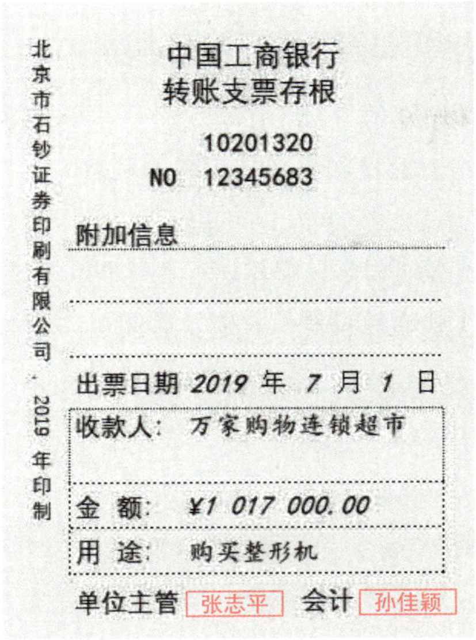

中国工商银行
转账支票存根

10201320
NO 12345683

附加信息

出票日期 2019 年 7 月 1 日

收款人：万家购物连锁超市

金 额：¥1 017 000.00

用 途：购买整形机

单位主管 张志平 会计 孙佳颖

北京市石钞证券印刷有限公司 · 2019 年印制

图 11-4 转账支票存根

2. 发生利息

资产负债表日，企业应按摊余成本和实际利率计算长期借款的利息费用。

分期付息：

借：在建工程、管理费用、财务费用

　　贷：应付利息

到期一次还本付息：

借：在建工程、管理费用、财务费用

　　贷：长期借款——应计利息

　　　　长期借款——利息调整（按其差额）

如果合同利率和实际利率相差不大，也可以按合同利率计算确定利息费用。有关摊余成本的计算见本书项目 5。

长期借款计算确定的利息费用应当按以下原则核算：①属于筹建期间的，计入管理费用。②属于生产经营期间的，计入财务费用。③如果长期借款用于购建固定资产，在固定资产尚未达到预定可使用状态前，所发生的应当资本化的利息支出数，计入在建工程等相关资产成本；固定资产达到预定可使用状态后发生的利息支出，以及按规定不予资本化的利息支出，计入财务费用。

【情景 11-2】承情景 11-1，华信食品股份有限公司于 2019 年 12 月 31 日计提长期借款利息。华信食品股份有限公司的有关会计处理如下：

借：财务费用　　192 000

　　贷：长期借款——应计利息　　192 000

2020 年计提利息的分录同上。

3. 归还长期借款

企业归还长期借款的本金时：

借：长期借款——本金（按归还的金额）

应付利息或长期借款——应计利息（按应付的利息）

贷：银行存款

【情景 11-3】承情景 11-1 和情景 11-2，2021 年 7 月 1 日，华信食品股份有限公司偿还该项银行借款本息。华信食品股份有限公司的有关会计分录如下：

借：长期借款——本金	3 000 000	
——应计利息	384 000	
贷：银行存款		3 384 000

11.2 应付债券

——企业为筹集长期资金发行的债券

cfo 要求你知道

有哪些形式的债券——应付债券的内容和分类

什么账户核算应付债券——应付债券的账户设置

如何编制应付债券业务会计分录——应付债券的账务处理

关键术语

应付债券（Bonds Payable）

平价发行（Par Issue）

溢价发行（Above Par Issue）

实际利率（Real Interest Rate）

实际利率法（Effective Interest Method）

11-2

11.2.1 应付债券的内容和分类

债券是企业为筹集长期使用资金而发行的一种书面凭证。应付债券是企业为筹集（长期）资金而发行的债券。企业通过发行债券取得资金是以将来履行归还购买债券者的本金和利息的义务作为保证的。

企业债券按发行价格划分，可以分为三类。

1. 平价发行的债券

平价发行，指债券的发行价格与债券的面值相等，即按面值发行。企业发行债券时，如果市场利率恰好等于债券票面利率，则企业债券就可以按面值发行。当票面利率等于市场利率时，表示债券发行企业通过发行债券取得资金所支付的利息与从资金市场取得资金所支付的利息相等。因此，债券发行价格应等于债券面值，即平价发行。当票面利率不等于市场利率时，按票面利率支付的利息与按市场利率支付的利息之间就有差额，这个差额是平衡债券发行企业的利息费用与债券持有人利息收入的尺度，以保证债券发行企业和债券持有人的经济利益，做到公允合理。

2. 溢价发行的债券

溢价发行，指债券的发行价格高于债券的面值。市场利率低于票面利率时，债券发行企业常采用溢价发行。

当债券票面利率高于市场利率时，债券应溢价发行，由债券发行企业在债券发行时预先扣回利息差额。因为票面利率一经确定，就作为债券发行企业今后计算、支付利息的依据，不能改变。当票面利率高于市场利率时，如果不溢价发行，债券发行企业宁肯以较低的市场利率去借入资金，也不愿发行利率较高的债券。

3. 折价发行的债券

折价发行，指债券的发行价格低于债券的面值。当市场利率高于票面利率时，债券发行企业常采用折价发行。

当债券票面利率低于市场利率时，债券应折价发行，由债券发行企业将利息差额弥补给投资人。票面利率低于市场利率时，如果不折价发行，债券投资人宁肯将资金投入其他方面以取得较高的利息收入，也不愿购买这种利息较低的债券。

11.2.2 应付债券的账户设置

企业应设置“应付债券”账户，并在该账户下设置“面值”“利息调整”“应计利息”等明细账户，核算应付债券发行、计提利息、还本付息等情况，账户结构如图 11-5 所示。

借　　　　　　应付债券	贷
借方登记归还的债券本金和利息	贷方登记应付债券的本金和利息
	期末如为贷方余额，表示企业尚未偿还的长期债券

图 11-5 “应付债券”账户

11.2.3 应付债券的账务处理

1. 公司债券的发行

企业发行的一般公司债券，无论是按面值发行，还是溢价发行或折价发行，均按债券面值记入“应付债券”账户的“面值”明细账户；实际收到的款项与面值的差额，记入“利息调整”明细账户。

借：银行存款、库存现金（按实际收到的款项）

　　贷：应付债券——面值（按债券票面价值）

按实际收到的款项与票面价值之间的差额，贷记或借记“应付债券——利息调整”账户。

【情景 11-4】2017 年 12 月 31 日，华信食品股份有限公司经批准发行 5 年期一次还本、分期付息的公司债券，面值为 1 000 000 元，债券利息在每年的 12 月 31 日支付，票面利率为 5%，市场利率为 6%，支付的发行费用与发行期间冻结资金产生的利息收入相等。华信食品股份有限公司的账务处理如下：

（1）计算华信食品股份有限公司的实际发行价格：

发行价 = 到期本金现值 + 年金现值

到期本金现值 = 面值 × 市场利率的一元复利现值系数 =1 000 000×0.747 3=747 300（元）

年金现值 = 年金 × 年金现值系数 =50 000×4.212=210 600（元）

发行价 =747 300+210 600=957 900（元）

（2）收到发行债券款时：

借：银行存款	957 900	
应付债券——利息调整	42 100	
贷：应付债券——面值		1 000 000

2. 利息调整的摊销

利息调整应在债券存续期间内采用实际利率法进行摊销。实际利率，是指将应付债券在债券存续期间的未来现金流量，折现为该债券当前账面价值所使用的利率。实际利率法，是指按照应付债券的实际利率计算其摊余成本及各期利息费用的方法。

（1）资产负债表日，对于分期付息、一次还本的债券：

借：在建工程、制造费用等（按应付债券的摊余成本和实际利率计算确定的债券利息费用）

　　贷：应付利息（按票面利率计算确定的应付未付利息）

按其差额，借记或贷记“应付债券——利息调整”账户。

（2）对于一次还本付息的债券：

借：在建工程、制造费用等（按应付债券的摊余成本和实际利率计算确定的债券利息费用）

　　贷：应付债券——应计利息（按票面利率计算确定的应付未付利息）

按其差额，借记或贷记“应付债券——利息调整”账户。

【情景 11-5】承接情景 11-4，华信食品股份有限公司采用实际利率确定每年债券的利息费用（见表 11-1），华信食品股份有限公司的账务处理如下：

表 11-1　公司债券利息费用计算表

单位：元

日　期	应付利息 （1）= 面值 × 票面利率	利息费用 （2）= 上期（4）× 实际利率	摊销的利息调整 （3）=（2）－（1）	期末摊余成本 （4）= 上期（4）+（3）
2017.12.31				957 900.00
2018.12.31	50 000.00	57 474.00	7 474.00	965 374.00
2019.12.31	50 000.00	57 922.44	7 922.44	973 296.44
2020.12.31	50 000.00	58 397.79	8 397.79	981 694.23
2021.12.31	50 000.00	58 901.65	8 901.65	990 595.88
2022.12.31	50 000.00	59 404.12	9 404.12	1 000 000.00
小计	250 000.00		42 100.00	

注：计算结果四舍五入后保留两位小数

2018 年 12 月 31 日，确认债券利息费用、支付债券利息时：

借：财务费用　　57 474

　　贷：应付利息　　50 000

　　　　应付债券——利息调整　　7 474

借：应付利息　　50 000

　　贷：银行存款　　50 000

2019 年 12 月 31 日，确认债券利息费用、支付债券利息时：

借：财务费用　　57 922.44

　　贷：应付利息　　50 000

　　　　应付债券——利息调整　　7 922.44

借：应付利息　　50 000

　　贷：银行存款　　50 000

2020 年、2021 年、2022 年确认债券利息费用、支付债券利息的账务处理同 2018 年、2019 年。

3. 债券的偿还

企业发行的债券通常分为两种：一次还本、分期付息；到期一次还本付息。

（1）采用一次还本、分期付息方式，每期支付利息时：

借：应付利息

　　贷：银行存款

债券到期偿还本金并支付最后一期利息时：

借：应付债券——面值

　　在建工程、制造费用等

　　贷：银行存款

按借贷双方之间的差额，借记或贷记“应付债券——利息调整”账户。

（2）采用一次还本付息方式，企业在债券到期支付债券本息时：

借：应付债券——面值

——应计利息

贷：银行存款

【情景 11-6】承接情景 11-4、情景 11-5，2022 年 12 月 31 日，华信食品股份有限公司归还债权本金及利息。账务处理如下：

借：财务费用	59 404.12	
应付债券——面值	1 000 000	
贷：银行存款		1 050 000
应付债券——利息调整		9 404.12

11.3 可转换公司债券
——能够转换为股票的企业债券

cfo 要求你知道

可转换公司债券的分拆和转换——可转换公司债券的核算

关键术语

可转换公司债券（Convertible Corporate Bonds）

11-3

企业发行的可转换公司债券在初始确认时应将其包含的负债成分和权益成分进行分拆，将负债成分确认为应付债券，将权益成分确认为资本公积。在进行分拆时，先对负债成分的未来现金流量进行折现，确定负债成分的初始确认金额，再按发行价格总额扣除负债成分初始确认金额后的金额确定权益成分的初始确认金额。发行可转换公司债券发生的交易费用，在负债成分和权益成分之间按照各自的公允价值进行分摊。

对于可转换公司债券的负债成分，企业在转换为股份前，其会计处理与一般公司债券相同，即按照实际利率和摊余成本确认利息费用，按照面值和票面利率确认应付利息，差额作为“利息调整”进行摊销。

借：银行存款（按实际收到的款项）

贷：应付债券——可转换公司债券——面值（按可转换公司债券包含的负债成分面值）

其他权益工具（按权益成分的公允价值）

按其差额，借记或贷记“应付债券——可转换公司债券——利息调整”账户。

可转换公司债券持有者在债券存续期间行使转换权利。

借：应付债券——可转换公司债券——面值（按可转换公司债券的余额）

其他权益工具（按其权益成分的金额）

贷：股本（按股票面值和转换的股票计算的股票面值总额）

资本公积——股本溢价（按其差额）

借记或贷记“应付债券——可转换公司债券——利息调整”账户。将可转换公司债券转换为股份时，对于债券面额不足转换一般股份的部分，企业以现金偿还，应贷记“库存现金”“银行存款”账户。

【情景 11-7】盛华上市公司于 2018 年 1 月 1 日按每份面值 100 元发行了 10 000 份 5 年期一次还本、分期付息的可转换公司债券，共计 1 000 000 元，款项已收存银行，债券票面利率为 6%。债券发行 1 年后可转换为盛华上市公司普通股股票，转股时每份债券可转 10 股，每股面值为 1 元。假定 2019 年 1 月 1 日，债券持有人将持有的可转换公司债券全部转换为普通股股票。盛华上市公司发行可转换公司债券时二级市场上与之类似的没有转换权的债券市场利率为 9%。该可转换公司债券发生的利息费用不符合资本化条件。盛华上市公司的账务处理如下：

（1）2018 年 1 月 1 日，发行可转换公司债券时：

可转换公司负债成分的公允价值

$$=1\ 000\ 000\times(P/S,9\%,5)+1\ 000\ 000\times6\%\times(P/A,9\%,5)$$

$$=1\ 000\ 000\times0.649\ 9+1\ 000\ 000\times6\%\times3.889\ 7$$

$$=649\ 900+233\ 382=883\ 282\text{（元）}$$

可转换公司债券权益成分的公允价值 =1 000 000 − 883 282=116 718（元）

借：银行存款	1 000 000	
应付债券——可转换公司债券——利息调整	116 718	
贷：应付债券——可转换公司债券——面值		1 000 000
其他权益工具——可转换公司债券		116 718

（2）2018 年 12 月 31 日，确认利息费用时：

应计入财务费用的利息 =883 282×9%=79 495.38（元）

当期应付未付的利息费用 =1 000 000×6%=60 000（元）

借：财务费用	79 495.38	
贷：应计利息		60 000

应付债券——可转换公司债券——利息调整	19 495.38

（3）2019 年 1 月 1 日，债券持有人形式转换权：

转换的股份数 =10 000×10=100 000（股）

借：应付债券——可转换公司债券——面值	1 000 000	
其他权益工具——可转换公司债券	116 718	
贷：股本		100 000
应付债券——可转换公司债券——利息调整		97 222.62
资本公积——股本溢价		919 495.38

11.4 长期应付款

——除长期借款和应付债券外的长期性质的应付款

cfo 要求你知道

什么是长期应付款——长期应付款的概念

什么账户核算长期应付款——长期应付款的账户设置

如何编制长期应付款业务会计分录——长期应付款的账务处理

关键术语

长期应付款（Long-term Account Payable）

延期付款（Deferred Payment）

11.4.1 长期应付款的概念

长期应付款是指除长期借款和应付债券以外的其他多种长期性质的应付款，主要包括分期付款方式购入固定资产发生的应付款项和应付融资租入固定资产的租赁费等。

11.4.2 长期应付款的账户设置

企业应设置“长期应付款”账户，核算企业融资租入固定资产和分期付款方式购入固定资产发生的应付款项及偿还情况，账户结构如图 11-6 所示。该账户应按长期应付款的种类设置明细账，进行明细核算。

借 长期应付款	贷
借方登记应付款项的归还数额	贷方登记应付款项的发生数额
	期末贷方余额，反映企业尚未支付的各种长期应付款

图 11-6 “长期应付款”账户

11.4.3 长期应付款的账务处理

1. 应付融资租入固定资产的账务处理

企业采用融资租赁方式租入的固定资产，虽然在法律形式上资产的所有权在租赁期内仍然属于出租人，但由于资产的租赁期基本上包括了资产的有效使用年限，承租企业实际上获得了租赁资产所提供的主要经济利益，同时承担了与资产所有权有关的风险，所以承租企业应将融资租入的固定资产作为一项自有固定资产入账，同时确认相应的负债。

1）租赁期开始日的账务处理

企业应在租赁期开始日，将租赁开始日租赁资产的公允价值与最低租赁付款额现值两者中较低者，加上在租赁谈判和签订租赁合同过程中发生的、可直接归属于租赁项目的手续费、律师费、差旅费、印花税等初始直接费用，作为租入资产的入账价值。

借：在建工程、固定资产——融资租入固定资产
　　未确认融资费用（按其差额）
　　贷：长期应付款（按最低租赁付款额）
　　　　银行存款（按发生的初始直接费用）

每期支付租赁费用时：

借：长期应付款
　　贷：银行存款

2）未确认融资费用的分摊

未确认融资费用应当在租赁期内各个期间进行分摊。承租人分摊未确认融资费用时，应当采用实际利率法。每期采用实际利率法分摊未确认融资费用时，按当期应分摊的未确认融资费用金额做如下分录：

借：财务费用
　　贷：未确认融资费用

3）租赁期满时的账务处理

租赁期满时，承租人对租赁资产的处理通常有三种情况，即返还、优惠续租和优惠购买。

①租赁期满时，承租人向出租人返还资产。

借：长期应付款——应付融资租赁款

　　累计折旧

　　贷：固定资产——融资租入固定资产

②承租人行使优惠续租选择权。

应视同该项租赁一直存在而做出相应的账务处理。如果承租人在租赁期满时没有续租，根据租赁协议规定向出租人支付违约金时：

借：营业外支出

　　贷：银行存款

③承租人选择优惠购买。

支付价款时：

借：长期应付款——应付融资租赁款

　　贷：银行存款

同时，将固定资产从“融资租入固定资产”明细账户转入有关明细账户。

【情景 11-8】2017 年 12 月 20 日，华信食品股份有限公司与华泰租赁公司签订了一份融资租赁合同。该公司以融资租赁方式向华泰租赁公司租入一台设备，主要合同条款如下：

租赁标的物：机器。

租赁开始日：2018 年 1 月 1 日。

租赁期：2018 年 1 月 1 日至 2020 年 12 月 31 日，共 3 年。

租金支付方式：自租赁开始日每年年末支付租金 300 000 元。

该机器在 2018 年 1 月 1 日的公允价值为 800 000 元。

租赁合同规定的年利率为 8%。

该机器为全新设备，估计使用年限为 5 年，不需要安装调试，采用年限平均法计提折旧。

2019 年和 2020 年，华信食品股份有限公司每年按该机器所生产产品的年销售收入的 1% 向华泰租赁公司支付经营分享收入。

华信食品股份有限公司在租赁谈判和签订合同过程中发生可归属与租赁项目的手续费、差旅费 9 000 元。2019 年和 2020 年，华信食品股份有限公司使用该机器生产产品的销售收入分别为 5 000 000 元和 8 000 000 元。2019 年 12 月 31 日，华信食品股份有限公司以银行存款支付该机器的维护费 2 500 元。2020 年 12 月 31 日，华信食品股份有限公司将机器归还给华泰租赁公司。

租赁开始日的会计处理如下。

第一步，计算租赁开始日最低租赁付款额的现值，确定租赁资产入账价值。

最低租赁付款额 = 各期租金之和 + 承租人担保的资产余值

$=300\,000\times3+0=900\,000$（元）

最低租赁付款额的现值 $=300\,000\times(P/A,8\%,3)+100$

$=300\,000\times2.577\,1+100$

$=773\,230$（元）＜租赁资产公允价值 800 000 元

根据租赁开始日租赁资产的公允价值与最低租赁付款额的现值孰低原则，租赁资产的入账价值应为其折现值 773 130 元，加上初始直接费用 9 000 元，即 782 130 元。

第二步，计算未确认融资费用。

未确认融资费用 = 最低租赁付款额 - 最低租赁付款额现值

= 900 000-773 130=126 870（元）

第三步，2018 年 1 月 1 日做以下会计分录：

借：固定资产——融资租入固定资产　782 130

　未确认融资费用　126 870

　贷：长期应付款——华泰租赁公司——应付融资租赁款　900 000

　　银行存款　9 000

分摊未确认融资费用的会计处理如下。

在租赁期内采用实际利率法分摊未确认融资费用，如表 11-2 所示。

表 11-2　未确认融资费用分摊表

单位：元

日　期	租金 （1）	确认融资费用 （2）= 上期（4）×8%	应付本金减少额 （3）=（1）-（2）	应付本金余额 （4）= 上期（4）-（3）
2018.1.1				773 130.00
2018.12.31	300 000.00	61 850.40	238 149.60	534 980.40
2019.12.31	300 000.00	42 798.43	257 201.57	277 778.83
2020.12.31	300 000.00	22 221.17	277 778.83	0
合 计	900 000.00	126 870.00	773 130.00	—

2018 年 12 月 31 日，支付第 1 期租金时：

借：长期应付款——华泰租赁公司——应付融资租赁款　300 000

　贷：银行存款　300 000

2018 年 1 月至 12 月，每月分摊未确认融资费用时：

每月的财务费用 =61 850.4÷12=5 154.2（元）

借：财务费用　5 154.2

　贷：未确认融资费用　5 154.2

2018 年 2 月至 12 月，每月计提折旧时：

每月折旧费 =782 130÷（3×12-1）=22 346.57（元），下同。

借：制造费用　22 346.57

　贷：累计折旧　22 346.57

2019 年 12 月 31 日，支付第 2 期租金时：

借：长期应付款——华泰租赁公司——应付融资租赁款　300 000

　贷：银行存款　300 000

2019 年 1 月至 12 月，每月分摊未确认融资费用时：

每月的财务费用 =42 798.42÷12=3 566.54（元）

借：财务费用　　3 566.54

　　贷：未确认融资费用　　3 566.54

2020 年 12 月 31 日，支付第 3 期租金时：

借：长期应付款——华泰租赁公司——应付融资租赁款　　300 000

　　贷：银行存款　　300 000

2020 年 1 月至 12 月，每月分摊未确认融资费用时：

每月的财务费用 =22 221.17÷12=1 851.76（元）

借：财务费用　　1 851.76

　　贷：未确认融资费用　　1 851.76

履约成本的账务处理：

2019 年 12 月 31 日，华信食品股份有限公司发生该机器的维护费 2 500 元时：

借：管理费用　　2 500

　　贷：银行存款　　2 500

或有租金的会计处理：

2019 年 12 月 31 日，根据合同约定，华信食品股份有限公司向华泰租赁公司支付经营分享收入。

借：销售费用　　50 000

　　贷：其他应付款——华泰租赁公司　　50 000

2020 年 12 月 31 日，根据合同约定，华信食品股份有限公司向华泰租赁公司支付经营分享收入。

借：销售费用　　80 000

　　贷：其他应付款——华泰租赁公司　　80 000

租赁期满，华信食品股份有限公司将机器归还给华泰租赁公司时：

借：累计折旧　　782 130

　　贷：固定资产——融资租入固定资产——机器　　782 130

2. 具有融资性质的延期付款购买资产的账务处理

企业购买资产时有可能延期支付有关价款。延期支付的购买价格超过正常信用条件，实质上具有融资性质的，所购资产的成本应当以延期支付购买价款的现值为基础确定，实际支付的价款与购买价款的现值之间的差额，应当在信用期内采用实际利率法进行摊销，计入相关资产成本或当期损益。具体来说，企业购入资产超过正常信用条件延期付款实质上具有融资性质时分录如下。

借：固定资产、无形资产等（按购买价款的现值）

　　未确认融资费用（按其差额）

　　贷：长期应付款（按应支付的价款总额）

11.5 专项应付款

——企业借入的具有专门用途的款项

cfo 要求你知道

什么是专项应付款——专项应付款的概念

什么账户核算专项应付款——专项应付款的账户设置

如何编制专项应付款业务会计分录——专项应付款的账务处理

关键术语

专项应付款（Special Payable）

11-5

11.5.1 专项应付款的概念

专项应付款是企业接受国家作为企业所有者拨入的专门用途款项所形成的不需要以资产或增加其他负债偿还的款项。

11.5.2 专项应付款的账户设置

企业应设置“专项应付款”主体账户，核算企业取得政府作为企业所有者投入的具有专项或特定用途的款项。该账户可按资本性投资项目进行明细核算，账户结构如图 11-7 所示。

借　　　　　　专项应付款	贷
借方登记工程项目完工形成长期资产的部分、对未形成长期资产需要核销的部分及拨款结余需要返还的	贷方登记企业收到或应收的资本性拨款
	期末贷方余额，反映企业尚未转销的专项应付款

图 11-7 “专项应付款”账户

11.5.3　专项应付款的账务处理

（1）企业收到的资本性拨款：

借：银行存款

　　贷：专项应付款

（2）将专项或特定用途的拨款用于工程项目：

借：在建工程

　　贷：银行存款、应付职工薪酬

（3）工程项目完工形成长期资产的部分：

借：专项应付款

　　贷：资本公积——资本溢价

（4）对未形成长期资产需要核销的部分：

借：专项应付款

　　贷：在建工程

（5）拨款结余需要返还的：

借：专项应付款

　　贷：银行存款

【情景 11-9】华信食品股份有限公司因当地政府城市规划的需要，2018 年对其拥有的厂房及其相关设施进行拆除。按与政府签订的搬迁补偿协议，11 月 5 日，公司收到财政部门拨入的全部搬迁补偿费 50 000 000 元；11 月 30 日工程项目完工形成长期资产的部分为 30 000 000 元。假设不考虑其他因素，编制相关会计处理。

收到搬迁补偿费的处理：

借：银行存款	50 000 000	
贷：专项应付款		50 000 000

搬迁补偿费余额的处理：

借：专项应付款	50 000 000	
贷：资本公积		30 000 000
在建工程		20 000 000

11.6 预计负债
——因或有事项可能产生的负债

cfo 要求你知道

什么是预计负债——预计负债的概念
什么账户核算预计负债——预计负债的账户设置
如何编制预计负债业务会计分录——预计负债的账务处理

关键术语

预计负债（Expected Liabilities）
未决诉讼（Pending Action）
重组义务（Reorganization Obligation）

11.6.1 预计负债的概念

预计负债是指根据或有事项等相关准则确认的各项预计负债，包括对外提供担保、未决诉讼、产品质量保证、重组义务及固定资产和矿区权益弃置义务等产生的预计负债。

11.6.2 预计负债的账户设置

企业应设置“预计负债”主体账户，核算企业确认的对外提供担保、未决诉讼、产品质量保证、重组义务、亏损性合同等预计负债。该账户可按形成预计负债的交易或事项进行明细核算，账户结构如图 11-8 所示。

借	预计负债 贷
借方登记企业实际清偿预计负债时	贷方登记企业根据或有事项准则确认的由对外提供担保、未决诉讼、重组义务产生的预计负债、根据或有事项准则确认的由产品质量保证产生的预计负债；根据固定资产准则或石油天然气开采准则确认的由弃置义务产生的预计负债；在固定资产或油气资产的使用寿命内，按弃置费用计算确定各期应负担的利息费用；根据企业合并准则确认的预计负债
	期末贷方余额，反映企业已确认尚未支付的预计负债

图 11-8 “预计负债”账户

11.6.3 预计负债的账务处理

1. 企业由对外提供担保、未决诉讼、重组义务产生的预计负债

借：营业外支出

　　贷：预计负债

2. 由产品质量保证产生的预计负债

借：销售费用

　　贷：预计负债

3. 由资产弃置义务产生的预计负债

借：固定资产等

　　贷：预计负债

在固定资产或油气资产的使用寿命内：

借：财务费用（按计算确定各期应负担的利息费用）

　　贷：预计负债

4. 实际清偿或冲减的预计负债

借：预计负债

　　贷：银行存款

根据确凿证据需要对已确认的预计负债进行调整的，调整增加的预计负债借记有关账户，贷记“预计负债”账户；调整减少的预计负债做相反的会计分录。

【情景 11-10】华信食品股份有限公司欠红星粮油批发公司货款 200 000 元，逾期 1 年尚未偿付。为此，红星粮油批发公司依法向当地人民法院起诉华信食品股份有限公司。5 月初，法院一审判决红星粮油批发公司胜诉，责成华信食品股份有限公司向红星粮油批发公司偿付货款本息 149 000 元，支付诉讼费用 100 000 元、罚款 5 000 元。但是，由于种种原因，华信食品股份有限公司未履行判决。至资产负债表日，红星粮油批发公司尚未采取进一步的行动。

本例中，华信食品股份有限公司因为败诉，承担了一项现时义务，金额为 254 000 元。为此，华信食品股份有限公司在执行法院裁决前，应根据法院判决的结果，确认预计负债 254 000 元。由于应付账款 130 000 元已在发生时登记入账，这里只需对另外的 124 000 元进行账务处理，编

制的会计分录如下：

借：财务费用	19 000	
管理费用	100 000	
营业外支出	5 000	
贷：预计负债		124 000

11.7 借款费用

——企业借入长期资金付出的代价

cfo 要求你知道

什么是借款费用——借款费用的概念和分类

借款费用核算哪些内容——借款费用的范围

借款费用如何进行账务处理——借款费用的资本化

关键术语

借款费用（Borrowing Costs）

专门借款（Specifically Borrowed Loan）

11.7.1 借款费用的概念和分类

1. 概念

借款费用是指企业因借款而发生的利息、折价或者溢价的摊销和辅助费用，以及因外币借款而发生的汇兑差额。它反映的是企业借入资金所付出的劳动和代价。

2. 分类

借款包括专门借款和一般借款。

专门借款是指为购建或者生产符合资本化条件的资产而专门借入的款项。专门借款通常有明确的用途，为购建或者生产某项符合资本化条件的资产而专门借入，并通常具有标明该用途的借款合同。

理·解

某制造企业为了建造厂房向银行专门贷款 100 000 000 元，某房地产开发企业为了某住宅小区向银行专门贷款 200 000 000 元，某施工企业为了完成承接的运动场馆向银行专门贷款 50 000 000 元等，均属于专门借款，其使用目的明确，而且其使用受与银行签订的相关合同的限制。

一般借款是指除专门借款之外的借款。相对于专门借款而言，一般借款在借入时通常没有特指用于符合资本化条件的资产的购建或者生产。

11.7.2 借款费用的范围

借款费用是企业因借入资金所付出的代价，它包括借款利息、折价或者溢价的摊销、辅助费用及因外币借款而发生的汇兑差额等。企业发生的权益性融资费用，不应包括在借款费用中。承租人根据租赁会计准则所确认的融资租赁发生的融资费用属于借款费用。

1. 因借款而发生的利息

因借款而发生的利息，包括企业向银行或者其他金融机构等借入资金发生的利息、发行公司债券发生的利息及为购建或者生产符合资本化条件的资产而发生的带息债务所承担的利息等。

2. 因借款而发生的折价或溢价的摊销

因借款而发生的折价或溢价主要是指发行债券等所发生的折价或者溢价。发行债券中的折价或者溢价，其实质是对债券票面利息的调整（将债券票面利率调整为实际利率），属于借款费用的范畴。

理·解

华信食品股份有限公司发行公司债券，每张公司债券票面价值为 1 000 元，票面年利率为 6%，期限为 4 年，而同期市场年利率为 8%，由于公司债券的票面利率低于市场利率，为成功发行公司债券，华信食品股份有限公司采取了折价发行的方式，折价金额在实质上是用于补偿投资者在购入债券后所收到的名义利息上的损失的，应当作为以后各期利息费用的调整额。

3. 因外币借款而发生的汇兑差额

因外币借款而发生的汇兑差额，是指由汇率变动导致市场汇率与账面汇率出现差异，从而对外币借款本金及其利息的记账本位币金额所产生的影响金额。由于汇率的变化往往和利率的变化相连动，它是企业外币借款所需承担的风险，所以，外币借款相关汇率变化所导致的汇兑差额属于借款费用的组成部分。

4. 因借款而发生的辅助费用

因借款而发生的辅助费用，是指企业在借款过程中发生的诸如手续费、佣金、印刷费等费用。这些费用是因安排借款而发生的，属于借入资金所付出的代价，因此是借款费用的构成部分。

11.7.3 借款费用的资本化

1. 借款费用开始资本化的时点

借款费用允许开始资本化必须同时满足三个条件，即资产支出已经发生、借款费用已经发生、为使资产达到预定可使用或者可销售状态所必要的购建或者生产活动已经开始。

理·解

华信食品股份有限公司为了建造一项符合资本化条件的固定资产，使用自由资金购买了工程物资。该固定资产已经开始动工新建，但专门借款资金尚未到位，也没有占用一般借款资金。在这种情况下，企业尽管满足了借款费用开始资本化的第一个和第三个条件，但是不符合借款费用开始资本化的第二个条件，因此，不允许开始借款费用的资本化。

2. 借款费用暂停资本化的时间

符合资本化条件的资产在购建或者生产过程中发生非正常中断且中断时间连续超过 3 个月的，应当暂停借款费用的资本化。中断的原因必须是非正常中断，属于正常中断的，相关借款费用仍可资本化。在实务中，企业应当遵循“实质重于形式”等原则来判断借款费用暂停资本化的时间。如果相关资产购建或者生产的中断时间较长而且满足其他规定条件，相关借款费用应当暂停资本化。

理·解

华信食品股份有限公司于 2017 年 8 月 1 日利用专门借款新建一幢厂房，支出已经发生，因此借款费用从当日起开始资本化。工程预计于 2018 年 12 月 31 日完工。2017 年 12 月 20 日，由于工程施工发生了安全事故，工程中断，直到 2018 年 3 月 1 日才复工。该中断属于非正常中断，因此，上述专门借款在 12 月 31 日至 2018 年 3 月 1 日间所发生的借款费用不应资本化，而应作为财务费用计入当期损益。

3. 借款费用停止资本化的时点

购建或者生产符合资本化条件的资产达到预定可使用或者可销售状态时，借款费用应当停止资本化。在符合资本化条件的资产达到预定可使用或者可销售状态之后所发生的借款费用，应当在发生时确认为费用，计入当期损益。购建或者生产符合资本化条件的资产达到预定可使用或者可销售状态，可从下列几个方面进行判断。

（1）符合资本化条件的资产的实体建造（包括安装）或者生产工作已经全部完成或者实质上已经完成。

（2）所购建或者生产的符合资本化条件的资产与设计要求、合同规定或者生产要求相符或者基本相符，即使有个别与设计、合同或者生产要求不相符的地方，也不影响其正常使用或者销售。

（3）继续发生在所购建或生产的符合资本化条件的资产上的支出金额很少或者几乎不再发生。

所购建或者生产的资产如果分别建造、分别完工，企业应当区别情况界定借款费用停止资本化的时点。

所购建或者生产的符合资本化条件的资产的各部分分别完工，且每部分在其他部分继续建造或者生产过程中可供使用或者可对外销售，且为使该部分资产达到预定可使用或可销售状态所必要的购建或者生产活动实质上已经完成的，应当停止与该部分资产相关的借款费用的资本化，因为该部分资产已经达到了预定可使用或者可销售状态。

理解

华信食品股份有限公司借入一笔款项，于 2017 年 2 月 1 日采用出包方式开工新建一幢厂房。2018 年 10 月 1 日，工程全部完工，达到合同要求。10 月 30 日工程验收合格，11 月 15 日办理工程验收竣工结算，11 月 20 日完成全部资产移交手续，12 月 1 日，厂房正式投入使用。在这里，企业应当将 2018 年 10 月 1 日确定为工程达到预定可使用状态的时点，作为借款费用停止资本化的时点。后续的工程验收日、竣工结算日、资产移交日的投入使用日均不应作为借款费用停止资本化的时点，否则会造成资产价值和利润被高估。

【情景 11-11】华信食品股份有限公司于 2017 年 1 月 1 日正式动工新建一幢厂房，工期预计为 1 年零 6 个月。工程采用出包方式，分别于 2017 年 1 月 1 日、2017 年 7 月 1 日和 2018 年 1 月 1 日支付工程进度款。华信食品股份有限公司为建造厂房于 2017 年 1 月 1 日专门借款 30 000 000 元，借款期限为 3 年，年利率为 5%。另外，在 2017 年 7 月 1 日又专门借款 60 000 000 元，借款期限为 5 年，年利率为 6%。借款利息按年支付，假定名义利率与实际利率相同。

华信食品股份有限公司将闲置借款资金用于固定收益债券短期投资，该短期投资月收益率为0.5%。厂房于2018年6月30日完工，达到预定可使用状态。支出金额明细表如表11-3所示。

表11-3 支出金额明细表（一）

单位：元

日　期	每期资产支出金额	累计资产支出金额	闲置借款资金用于短期投资金额
2017.1.1	15 000 000	15 000 000	15 000 000
2017.7.1	35 000 000	50 000 000	40 000 000
2018.1.1	35 000 000	85 000 000	5 000 000
合　计	85 000 000	—	60 000 000

由于华信食品股份有限公司使用了专门借款建造厂房，而且厂房建造支出没有超过专门借款金额，所以，公司2017年、2018年建造厂房应予以资本化的利息金额计算如下：

（1）确定借款费用资本化期间为2017年1月1日至2018年6月30日。

（2）计算在资本化期间内专门借款实际发生的利息金额：

2017年专门借款发生的利息金额

=30 000 000×5%+60 000 000×6%×6÷12

=1 500 000+1 800 000=3 300 000（元）

2018年1月1日至6月30日专门借款发生的利息金额

=30 000 000×5%×6÷12+60 000 000×6%×6÷12

=750 000+1 800 000=2 550 000（元）

（3）计算在资本化期间内利用闲置的专门借款进行短期投资收益：

2017年短期投资收益 =15 000 000×0.5%×6+40 000 000×0.5%×6=1 650 000（元）

2018年1月1日至6月30日短期投资收益 =5 000 000×0.5%×6=150 000（元）

（4）由于在资本化期间内，专门借款利息费用的资本化金额应当以其实际发生的利息费用减去将闲置资金的借款资金进行短期投资取得的投资收益后金额确定，所以：

2017年的利息资本化金额 =3 300 000 −1 650 000=1 650 000（元）

2018年的利息资本化金额 =2 550 000 −150 000=2 400 000（元）

（5）有关账务处理如下：

2017年12月31日：

借：在建工程——厂房　　1 650 000

　　应收利息　　1 650 000

　　贷：应付利息　　3 300 000

2018年6月30日：

借：在建工程——厂房　　2 400 000

应收利息　　150 000

贷：应付利息　　2 550 000

【情景 11-12】华信食品股份有限公司拟在厂区内新建一幢厂房，有关资料如下：

2018 年 1 月 1 日向银行专门借款 60 000 000 元，期限为 3 年，年利率为 6%，每年 1 月 1 日付息。

除专门借款外，公司只有一笔一般借款，为公司于 2017 年 12 月 1 日介入的长期借款 72 000 000 元，期限为 5 年，年利率 8%，每年 12 月 1 日付息，假设华信食品股份有限公司在 2018 年和 2019 年年底均未支付当年利息。

由于审批、办手续等原因，厂房于 2018 年 4 月 1 日才开始动工新建，当日共支付工程款 24 000 000 元。工程建设期间的支出金额明细表如表 11-4 所示。

表 11-4　支出金额明细表（二）

单位：元

日　期	每期资产支出金额	累计资产支出金额	闲置借款资金用于短期投资金额
2018.4.1	24 000 000	24 000 000	36 000 000
2018.6.1	12 000 000	36 000 000	24 000 000
2018.7.1	36 000 000	72 000 000	占用一般借款
2019.1.1	12 000 000	84 000 000	
2019.4.1	6 000 000	90 000 000	
2019.7.1	6 000 000	96 000 000	
合 计	96 000 000	—	—

工程于 2019 年 9 月 30 日完工，达到预定可使用状态。其中由于施工质量问题，工程于 2018 年 9 月 1 日至 2018 年 12 月 31 日停工 4 个月。

专门借款中未支出部分全部存入银行，假定月利率为 0.25%。全年按照 360 天计算，每月按照 30 天计算。

根据上述资料，有关利息资本化金额的计算和账务处理如下：

（1）计算 2018 年、2019 年全年发生的专门借款和一般借款利息费用：

2018 年专门借款发生的利息金额 =60 000 000×6%=3 600 000（元）

2018 年一般借款发生的利息金额 =72 000 000×8%=5 760 000（元）

2019 年专门借款发生的利息金额 =60 000 000×6%=3 600 000（元）

2019 年一般借款发生的利息金额 =72 000 000×8%=5 760 000（元）

（2）尽管专门借款于 2018 年 1 月 1 日借入，但是厂房建设于 4 月 1 日才开工。因此，借款利息费用 4 月 1 日起符合开始资本化的条件，计入在建工程成本。同时，由于厂房建设在 2018 年 9 月 1 日到 2018 年 12 月 31 日期间发生非正常中断 4 个月，该期间发生的利息费用应当暂停资本化，计入当期损益。

（3）计算 2018 年借款利息资本化金额和应计入当期损益金额及其账务处理：

计算 2018 年专门借款应予资本化的利息金额：

2018 年 1 月至 3 月和 9 月至 12 月专门借款发生的利息金额

=60 000 000×6%×210÷360=2 100 000（元）

2018 年专门借款转存入银行取得的利息收入

=60 000 000×0.25%×3+36 000 000×0.25%×2+24 000 000×0.25%×1

=690 000（元）

其中，专门借款在资本化期间内取得的利息收入 =690 000－60 000 000×0.25%×3=240 000（元）

公司在 2018 年应予以资本化的专门借款利息金额

=3 600 000－ 2 100 000－ 240 000=1 260 000（元）

公司在 2018 年应当计入当期损益的专门借款利息金额

=3 600 000－ 1 260 000－ 690 000=1 650 000（元）

计算 2018 年一般借款应予以资本化的利息金额：

公司在 2018 年占用的一般借款的资产支出加权平均数

=（24 000 000+12 000 000+36 000 000－ 60 000 000）×60÷360

=2 000 000（元）

2018 年一般借款应予以资本化的利息金额 =2 000 000×8%=160 000（元）

有关会计分录如下：

借：在建工程——厂房	1 420 000	
财务费用	7 250 000	
应收利息	690 000	
贷：应付利息		9 360 000

（4）计算 2019 年借款利息资本化金额和应计入当期损益金额及其账务处理：

计算 2019 年专门借款应予资本化的利息金额：

公司在 2019 年专门借款应予资本化的专门借款的利息金额

=60 000 000×6%×270÷360=2 700 000（元）

公司在 2019 年应当计入当期损益的专门借款利息金额

=3 600 000－2 700 000=900 000（元）

计算 2019 年一般借款应予以资本化的利息金额：

公司在 2019 年占用的一般借款的资产支出加权平均数

=24 000 000×270÷360+6 000 000×180÷360+6 000 000×90÷360

=22 500 000（元）

2019 年一般借款应予以资本化的利息金额 =22 500 000×8%=1 800 000（元）

2019 年应计入当期损益的一般借款利息金额 =5 760 000－1 800 000=3 960 000（元）

2019 年有关会计分录：

借：在建工程——厂房　　4 500 000

　　财务费用　　4 860 000

　　贷：应付利息　　9 360 000

12 所有者权益

——资产减去负债后的剩余权益

CFO 导语

作为一个会计要知道：

1. 什么是所有者权益？所有者权益的特征是什么？
2. 实收资本或股本如何进行会计核算？
3. 什么是资本公积？如何进行会计核算？
4. 什么是其他综合收益？如何进行会计核算？
5. 留存收益包括哪些内容？如何进行会计处理？

本项目架构

- 什么是所有者权益
- 实收资本（或股本）
- 资本公积和其他综合收益
- 留存收益

12.1 什么是所有者权益
——核算所有者权益是一项怎样的工作

cfo 要求你知道

什么是所有者权益——所有者权益的概念
所有者权益区别于其他要素的特点——所有者权益的特征

关键术语

所有者权益（Owners’ Equity）
股东权益（Stockholders’ Equity）

12-1

12.1.1 所有者权益的概念

所有者权益是指企业资产扣除负债后由所有者享有的剩余权益。公司所有者权益又称为股东权益。所有者权益可分为实收资本（或股本）、资本公积、盈余公积和未分配利润。其中，盈余公积和未分配利润统称为留存收益。

12.1.2 所有者权益的特征

所有者权益具有以下特征：①除非发生减资、清算或分派现金股利，企业不需要偿还所有者权益；②企业清算时，只有在清偿所有的负债后，所有者权益才返还给所有者；③所有者凭借所有者权益能够参与企业利润的分配。

12.2 实收资本（或股本）
——投资者投入的本钱

cfo 要求你知道

什么是实收资本——实收资本的概念
普通企业如何核算实收资本——一般企业实收资本的核算
股份制企业如何核算股本——股份有限公司股本的核算

关键术语

实收资本（Paid-in Capital）
股本（Capital Stock）
股份有限公司（Joint-stock Company Limited）

企业的实收资本是指投资者按照企业章程，或合同、协议的约定，实际投入企业的资本。我国目前实行的是注册资本制度，要求企业的实收资本与工商登记的注册资本相一致。

实收资本是确定投资者在企业所有者权益中所占的份额和参与企业财务、经营决策的基础，也是企业进行利润或股利分配的依据，同时还是企业清算时确定投资者对净资产索偿的依据。投资者投入资本中，只有在被投资企业注册资本中享有的份额，才作为实收资本核算。投资者向企业投入的资本，一般情况下无须偿还，企业可以长期周转使用。

12.2.1 一般企业实收资本的核算

一般企业是指除股份有限公司以外的企业，如国有企业、有限责任公司和外商投资企业等一般企业的投资者。一般企业可以以现金投资，也可以用实物资产投资，符合国家规定比例的，还可以用无形资产投资。

1. 账户设置

初建企业时，各投资者按照合同、协议或公司章程投入企业的资本，应全部计入“实收资本”账户进行核算。该账户为所有者权益类账户，账户结构如图 12-1 所示。该账户按照投资者的不同设置明细账。

借	实收资本 贷
借方登记企业因各种原因退还给投资者的投资	贷方登记投资者实际投入企业的资本
	期末余额在贷方，反映企业实收资本总额

图 12-1 “实收资本”账户

2. 账务处理

1）接受现金资产投资

企业收到投资者投入的现金资产时：

借：库存现金、银行存款（按实际收到的金额）

　　贷：实收资本

　　　　资本公积——资本溢价（实际收到的现金资产大于投资者在企业中所占份额的部分）

【情景 12-1】华信腐乳加工厂是由华信调料加工厂、华信烘焙厂、华信酱菜加工厂三个公司共同投资成立的有限责任公司，其中，华信调料加工厂投资 30 000 000 元，华信烘焙厂投资 15 000 000 元，华信酱菜加工厂投资 20 000 000 元。2015 年 1 月 5 日，华信腐乳加工厂如期收到各投资者一次缴足的款项。华信腐乳加工厂应编制会计分录如下：

借：银行存款	65 000 000	
贷：实收资本——华信调料加工厂		30 000 000
——华信烘焙厂		15 000 000
——华信酱菜加工厂		20 000 000

2）接受非现金资产投资

企业收到投资者非现金资产投资时：

借：固定资产、无形资产等（按其投资合同或协议约定的价值入账，但合同或协议不公允的除外）

　　贷：实收资本（应按投资合同或协议约定的价值入账）

　　　　资本公积——资本溢价（对于非现金资产入账价值超过企业在注册资本中享有的份额部分）

【情景 12-2】华信调料加工厂于设立时收到华信机械股份有限公司作为资本投入的不需要安装的机器设备一台，合同约定该机器设备的价值为 2 000 000 元，增值税进项税额为 340 000 元。合同约定的固定资产价值与公允价值相符，不考虑其他因素，华信调料加工厂应编制会计分录如下：

借：固定资产——机器设备	2 000 000	

应交税费——应交增值税（进项税额） 340 000

贷：实收资本——华信机械股份有限公司 2 340 000

【情景 12-3】华信酱菜加工厂于设立时收到华信食品股份有限公司作为资本投入的专利权一项，该专利权投资合同约定价值为 300 000 元。假设华信酱菜加工厂接受该专利符合国家注册资本管理的有关规定，可按合同约定作实收资本入账，合同约定的价值与公允价值相符，不考虑其他因素。华信酱菜加工厂在进行会计处理时，应编制如下会计分录：

借：无形资产——专利权 300 000

贷：实收资本——华信食品股份有限公司 300 000

12.2.2 股份有限公司股本的核算

股份有限公司，是指全部资本由等额股份构成并通过发行股票筹集，股东以其所持股份对公司承担有限责任，公司以其全部资产对公司债务承担责任的企业法人。与其他企业相比，其显著的特点在于将企业的资本划分为等额股份，并通过发行股票的方式来筹集资本。股份是很重要的指标。股票的面值与股份总额的乘积即为公司股本，股本就等于股份有限公司的注册资本。

为了核算股份公司股本收缴及增减变动情况，应设置“股本”账户，账户结构如图 12-2 所示。该账户应按普通股、优先股设置明细账，进行明细核算，并设股本备查簿详细记录股本总额、股数、面值、已认购股本等情况。

借　　股本	贷
借方登记按法定程序注销股本而收购股票的面值	贷方登记已发行股票面值
	期末余额在贷方，反映公司实际股本总额

图 12-2 “股本”账户

公司发行股票取得的收入大于股本总额的，称为溢价发行；小于股本总额的，称为折价发行；等于股本总额的，称为按面值发行。我国目前不允许低于面值发行。股份有限公司委托发行股票所支付的发行费用，在溢价发行时，公司按股票面值记入“股本”账户的贷方，溢价收入扣除发行费用后的超面值部分，记入“资本公积”账户的贷方。

【情景 12-4】华信啤酒股份有限公司的母公司华信食品股份有限公司发行普通股 10 000 000 股，每股面值 1 元，每股发行价格 4 元。假定股票发行成功，股款 40 000 000 元已全部收到，不考虑发行过程中的税费等因素。根据上述资料，该公司做出如下账务处理：

借：银行存款 40 000 000

贷：股本 10 000 000

资本公积——股本溢价 30 000 000

12.3 资本公积和其他综合收益
——超出企业注册资本所占份额的投资

cfo 要求你知道

什么是资本公积——资本公积的概念
资本公积如何进行账务处理——资本公积的核算
什么是其他综合收益——其他综合收益的概念
其他综合收益如何进行账务处理——其他综合收益的核算

关键术语

资本公积（Capital Reserve）
资本溢价（Capital Premium）
其他资本公积（Other Capital Reserve）
其他综合收益（Other Comprehensive Income）

12-3

12.3.1 资本公积的核算

资本公积是企业收到投资者的超出其在企业注册资本（或股本）中所占份额的投资，以及直接计入所有者权益的利得和损失等。资本公积包括资本溢价（或股本溢价）和直接计入所有者权益的利得和损失等。

1. 账户设置

为了核算企业资本公积的增减变动情况，应设置“资本公积”账户，账户结构如图 12-3 所示。该账户分别设置“资本溢价（股本溢价）”“其他资本公积”明细账户，进行明细核算。

借　　　　　　资本公积	贷
借方反映资本公积的减少数	贷方反映资本公积的增加数
	期末余额在贷方，表示企业实有的资本公积金额数

图 12-3 “资本公积”账户

2. 资本溢价（或股本溢价）的核算

在企业创立时，一般不会产生资本溢价。但在有新的投资者加入时，常常会出现资本溢价。因为在企业进行正常生产经营后，其资本利润率通常要高于企业初创阶段。另外，企业有内部积累，新投资者加人企业后，对这些积累也要分享，所以新加入的投资者往往要付出大于原投资者的出资额，才能取得与原投资者相同的出资比例。投资者多缴的部分就形成了资本溢价。

提示

除股份有限公司以外的企业用资本溢价核算，股份有限公司用股本溢价核算。

【情景 12-5】华信食品股份有限公司由两位投资者每人出资 30 000 000 元设立。1 年后，为扩大经营规模，经批准，该公司注册资本增加到 90 000 000 元，并有第 3 位投资者加入。按照投资协议，新投资者吴慧需缴入现金 31 000 000 元，同时享有该公司 1/3 的股份。华信食品股份有限公司已收到该现金投资。假定不考虑其他因素，华信食品股份有限公司的账务处理如下：

借：银行存款	31 000 000	
贷：股本——吴慧		30 000 000
资本公积——股本溢价		1 000 000

3. 其他资本公积

以因被投资单位除净损益、其他综合收益和利润分配以外的所有者权益的其他变动为例，介绍相关的其他资本公积的核算。

企业对被投资单位的长期股权投资采用权益法核算的，在持股比例不变的情况下，对因被投资单位除净损益、其他综合收益和利润分配以外的所有者权益的其他变动，应按持股比例计算其应享有或应分担被投资单位所有者权益的增减数额。在处置长期股权投资时，应转销与该笔投资相关的其他资本公积。

【情景 12-6】华信食品股份有限公司于 2018 年 1 月 1 日向远大股份有限公司投资 8 000 000 元，拥有该公司 25% 的股份，并对该公司有重大影响，因而对远大股份有限公司长期股权投资采用权益法核算。2018 年 12 月 31 日，远大股份有限公司除净损益、其他综合收益和利润分配之外的所有者权益增加了 1 000 000 元。假定除此以外，远大股份有限公司的所有者权益没有变化，华信食品股份有限公司的持股比例没有变化，远大股份有限公司资产的账面价值与公允价值一致。不考虑其他因素，华信食品股份有限公司应编制如下会计分录：

借：长期股权投资——远大股份有限公司	250 000	
贷：资本公积——其他资本公积		250 000

4. 资本公积转增资本的核算

经股东大会或类似机构决议，用资本公积转增资本时，应冲减资本公积，同时按照转增前的实收资本（或股本）的结构或比例，将转增的金额记入“实收资本”账户（或“股本”账户）下各所有者的明细分类账。

【情景 12-7】2018 年 3 月 10 日，报经股东会表决批准，华信食品股份有限公司董事会决定，将 100 000 元资本公积转增资本，华信食品股份有限公司应编制会计分录如下：

借：资本公积　　100 000

　　贷：股本　　100 000

12.3.2 其他综合收益的核算

其他综合收益，是指企业根据其他会计准则规定未在当期损益中确认的各项利得和损失。主要包括以下两类：

（1）以后会计期间不能重分类进损益的其他综合收益项目。主要包括重新计量设定受益计划净负债或净资产导致的变动的税后净额项目，以及按照权益法核算的在被投资单位以后会计期间不能重分类进损益的其他综合收益中所享有份额的税后净额项目。

（2）以后会计期间满足规定条件时将重分类进损益的其他综合收益项目，具体又可以分为以下几种情况：

①其他债权投资（其他权益工具投资）相关核算。

企业购入其他债权投资（其他权益工具投资）后，持有期间公允价值会发生变动，由此形成的利得或损失，应当通过“其他综合收益”账户核算。如果企业购入其他债权投资（其他权益工具投资），按会计准则要求应当以公允价值计量，但购入当时公允价值不能确定，待公允价值能够确定时，应当改按公允价值计量，此时公允价值与账面价值往往不相等，其差额应当记入“其他综合收益”账户。企业购入时分类为“债权投资”，以后又重分类为其他债权投资（其他权益工具投资）的，在重分类时，公允价值与账面价值的差额，也应计入“其他综合收益”账户。

②可供出售外币非货币性项目的汇兑差额。

如果企业的可供出售外币非货币性项目是以公允价值计量的，在会计期末，需要把外币计量的公允价值，换算成记账本位币表示的金额，这种汇兑可能会形成企业的利得和损失。由于汇率的变动，原记账本位币金额间的差额与外币折算后的金额往往并不相等，二者之间的差额计入其他综合收益。

③存货或自用房地产转换为投资性房地产。

企业的房地产，如果原来是自用的或作为存货的，后来转换为投资性房地产，而且以公允价值计量，在转换时，其公允价值大于账面价值的差额，计入其他综合收益。

④长期股权投资权益法。

母公司对合营联营企业的长期股权投资，按规定采用权益法核算时，子公司所有者权益的其他变动（净损益变动除外），应通过“其他综合收益”账户核算。

【情景 12-8】华信食品股份有限公司对静和股份有限公司的长期股权投资采用权益法核算，静和股份有限公司的其他综合收益减少 8 000 000 元，华信食品股份有限公司持有静和股份有限公司 30% 的股权，华信食品股份有限公司所有者权益减少 2 400 000 元：

借：其他综合收益　　2 400 000

贷：长期股权投资——其他综合收益　　　　　　2 400 000

假如没有其他的相关业务，则该项长期股权投资被处置时：

借：投资收益　　　　　　2 400 000

贷：其他综合收益　　　　　　2 400 000

12.4 留存收益

——从净利润中提取的企业内部积累

cfo 要求你知道

什么是留存收益——留存收益的概念

什么是其他综合收益——其他综合收益的概念

盈余公积如何进行账务处理——盈余公积的核算

未分配利润如何进行账务处理——利润分配的核算

关键术语

留存收益（Retained Earnings）

盈余公积（Surplus Reserve）

未分配利润（Undistributed Profit）

留存收益是企业从历年实现的净利润中提取或留存于企业的内部积累，归所有者共同所有。留存收益是利润分配后留存在企业的利润。留存收益来源于企业在生产经营活动中所实现的净利润。它与实收资本和资本公积的区别在于：实收资本和资本公积来源于企业的资本投入，而留存收益则来源于企业的资本增值。留存收益包括盈余公积和未分配利润。

12.4.1 盈余公积的核算

1. 盈余公积的内容

盈余公积是指企业按照规定从净利润中提取的各种累积资金。一般企业和股份有限公司的盈余公积主要包括法定盈余公积和任意盈余公积。

法定盈余公积指企业按照规定的比例从净利润中提取的盈余公积。有限责任公司和股份有限公司应按照净利润的10%提取法定盈余公积，非公司制的企业也可以按照超过10%的比例提取。计提的法定盈余公积累计达到注册资本的50%时，可以不再提取。

任意盈余公积是指企业经股东大会或类似机构批准，按照规定的比例从净利润中提取的盈余公积。它与法定盈余公积的区别在于，其提取比例由企业自行决定，而法定盈余公积的提取比例由国家有关法规决定。

2. 盈余公积的会计处理

为了核算企业盈余公积的提取和使用情况，应设置“盈余公积”账户，账户结构如图12-4所示。该账户属于所有者权益类账户，分别设置“法定盈余公积”“任意盈余公积”明细账户进行明细核算。

借　　　　　　盈余公积	贷
借方反映盈余公积的使用数	贷方反映盈余公积的提取数
	期末余额在贷方，表示企业实有的盈余公积数额

图12-4　“盈余公积”账户

1）提取盈余公积

企业按规定提取盈余公积时：

借：利润分配——提取法定盈余公积、提取任意盈余公积

　　贷：盈余公积——法定盈余公积、任意盈余公积

【情景12-9】华信食品股份有限公司本年实现净利润为50 000 000元，年初未分配利润为零。经股东大会批准，华信食品股份有限公司按当年净利润的10%提取法定盈余公积。假定不考虑其他因素，利润分配计算表如图12-5所示，华信食品股份有限公司的账务处理如下：

借：利润分配——提取法定盈余公积　　　　5 000 000

　　贷：盈余公积——法定盈余公积　　　　5 000 000

利润分配计算表

2018年12月30日　　　　单位：元

利润分配项目	应分配额	分配比例	应纳税额
提取法定盈余公积	50 000 000.00	10%	5 000 000.00
提取任意盈余公积			
向所有者分配利润			
合　计	50 000 000.00		5 000 000.00

财务主管 李海洋　　　　制表 王宏宇

图12-5　利润分配计算表

2）盈余公积补亏

用盈余公积弥补亏损应当由董事会提议，由股东大会或者类似机构批准。企业用盈余公积弥补亏损时，分录如下：

借：盈余公积——法定盈余公积

　　贷：利润分配——盈余公积补亏

【情景 12-10】经股东大会批准，华信食品股份有限公司用以前年度提取的盈余公积弥补当年亏损，当年弥补亏损的数额为 500 000 元。假定不考虑其他因素，华信食品股份有限公司的账务处理如下：

借：盈余公积——法定盈余公积　　500 000

　　贷：利润分配——盈余公积补亏　　500 000

3）盈余公积转增资本

企业将盈余公积转增资本时，必须经股东大会决议批准。在实际将盈余公积转增资本时，要按股东原有持股比例结转。按照法律规定，法定盈余公积（资本公积和盈余公积）转为资本时，所留存的该项盈余公积不得少于转增前公司注册资本的 25%。

【情景 12-11】因扩大经营规模需要，经股东大会批准，华信食品股份有限公司将盈余公积 400 000 元转增股本。假定不考虑其他因素，华信食品股份有限公司的账务处理如下：

借：盈余公积——法定盈余公积　　400 000

　　贷：股本　　400 000

未分配利润是指企业实现的净利润经过弥补亏损、提取盈余公积和向投资者分配利润后留存在企业的、历年结存的利润。相对于所有者权益的其他部分来说，企业对于未分配利润的使用有较大的自主权。

12.4.2　利润分配的核算

利润分配是指企业根据国家有关规定和企业章程、投资者协议等，对企业当年可供分配的利润所进行的分配。

可供分配的利润

= 当年实现的净利润（或净亏损）+ 年初未分配利润（或 - 年初未弥补亏损）+ 其他转入

利润分配的顺序为，提取法定盈余公积；提取任意盈余公积；向投资者分配利润。

企业应通过“利润分配”账户，核算企业利润的分配（或亏损的弥补）和历年分配（或弥补）后的未分配利润（或未弥补亏损）。该账户应分别对“提取法定盈余公积”“提取任意盈余公积”“应付现金股利或利润”“盈余公积补亏”“未分配利润”等进行明细核算。

企业未分配利润通过“利润分配——未分配利润”明细账户进行核算。年度终了，企业应将全年实现的净利润或发生的净亏损，自“本年利润”账户转入“利润分配——未分配利润”账户，并将“利润分配”账户所属其他明细账户的余额，转入“未分配利润”明细账户。结转后，“利润分配——未分配利润”账户如为贷方余额，表示累积未分配的利润数额；如为借方余额，则表示累积未弥补的亏损数额。

【情景 12-12】华信食品股份有限公司年初未分配利润为 0 元，本年实现净利润 50 000 000 元，本年提取法定盈余公积 5 000 000 元，宣告发放现金股利 8 000 000 元，假定不考虑其他因素。华信食品股份有限公司应编制如下会计分录：

（1）结转实现净利润时：

借：本年利润　　50 000 000

　　贷：利润分配——未分配利润　　50 000 000

如企业当年发生亏损，则应借记“利润分配——未分配利润”账户，贷记“本年利润”账户。

（2）提取法定盈余公积、宣告发放现金股利时：

借：利润分配——提取法定盈余公积　　5 000 000

　　　　　　——应付现金股利　　8 000 000

　　贷：盈余公积——法定盈余公积　　5 000 000

　　　　应付利润　　8 000 000

（3）将“利润分配”账户所属其他明细账户的余额结转至“未分配利润”明细账户：

借：利润分配——未分配利润　　13 000 000

　　贷：利润分配——提取法定盈余公积　　5 000 000

　　　　　　　　——应付现金股利　　8 000 000

结转后，如果“未分配利润”明细账户的余额在贷方，表示累积未分配的利润；如果余额在借方，则表示累积未弥补的亏损。本例中，“利润分配——未分配利润”明细账户的余额在贷方，此贷方余额 37 000 000 元（本年利润 50 000 000 − 提取法定盈余公积 5 000 000 − 应付现金股利 8 000 000）即华信食品股份有限公司本年年末的累计未分配利润。

13 收入、费用与利润

——反映企业经营成果的三要素

CFO 导语

作为一个会计要知道：

1. 收入、费用、利润的概念、分类和特征是什么？
2. 不同类型收入如何进行会计核算？
3. 不同类型费用如何进行会计核算？
4. 利润的形成及利润分配的账务处理是什么？

本项目架构

- 什么是收入、费用和利润
- 收入的核算
- 费用的核算
- 利润的核算

13.1 什么是收入、费用和利润
——收入、费用和利润核算是一项怎样的工作

cfo 要求你知道

收入、费用和利润是什么——收入、费用和利润的概念
收入、费用和利润有哪些形式——收入、费用和利润的分类
区别其他要素特点——收入、费用和利润的特征

关键术语

收入（Income）
主营业务收入（Main Operating Income）
其他业务收入（Other Business Income）
营业外收入（Non-operating Revenue）
费用（Charge）
生产成本（Production Costs）
期间费用（Period Charge）
管理费用（Overhead Charge）
销售费用（Selling Charge）
财务费用（Finance Charge）
利润（Profit）
营业利润（Operating Profit）
利润总额（Total Profit）
净利润（Net Profit）

13-1

收入、费用和利润是企业的三大会计要素。这三大要素分别反映了企业在一定时期的经济利益的流入、流出和经营成果。在不同的存货盘存制度下，收入、费用、利润的确认标准不完全一致，本项目将阐述在权责发生制原则下，收入、费用和利润的确认及核算。

13.1.1 收入概述

1. 收入的概念

收入是指企业在日常活动中所形成的、会导致所有者权益增加的、与所有者投入资本无关的经济利益的总流入。其中，日常活动是指企业为完成其经营目标所从事的经常性活动及与之相关的其他活动。

2. 收入的特征

收入一般具有以下特征。

（1）收入是在企业的日常活动中产生的，而不是从偶发的交易或事项中产生的。

理·解

企业销售商品、提供劳务等均属于企业为完成其经营目标所从事的经常性活动，由此形成的经济利益的总流入构成企业的收入。企业所进行的有些活动并不是经常发生的，比如华信食品股份有限公司出售作为原材料的存货，虽然不是经常发生的，但因与日常活动有关，由此形成的经济利益的总流入也构成收入。

有些交易或事项虽然也能为企业带来经济利益，但由于不属于企业的日常活动，其流入的经济利益是利得，而不是收入。如销售固定资产，因固定资产是为使用而不是为出售而购入的，将固定资产销售并不是企业的经营目标，也不属于企业的日常经营活动，出售固定资产取得的收益属于企业的利得，而不作为收入核算。

（2）收入可能表现为企业资产的增加，如增加银行存款、应收账款等；也可能表现为企业负债的减少，如减少预收账款、以商品或劳务抵偿债务；或两者兼而有之，如商品销售的货款中部分抵偿债务、部分收取现金等。

（3）收入能使企业所有者权益增加。企业取得收入无论表现为资产增加还是负债减少，或两者兼而有之，根据“资产－负债＝所有者权益”的公式，都可以使企业所有者权益增加。但收入扣除相关成本费用后的净额则可能减少所有者权益。

（4）收入只包括本企业经济利益的流入，不包括为第三方或客户代收的款项，如企业代国家收取的增值税、代收利息等。代收的款项一方面增加企业的资产，另一方面增加企业的负债，并不增加企业的所有者权益，因此不构成本企业的收入。

3. 收入的分类

（1）收入按其性质不同，分为商品销售收入、劳务收入及让渡资产使用权取得的收入。

商品销售收入，是指企业出售自行生产的产品或购入的商品而取得的收入。劳务收入，是指企业对外提供劳务而取得的收入。让渡资产使用权取得的收入，是指企业将自有的资产出租或出借给他人而取得的收入。

（2）按企业经营业务的主次不同，将收入分为主营业务收入和其他业务收入。

主营业务收入，是指销售库存商品、自制半成品、对外提供工业性劳务等取得的收入。其他业务收入，是指企业从事主营业务以外的经营活动所取得的收入。

提示

由于各行业的经营业务范围不同，其主营业务也不同：工业企业的主营业务收入，是指销售库存商品、自制半成品及提供代制品、代修品等工业性劳务所取得的收入；商业企业的主营业务收入，是指销售商品取得的收入；施工企业、交通运输等企业的主营业务收入，是指其提供工业性劳务取得的收入；服务企业的主营业务收入，是指其提供非工业性劳务所取得的收入。工业企业的其他业务收入，是指销售材料、转让技术、出租资产或提供非工业性劳务等所取得的收入。

主营业务收入一般占企业营业收入的比重较大，对企业的经济效益产生的影响也较大；其他业务收入占企业营业收入的比重较小。

13.1.2 费用概述

1. 费用的概念

费用是企业在日常活动中发生的会导致所有者权益减少的、与向所有者分配利润无关的经济利益的总流出。

2. 费用的特征

（1）费用最终会导致企业资源的减少，这种减少具体表现为企业的资金支出。从这个意义上说，费用本质是一种资源流出，它与资源流入企业所形成的收入相反；也可理解为资产的耗费，其目的是取得收入，从而获得更多资产。

（2）费用最终会减少企业的所有者权益。一般而言，企业的所有者权益会随着收入的增长而增加，而费用的增加会减少所有者权益。但是所有者权益的减少也不一定都归因于费用的增加，如企业偿债性支出和向投资者分配利润，显然减少了所有者权益，但不能归因于费用的增加。

（3）费用可能表现为资产的减少，或负债的增加，或者二者兼而有之。

3. 费用的构成

为反映企业在一定时期内发生了哪些生产费用、金额各是多少，分析企业各个时期各种费用占整个费用的比重，进而分析企业各个时期各种要素费用支出的水平，考核费用计划的执行情况，可按照经济内容将费用分为以下费用要素：外购材料；外购燃料、动力；工资及职工福利费；折旧费；利息支出；税金；其他费用。

费用按经济用途可以分为生产成本和期间费用。

生产成本，是指企业为生产一定种类和数量的产品所发生的费用，即产品成本项目直接材料、直接人工和制造费用的总和。

期间费用，是指不计入产品生产成本、直接计入发生当期损益的费用，包括管理费用、销售费用和财务费用。

管理费用是指企业为了组织管理生产经营活动所发生的各项费用，包括企业在筹建期间内发生的开办费、董事会和行政管理部门在经营管理中发生的或者应当由企业统一负担的公司经费（如行政管理部门职工工资及福利费、物料消耗、低值易耗品摊销、办公费和差旅费等）、工会经费、董事会费、聘请中介机构费、咨询费、诉讼费、业务招待费、船税、土地技术转让费、矿产资源补偿费、研究费用、排污费，以及企业生产车间（部门）和行政管理部门等发生的固定资产修理费用等。

销售费用是指企业在销售商品和材料、提供劳务过程中发生的各项费用及专设销售机构的各项经费，包括企业在销售过程中发生的运输费、装卸费、包装费、保险费、广告费和展览费、商品维修费、预计产品质量保证损失，以及专设的销售机构的职工薪酬、业务招待费、折旧费、固定资产修理费等费用。

财务费用是指企业为筹集生产经营所需资金而发生的筹资费用等，包括利息支出（减利息收入）、汇兑损失（减汇兑收益）及相关的手续费、企业发生的现金折扣或收到的现金折扣等。

13.1.3 利润概述

1. 利润的概念

利润是指企业在一定会计期间的经营成果。利润包括收入减去费用后的净额、直接计入当期利润的利得和损失等。

> **提示**
> 直接计入当期利润的利得和损失是指应当计入当期损益，会导致所有者权益发生增减变动的，与所有者投入资本或者向所有者分配利润无关的利得或者损失。

2. 利润的特征

利润反映的是收入减去费用，利得减去损失后的净额。因此，利润的确认主要依赖于收入和费用及利得和损失的确认，其金额的确定也主要取决于收入、费用、利得、损失等金额的计量。

3. 利润的构成

1）营业利润

营业利润是企业利润的主要来源，用公式表示如下：

营业利润 = 营业收入 - 营业成本 - 税金及附加 - 销售费用 - 管理费用 - 研发费用 - 财务费用 + 其他收益 + 投资收益（- 投资损失）+ 净敞口套期收益（- 净敞口套期损失）+ 公允价值变动收益（- 公允价值变动损失）+ 信用减值损失 + 资产减值损失 + 资产处置收益（- 资产处置损失）

其中，营业收入是指企业经营业务所确认的收入总额，包括主营业务收入和其他业务收入；营业成本是指企业经营业务所确认的实际成本总额，包括主营业务成本和其他业务成本；资产减值损失是指企业计提的各项资产减值准备所形成的损失；公允价值变动收益（或损失）是指企业交易性金融资产等公允价值变动形成的应计入当期损益的利得（或损失）；投资收益（或损失）是指企业以各种方式对外投资所取得的收益（或发生的损失）。

2）利润总额

企业的利润总额是指营业利润加上营业外收入减去营业外支出后的金额，用公式表示为

利润总额 = 营业利润 + 营业外收入 - 营业外支出

其中，营业外收入是指企业发生的与其日常活动没有直接关系的各项利得；营业外支出是指企业发生的与其日常活动没有直接关系的各项损失。

3）净利润

净利润即企业的税后利润，是企业当期利润总额减去所得税费用后的金额。用公式表示为

净利润 = 利润总额 - 所得税费用

其中，所得税费用指企业确认的应从当期利润总额中扣除的所得税费用。

13.2 收入的核算

——收入如何进行账务处理

cfo 要求你知道

销售商品如何确认收入——销售商品收入的核算

提供劳务怎样确认收入——提供劳务收入的核算

让渡资产使用权怎样确认收入——让渡资产使用权收入的核算

关键术语

商业折扣（Commercial Discount）
现金折扣（Cash Discount）
销售折让（Sales Discount）
委托代销（Good Commissioned）
劳务收入（Labor Income）
销售商品收入（Sales of Commodity Income）

13.2.1　销售商品收入的核算

1. 一般销售收入的账务处理

为了反映企业销售商品的收支情况，企业应设置“主营业务收入”账户和“其他业务收入”账户。“主营业务收入”账户是用来核算企业销售商品和提供劳务发生的收入的，企业发生的销售退回、销售折让都作为冲减销售商品收入处理。账户结构如图 13-1 所示。该账户结转后应无余额。该账户应按商品或劳务种类进行明细核算。

借　　　　主营业务收入	贷
借方登记发生销售退回、销售折让时冲减的主营业务收入及期末转入“本年利润”账户的主营业务收入	贷方登记出售商品、自制半成品、提供劳务等取得的收入

图 13-1　“主营业务收入”账户

“其他业务收入”账户是用来核算核算企业除销售商品、提供劳务以外的其他销售或其他业务收入的。该账户应按其他业务的种类，如“材料销售”“包装物出租收入”等设置明细账，进行明细分类核算。该账户结转后应无余额。账户结构如图 13-2 所示。

借　　　　其他业务收入	贷
借方登记转入“本年利润”账户贷方的其他业务收入	贷方登记企业实现的其他业务收入

图 13-2　“其他业务收入”账户

1）确认销售商品收入时

借：银行存款、应收账款等（按已收或应收的合同或协议价款，加上应收取的增值税额）

　　贷：主营业务收入、其他业务收入等（按确定的收入金额）

　　　　应交税费——应交增值税（销项税额）（按应收取的增值税额）

2）结转销售成本

企业销售商品，提供劳务，通常在月份终了，编制“商品发出汇总表”，汇总结转已销商品、已提供劳务的实际成本。

借：主营业务成本（按商品的实际成本）

　　贷：库存商品

3）缴纳税费

企业销售商品，提供劳务，按税法规定计算应交纳的消费税、城市维护建设税、资源税、教育费附加及房产税、土地使用税、车船使用税、印花税等税费金额。

借：税金及附加

　　贷：应交税费

【情景 13-1】2019 年 4 月 10 日，华信食品股份有限公司向万家购物连锁超市销售一批蛋糕，货款为 192 000 元，增值税发票列明税款 24 960 元，收到 3 个月到期无息商业承兑汇票 1 张，面值为 216 960 元，抵付产品货款。原始凭证如图 13-3 至图 13-6 所示。应编制如下会计分录：

借：应收票据——商业承兑汇票　　216 960

　　贷：主营业务收入——蛋糕　　192 000

　　　　应交税费——应交增值税（销项税额）　　24 960

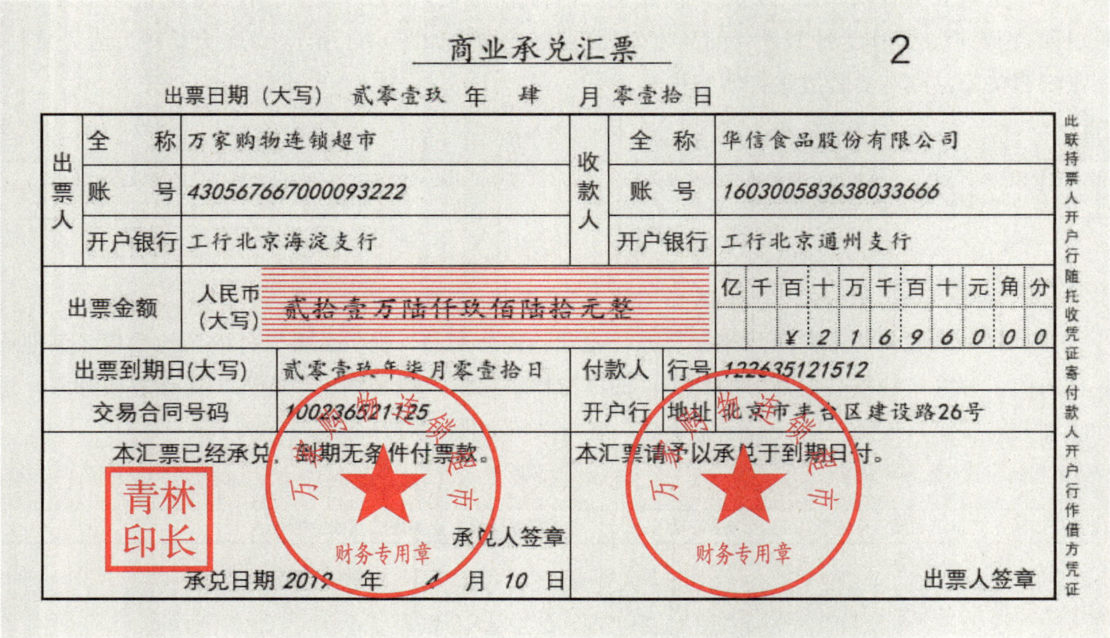

商业承兑汇票　　2

出票日期（大写）　贰零壹玖　年　肆　月　零壹拾　日

出票人	全　称	万家购物连锁超市	收款人	全　称	华信食品股份有限公司
	账　号	430567667000093222		账　号	160300583638033666
	开户银行	工行北京海淀支行		开户银行	工行北京通州支行
出票金额	人民币（大写）	贰拾壹万陆仟玖佰陆拾元整		亿千百十万千百十元角分	¥21696000
出票到期日(大写)		贰零壹玖年柒月零壹拾日	付款人开户行	行号	122635121512
交易合同号码		100236521125		地址	北京市丰台区建设路26号
本汇票已经承兑，到期无条件付票款。		承兑人签章　承兑日期 2019 年 4 月 10 日	本汇票请予以承兑于到期日付。		出票人签章

青林印长

万家购物连锁超市 财务专用章

此联持票人开户行随托收凭证寄付款人开户行作借方凭证

图 13-3　商业承兑汇票

北京增值税专用发票

1100183130　　　　　　　　№ 00128430

此联不做报销、扣税凭证使用

机器编号：894578625987　　　　1100183130　00128430

开票日期：2019年04月10日

购买方	名　　称：万家购物连锁超市 纳税人识别号：350101578804724 地 址 、电 话：北京海淀区中汇路47号010-32620313 开户银行及账号：工行北京海淀支行 430567667000093222	密码区	7*< -2>+1 </*60390>*00+5-/3 1-9*+<>07*>1+/3>-6</4+->142 <2**75-<* /41*8+0>+5/*9/*9+ 6+8>88**0+*160+*84-*128-01/

货物或应税劳务、服务名称	规格型号	单位	数量	单价	金额	税率	税额
*焙烤食品*糕点		箱	1 600	120.00	192 000.00	13%	24 960.00
合　　计					¥ 192 000.00		¥ 24 960.00
价税合计（大写）	⊗ 贰拾壹万陆仟玖佰陆拾元整				（小写）¥ 216 960.00		

销售方	名　　称：华信食品股份有限公司 纳税人识别号：110202523113659 地 址 、电 话：北京市通州区东大街67号 010-27606068 开户银行及账号：工行北京通州支行160300583638033666	备注	

收款人：孙佳颖　　复核：李海洋　　开票人：王宏宇　　销售方：

第一联：记账联 销售方记账凭证

税总函［2018］507号北京东港安全印刷有限公司

图 13-4　增值税专用发票

产品出库单　　　　第 2 号

单位　万家购物连锁超市　　　　2019 年 4 月 10 日

编号	产品名称	规格	单位	数量	单价	金额	过账	附注
A02	蛋糕		箱	1 600	120.00	192 000.00		
合　　计						¥ 192 000.00		

仓库主管 赵田　　保管员 李丁　　销售经理 吴慧　　制单 李玉梅

第二联：会计记账联

图 13-5　产品出库单

2019 年 7 月 10 日，票据到期：

借：银行存款　　216 960

　　贷：应收票据——商业承兑汇票　　216 960

工商银行 进账单（回单）

2019 年 7 月 10 日

出票人	全　称	万家购物连锁超市	收款人	全　称	华信食品股份有限公司
	账　号	430567667000093222		账　号	160300583638033666
	开户银行	工行北京海淀支行		开户银行	工行北京通州支行
金额	人民币（大写）	贰拾壹万陆仟玖佰陆拾元整		亿千百十万千百十元角分	¥216960.00
票据种类	商业承兑汇票	票据张数	壹		
票据号码					
复核：	记账：			收款人开户银行签章	

工商银行通州支行 2019.07.10 转讫

此联是收款人开户银行交给收款人的收账通知

图 13-6　进账单

2. 预收账款销售的账务处理

企业以预收账款方式销售商品，是指企业在商品发出前按合同或协议约定先预收全部或部分货款。此时，商品所有权上的主要风险和报酬并没有转移，不符合收入的确认条件，因此只有在发出商品以后，才能确认为收入的实现，在此之前预收的货款应确认为负债。

【情景 13-2】2019 年 7 月 10 日，华信食品股份有限公司收到顺凯生活购物超市预付的货款 50 000 元，7 月 15 日华信食品股份有限公司向顺凯生活购物超市发货，货款 144 000 元，增值税销项税额为 18 720 元，剩余款项月末付清。华信食品股份有限公司的有关会计分录如下：

（1）7 月 10 日收到顺凯生活购物超市企业交来的预付货款，进账单如图 13-7 所示。

借：银行存款　　　　50 000

　　贷：预收账款——顺凯生活购物超市　　　　50 000

工商银行　进账单（回单）

2019 年 7 月 10 日

出票人	全　称	顺凯生活购物超市	收款人	全　称	华信食品股份有限公司
	账　号	622200002700175864		账　号	160300583638033666
	开户银行	工行北京丰台支行		开户银行	工行北京通州支行
金额	人民币（大写）	伍万元整	亿千百十万千百十元角分		¥5000000
票据种类	转账支票	票据张数	壹		
票据号码					
复核：	记账：		收款人开户银行签章		

工商银行通州支行　2019.07.10　转讫

此联是收款人开户银行交给收款人的收账通知

图 13-7　进账单

（2）7 月 15 日华信食品股份有限公司发货，原始凭证如图 13-8 和图 13-9 所示。

借：预收账款——顺凯生活购物超市　　162 720

　贷：主营业务收入——面包　　144 000

　　应交税费——应交增值税（销项税额）　　18 720

北京增值税专用发票

此联不作报销、扣税凭证使用

1100183130　　№ 00128435　　1100183130　00128435

机器编号：894578625987

开票日期：2019年07月15日

购买方	名称：顺凯生活购物超市 纳税人识别号：3501027841500080 地址、电话：北京市丰台区雀山路140号010-30892322 开户银行及账号：工行北京丰台支行622200002700175864	密码区：9*< -6>+3 </*97399>*02+1-/3 3-0*+<>17*> 3+/6>-3</8+->201 <5**46-<* /94*2+9>+1/*0/*6+ 3+9>06*+6+* 400+*34-*910-86/

货物或应税劳务、服务名称	规格型号	单位	数量	单价	金额	税率	税额
*焙烤食品*糕点		箱	1 200	120.00	144 000.00	13%	18 720.00
合计					¥144 000.00		¥18 720.00
价税合计（大写）	⊗壹拾陆万贰仟柒佰贰拾元整				（小写）¥162 720.00		

销售方	名称：华信食品股份有限公司 纳税人识别号：110202523113659 地址、电话：北京市通州区东大街67号 010-27606068 开户银行及账号：工行北京通州支行160300583638033666	备注

收款人：孙佳颖　复核：李海洋　开票人：王宏宇　销售方：

税总函［2018］507号北京东港安全印刷有限公司

第一联：记账联　销售方记账凭证

图 13-8　增值税专用发票

产品出库单

第 5 号

单位 顺凯生活购物超市　　　　2019 年 7 月 15 日

编号	产品名称	规格	单位	数量	单价	金额	过账	附注
A02	蛋糕		箱	1 200	120.00	144 000.00		
合　计						¥ 144 000.00		

第二联：会计记账联

仓库主管 赵田　　保管员 李丁　　销售经理 吴慧　　制单 李玉梅

图 13-9　产品出库单

（3）30 日收到企业预付的货款企业补付的货款，进账单如图 13-10 所示。

借：银行存款　　112 720

　　贷：预收账款——顺凯生活购物超市　　112 720

工商银行　进账单（回单）

2019 年 7 月 30 日

出票人	全　称	顺凯生活购物超市	收款人 全　称	华信食品股份有限公司
	账　号	622200002700175864	账　号	160300583638033666
	开户银行	工行北京丰台支行	开户银行	工行北京通州支行
金额	人民币（大写）	壹拾壹万贰仟柒佰贰拾元整	亿千百十万千百十元角分	¥11272000
票据种类	转账支票	票据张数	壹	
票据号码				
复核：	记账：		收款人开户银行签章	

工商银行通州支行 2019.07.30 转讫

此联是收款人开户银行交给收款人的收账通知

图 13-10　进账单

3. 商业折扣、现金折扣、销售折让账务处理

企业销售商品有时会遇到商业折扣、现金折扣、销售折让等问题，应当分不同情况进行处理。

商业折扣是指企业为促进商品销售而在商品标价上给予的价格扣除。商业折扣是企业最常用的促销方式之一，就是通常所说的打折销售。企业为了扩大销售、占领市场，对于批发商会给予商业折扣，采用销量越多、价格越低的促销策略，也就是通常所说的“薄利多销”，如购买 5 件，

销售价格折扣 10%；购买 10 件，折扣 20% 等。其特点是折扣在实现销售的同时发生。商业报价扣除商业折扣以后的实际成交价格才是应收账款的入账价值，商业折扣对会计核算不产生任何影响。企业销售商品涉及商业折扣的，应当按照扣除商业折扣后的金额确定销售商品收入金额。

现金折扣又称销售折扣，是指债权人为鼓励债务人在规定的期限内付款而向债务人提供的债务扣除。

现金折扣的表示方式为 2/10、1/20、*n*/30（即 10 天内付款，货款折扣 2%；20 天内付款，货款折扣 1%，30 天内全额付款）。现金折扣发生在销货之后，是一种融资性质的理财费用，因此销售折扣不得从销售额中减除。例如，A 公司向 B 公司出售商品 30 000 元，付款条件为 2/10、*n*/60，如果 B 公司在 10 日内付款，只需付 29 400 元，如果在 60 天内付款，则需付全额 30 000 元。

企业销售商品涉及现金折扣的，应当按照扣除现金折扣前的金额确定销售商品收入金额。现金折扣实际上是企业为了尽快回笼资金而发生的理财费用，应在实际发生时计入当期财务费用。

【情景 13-3】2019 年 7 月 14 日，华信食品股份有限公司向顺凯生活购物超市赊销一批商品，货款为 200 000 元，规定对货款部分的付款条件为 2/10、*n*/30，适用的增值税税率为 13%，代垫运杂费 1 000 元（假设不作为计税基数）。应做会计分录如下：

（1）销售业务发生时，原始凭证如图 13-11 至图 13-13 所示。

借：应收账款——顺凯生活购物超市	227 000	
贷：主营业务收入——面包		200 000
应交税费——应交增值税（销项税额）		26 000
银行存款		1 000

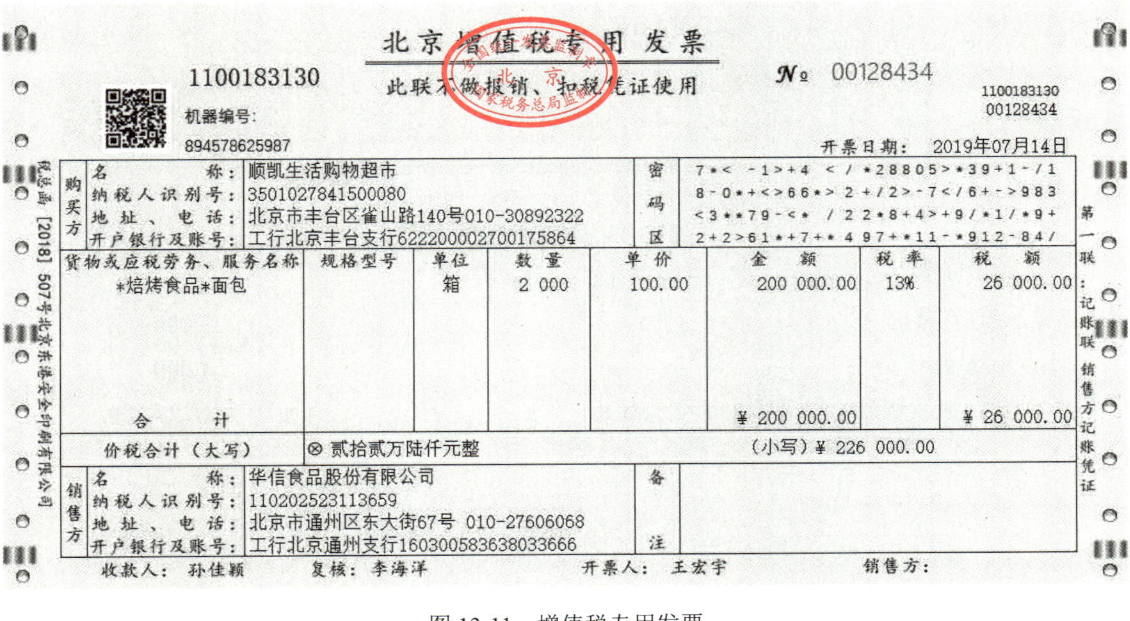

北京增值税专用发票

1100183130　　此联不做报销、扣税凭证使用　　№ 00128434

1100183130
00128434

机器编号：
894578625987

开票日期：2019年07月14日

购买方
名称：顺凯生活购物超市
纳税人识别号：3501027841500080
地址、电话：北京市丰台区雀山路140号010-30892322
开户银行及账号：工行北京丰台支行6222000027001758 64

密码区
7*< -1>+4 < / *28805>*39+1-/1
8-0*+<>66*> 2+/2>-7</6+->983
<3**79-<* / 22*8+4>+9/*1/*9+
2+2>61*+7+* 4 97+*11-*912-84/

货物或应税劳务、服务名称	规格型号	单位	数量	单价	金额	税率	税额
*焙烤食品*面包		箱	2 000	100.00	200 000.00	13%	26 000.00
合计					¥ 200 000.00		¥ 26 000.00
价税合计（大写）	⊗ 贰拾贰万陆仟元整				（小写）¥ 226 000.00		

销售方
名称：华信食品股份有限公司
纳税人识别号：110202523113659
地址、电话：北京市通州区东大街67号 010-27606068
开户银行及账号：工行北京通州支行160300583638033666

备注

收款人：孙佳颖　　复核：李海洋　　开票人：王宏宇　　销售方：

第一联：记账联　销售方记账凭证

税总函〔2018〕507号北京市海安全印刷有限公司

图 13-11　增值税专用发票

产品出库单　　第 6 号

单位　顺凯生活购物超市　　2019 年 7 月 14 日

编号	产品名称	规格	单位	数量	单价	金额	过账	附注
A01	面包		箱	2 000	100.00	200 000.00		
合计						¥ 200 000.00		

第二联：会计记账联

仓库主管 赵田　保管员 李丁　销售经理 吴慧　制单 李玉梅

图 13-12　产品出库单

中国工商银行
转账支票存根

10201320
NO 12345683

附加信息

出票日期 2019 年 7 月 14 日

收款人：万通运输公司

金　额：¥ 1 000.00

用　途：代垫运费

单位主管 张志平　会计 孙佳颖

北京市石钞证券印刷有限公司・2019 年印制

图 13-13　转账支票存根

（2）假若客户于 10 天内付款，进账单如图 13-14 所示。

借：银行存款　　223 000

　　财务费用　　4 000

　　贷：应收账款——顺凯生活购物超市　　227 000

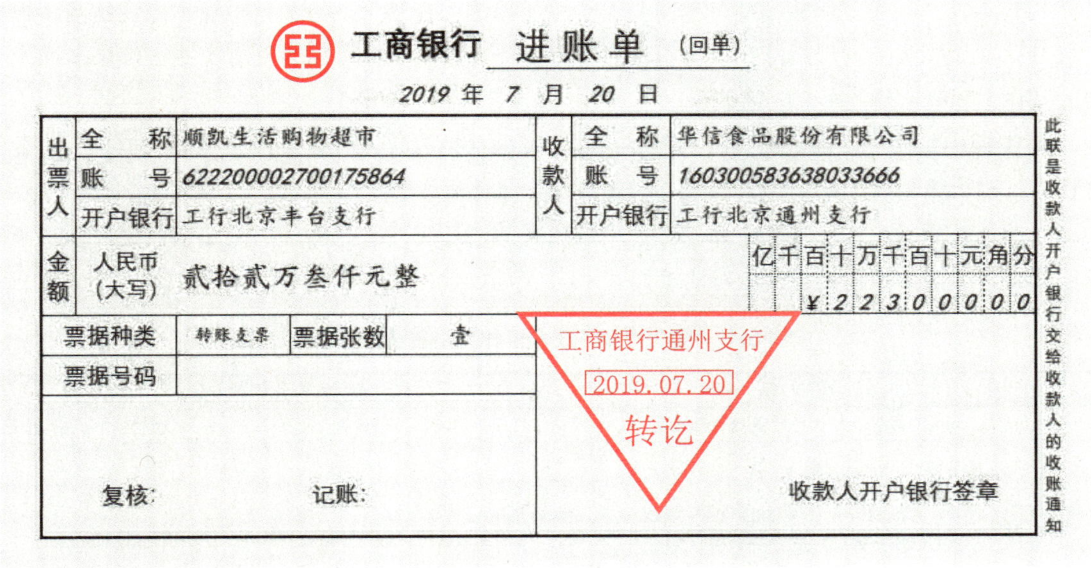
工商银行 进账单 （回单）

2019 年 7 月 20 日

出票人	全称	顺凯生活购物超市	收款人	全称	华信食品股份有限公司
	账号	6222000027700175864		账号	1603005836380336666
	开户银行	工行北京丰台支行		开户银行	工行北京通州支行
金额	人民币（大写）	贰拾贰万叁仟元整		亿千百十万千百十元角分	¥22300000
票据种类	转账支票	票据张数	壹		
票据号码					
复核：	记账：			收款人开户银行签章	

工商银行通州支行 2019.07.20 转讫

此联是收款人开户银行交给收款人的收账通知

图 13-14 进账单

（3）假若客户超过 10 天付款，则无现金折扣，进账单如图 13-15 所示。

借：银行存款　　227 000

　　贷：应收账款——顺凯生活购物超市　　227 000

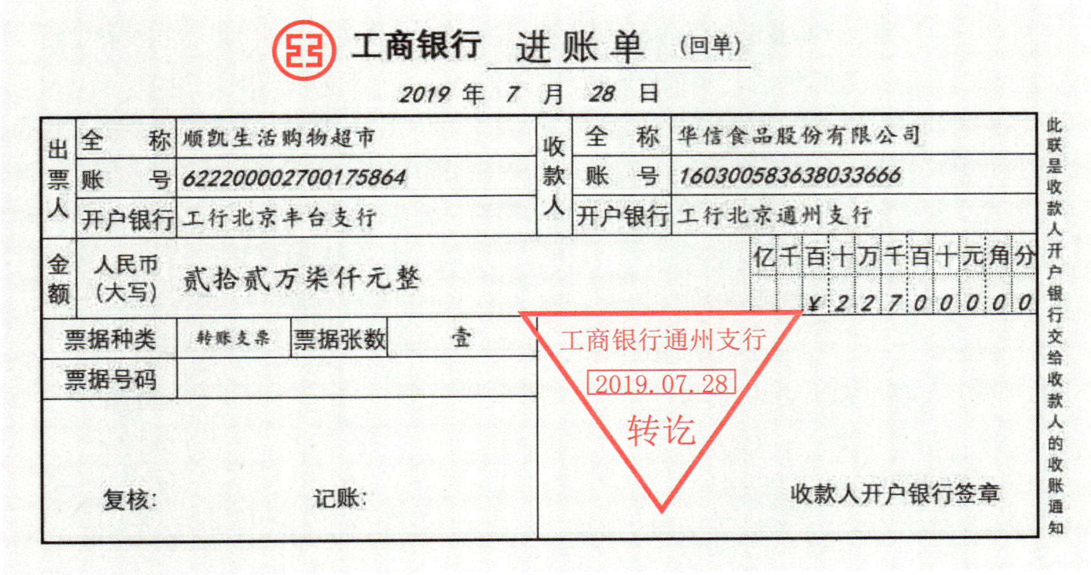
工商银行 进账单 （回单）

2019 年 7 月 28 日

出票人	全称	顺凯生活购物超市	收款人	全称	华信食品股份有限公司
	账号	6222000027700175864		账号	1603005836380336666
	开户银行	工行北京丰台支行		开户银行	工行北京通州支行
金额	人民币（大写）	贰拾贰万柒仟元整		亿千百十万千百十元角分	¥22700000
票据种类	转账支票	票据张数	壹		
票据号码					
复核：	记账：			收款人开户银行签章	

工商银行通州支行 2019.07.28 转讫

此联是收款人开户银行交给收款人的收账通知

图 13-15 进账单

销售折让是指企业因售出商品的质量不合格等原因而在售价上给予的减让。企业将商品销售给买方后，如果买方发现商品在质量、规格等方面不符合要求，可能会要求卖方在价格上给予一定的减让。

销售折让如发生在确认销售收入之前，则应在确认销售收入时直接按扣除销售折让后的金额确认；已确认销售收入的售出商品发生销售折让，且不属于资产负债表日后事项的，应在发生时冲减当期销售商品收入；按规定允许扣减增值税额的，还应冲减已确认的应交增值税销项税额。商业折扣、现金折扣和销售折让对比表如表 13-1 所示。

表 13-1　商业折扣、现金折扣和销售折让对比表

业　务	原　因	账务处理
商业折扣	为促进商品销售给予的价格扣除	直接从单价中扣除，按照扣除商业折扣后的金额确定销售商品收入金额
现金折扣	为鼓励债务人在规定期限内付款而向债务人提供的债务扣除	收款时： 借：银行存款 　　财务费用 　　贷：应收账款 注：现金折扣不影响收入金额的确认，因为它实际上是为了尽快回笼资金而发生的理财费用，所以应该记入财务费用
销售折让	由于商品的品种、质量等不符合合同规定而给予购买方价格上的额外折让	发生销售折让时： 借：主营业务收入 　　应交税费—应交增值税（销项税额） 　　贷：应收账款 注：1. 销售折让不冲减主营业务成本，因为并未退回货物，区别于销售退回；2. 销售折让允许冲减增值税销项税额

【情景 13-4】华信食品股份有限公司销售一批面包给顺凯生活购物超市，开出的增值税专用发票上标明的售价为 100 000 元，增值税税额为 13 000 元。该批商品的成本为 70 000 元。货到后顺凯生活购物超市发现商品质量不合格，要求在价格上给予 5% 的折让。顺凯生活购物超市提出的销售折让要求符合原合同的约定，华信食品股份有限公司同意并办妥了相关手续，开具了增值税专用发票（红字）。假定此前华信食品股份有限公司已确认该批商品的销售收入，销售款项尚未收到，发生的销售折让允许扣减当期增值税销项税额。公司会计处理如下：

（1）7 月 15 日，销售实现时，原始凭证如图 13-16 和图 13-17 所示。

借：应收账款——顺凯生活购物超市　　113 000

　　贷：主营业务收入——面包　　100 000

　　　　应交税费——应交增值税（销项税额）　　13 000

北京增值税专用发票

此联不做报销、扣税凭证使用

1100183130　　№ 00128439　　1100183130 00128439

机器编号：894578625987　　开票日期：2019年07月15日

购买方	名称：顺凯生活购物超市 纳税人识别号：3501027841500080 地址、电话：北京市丰台区雀山路140号010-30892322 开户银行及账号：工行北京丰台支行622200002700175864	密码区	6*< -6>+2 </*56625>*93+0-/4 1-6*+<>03*> 5+/6>-6</7+->964 <8**41-<* /50*9+3>+3/*9/*6+ 0+3>06**+9** 844+*37-*255-47/

货物或应税劳务、服务名称	规格型号	单位	数量	单价	金额	税率	税额
*焙烤食品*面包		箱	1 000	100.00	100 000.00	13%	13 000.00
合计					¥ 100 000.00		¥ 13 000.00
价税合计（大写）	⊗ 壹拾壹万叁仟元整				（小写）¥ 113 000.00		

销售方	名称：华信食品股份有限公司 纳税人识别号：110202523113659 地址、电话：北京市通州区东大街67号 010-27606068 开户银行及账号：工行北京通州支行160300583638033666	备注	

收款人：孙佳颖　　复核：李海洋　　开票人：王宏宇　　销售方：

第一联：记账联　销售方记账凭证

图 13-16　增值税专用发票

产品出库单

第 9 号

单位　顺凯生活购物超市　　2019 年 7 月 15 日

编号	产品名称	规格	单位	数量	单价	金额	过账	附注
A01	面包		箱	1 000	100.00	100 000.00		
	合计					¥ 100 000.00		

仓库主管 李海英　　保管员 王志刚　　销售经理 徐海英　　制单 孔德鑫

第二联：会计记账联

图 13-17　产品出库单

（2）7 月 20 日，发生销售折让时，红字发票如图 13-18 所示。

借：主营业务收入——面包　　5 000

　　应交税费——应交增值税（销项税额）　　650

　　贷：应收账款——顺凯生活购物超市　　5 650

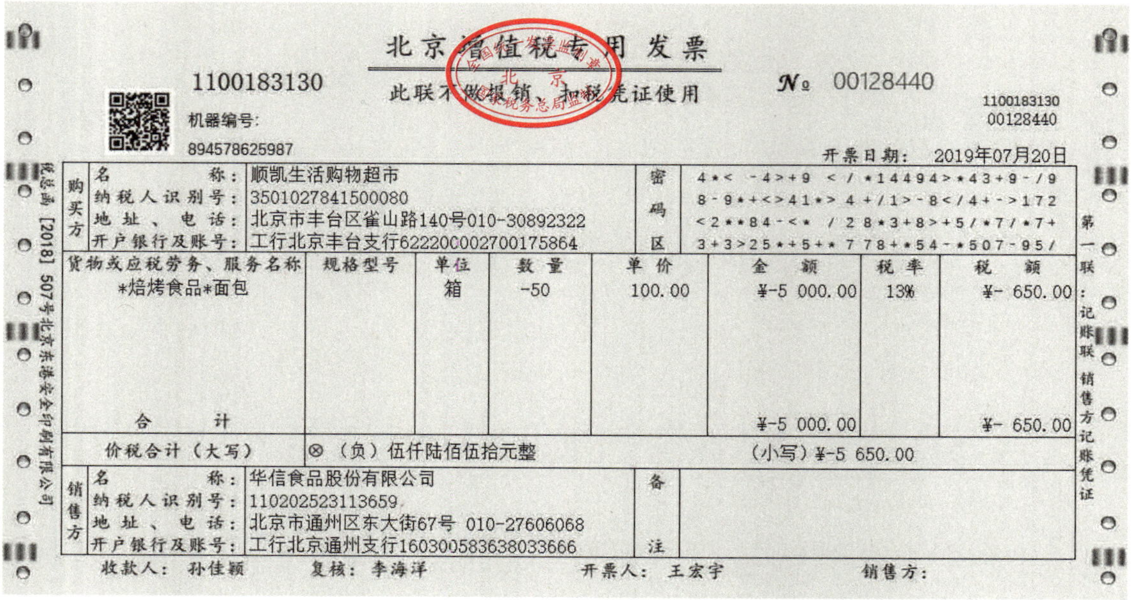

北京增值税专用发票

此联不做报销、扣税凭证使用

1100183130　　№ 00128440　　1100183130 00128440

机器编号：894578625987　　开票日期：2019年07月20日

购买方	名　称：顺凯生活购物超市 纳税人识别号：3501027841500080 地址、电话：北京市丰台区雀山路140号010-30892322 开户银行及账号：工行北京丰台支行6222000002700175864	密码区	4*< -4>+9 </ *14494>*43+9-/9 8-9*+<>41*> 4+/1>-8</4+->172 <2**84-<* /28*3+8>+5/*7/*7+ 3+3>25**5+* 778+*54-*507-95/

货物或应税劳务、服务名称	规格型号	单位	数量	单价	金额	税率	税额
*焙烤食品*面包		箱	-50	100.00	¥-5 000.00	13%	¥-650.00
合计					¥-5 000.00		¥-650.00
价税合计（大写）	⊗（负）伍仟陆佰伍拾元整				（小写）¥-5 650.00		

销售方	名　称：华信食品股份有限公司 纳税人识别号：110202523113659 地址、电话：北京市通州区东大街67号 010-27606068 开户银行及账号：工行北京通州支行1603005836380336666	备注	

收款人：孙佳颖　　复核：李海洋　　开票人：王宏宇　　销售方：

第一联：记账联 销售方记账凭证

图 13-18　增值税专用发票（红字）

（3）7 月 30 日，实际收到款项时，进账单如图 13-19 所示。

借：银行存款　　　　107 350

　　贷：应收账款——顺凯生活购物超市　　　　107 350

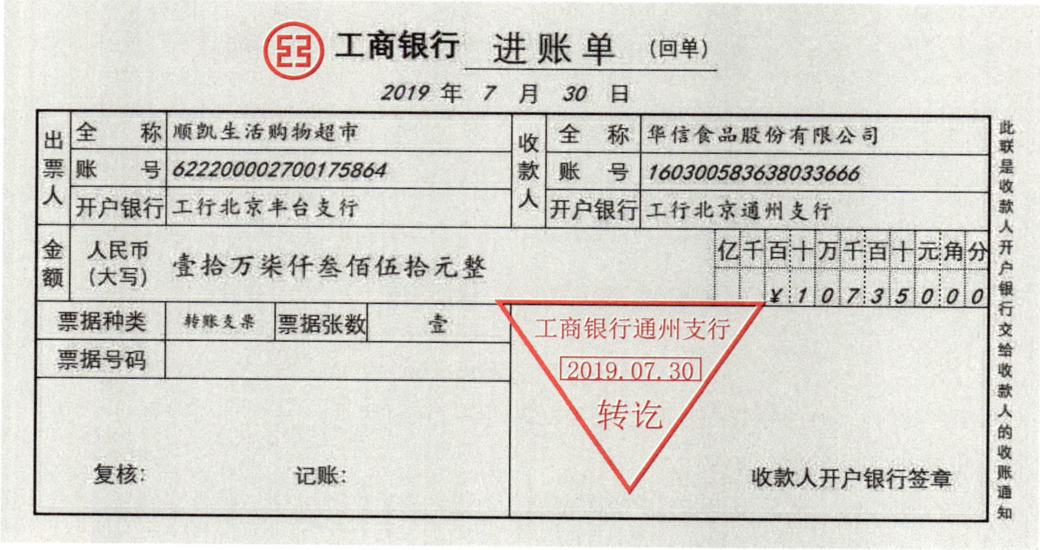

工商银行　进账单（回单）

2019 年 7 月 30 日

出票人	全　称	顺凯生活购物超市	收款人	全　称	华信食品股份有限公司
	账　号	6222000002700175864		账　号	1603005836380336666
	开户银行	工行北京丰台支行		开户银行	工行北京通州支行
金额	人民币（大写）	壹拾万柒仟叁佰伍拾元整		亿千百十万千百十元角分	¥10735000
票据种类	转账支票	票据张数	壹		
票据号码					
复核：	记账：		收款人开户银行签章		

此联是收款人开户银行交给收款人的收账通知

图 13-19　进账单

4. 委托代销商品销售账务处理

委托代销商品销售通常有两种方式，视同买断方式和收取手续费方式。

1）视同买断方式

所谓买断，是指由委托方和受托方签订协议，委托方按协议价收取所代销的货款，实际售价可由受托方自定，实际售价与协议价之间的差额归受托方所有。

视同买断方式销售收入确认时点分不同情况进行会计处理：受托方取得代销商品后，无论是否能够卖出，是否获利，均与委托方无关，委托方发出商品，符合收入确认条件时确认收入；在受托方没有将商品售出时，可以将商品退回给委托方，或因代销商品出现亏损，受托方可以要求委托方补偿，委托方收到代销清单时确认收入。

【情景 13-5】2019 年 7 月 15 日，华信食品股份有限公司委托万家购物连锁超市代销蛋糕 2 000 箱，协议价每箱 150 元。该商品成本价每箱 43 元，增值税税率 13%。双方协议规定，受托方没有将商品售出时不可以将商品退回给委托方。万家购物连锁超市按每箱 180 元的价格销售。7 月 30 日华信食品股份有限公司收到万家购物连锁超市的货款并存入银行。

华信食品股份有限公司的账务处理如下：

（1）发出商品时，商品出库单如图 13-20 和图 13-21 所示。

借：应收账款——万家购物连锁超市　　339 000

　　贷：主营业务收入——蛋糕　　300 000

　　　　应交税费——应交增值税（销项税额）　　39 000

同时结转成本：

借：主营业务成本——蛋糕　　86 000

　　贷：委托代销商品——蛋糕　　86 000

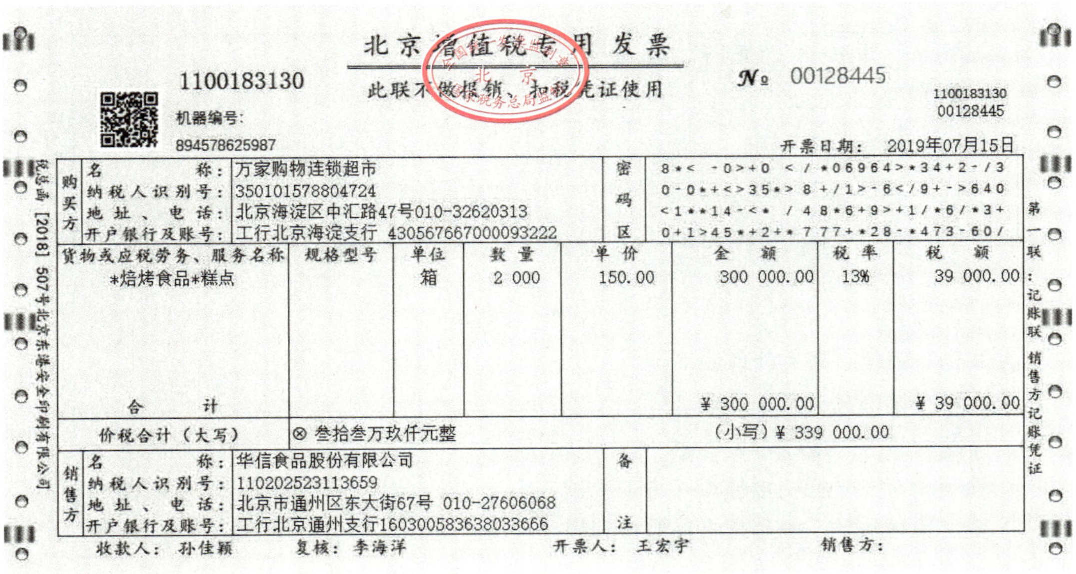

北京增值税专用发票

1100183130　　此联不做报销、扣税凭证使用　　№ 00128445

1100183130
00128445

机器编号：
894578625987

开票日期：2019年07月15日

购买方	名　　称：万家购物连锁超市 纳税人识别号：350101578804724 地 址 、电 话：北京海淀区中汇路47号010-32620313 开户银行及账号：工行北京海淀支行 430567667000093222	密码区	8*< -0>+0 </*06964>*34+2-/3 0-0*+<>35*>8+/1>-6</9+->640 <1**14-<* /48*6+9>+1/*6/*3+ 0+1>45*+2+*777+*28-*473-60/

货物或应税劳务、服务名称	规格型号	单位	数量	单价	金额	税率	税额
*焙烤食品*糕点		箱	2 000	150.00	300 000.00	13%	39 000.00
合　　计					¥ 300 000.00		¥ 39 000.00
价税合计（大写）	⊗ 叁拾叁万玖仟元整				（小写）¥ 339 000.00		

销售方	名　　称：华信食品股份有限公司 纳税人识别号：110202523113659 地 址 、电 话：北京市通州区东大街67号 010-27606068 开户银行及账号：工行北京通州支行160300583638033666	备注	

收款人：孙佳颖　　复核：李海洋　　开票人：王宏宇　　销售方：

第一联：记账联　销售方记账凭证

税总函［2018］507号北京市通安全印刷有限公司

图 13-20　增值税专用发票

产品出库单　　第 10 号

单位　万家购物连锁超市　　2019 年 7 月 15 日

编号	产品名称	规格	单位	数量	单价	金额	过账	附注
A02	蛋糕		箱	2 000	150.00	300 000.00		
合计						¥ 300 000.00		

仓库主管 李海英　保管员 王志刚　销售经理 徐海英　制单 孔德鑫

第二联：会计记账联

图 13-21　产品出库单

（2）收到货款时，进账单如图 13-22 所示。

借：银行存款　339 000

　　贷：应收账款——万家购物连锁超市　339 000

工商银行　进账单　（回单）

2019 年 7 月 30 日

出票人	全　称	万家购物连锁超市	收款人	全　称	华信食品股份有限公司
	账　号	430567667000093222		账　号	160300583638033666
	开户银行	工行北京海淀支行		开户银行	工行北京通州支行
金额	人民币（大写）	叁拾叁万玖仟元整		亿千百十万千百十元角分	¥ 3 3 9 0 0 0 0 0
票据种类	转账支票	票据张数	壹		
票据号码					
复核：	记账：		收款人开户银行签章		

工商银行通州支行　2019.07.30　转讫

此联是收款人开户银行交给收款人的收账通知

图 13-22　进账单

万家购物连锁超市账务处理如下：

（1）收到代销商品时：

借：库存商品——蛋糕　300 000

　　应交税费——应交增值税（进项税额）　39 000

　　贷：应付账款——华信食品股份有限公司　339 000

（2）销售该批商品时：

借：银行存款　406 800

　　贷：主营业务收入——蛋糕　360 000

　　　　应交税费——应交增值税（销项税额）　46 800

同时：

借：主营业务成本——蛋糕　　300 000

　　贷：库存商品——蛋糕　　300 000

（3）按合同协议价将款项付给华信食品股份有限公司时：

借：应付账款——华信食品股份有限公司　　339 000

　　贷：银行存款　　339 000

2）收取手续费方式

收取手续费方式是指受托方根据所代销的商品数量向委托方收取手续费。对于受托方来说，手续费实际上是一种劳务收入。与视同买断方式相比，收取手续费方式的主要特点是，受托方通常应按照委托方规定的价格销售，不得自行改变售价。在这种代销方式下，委托方应在受托方将商品销售并向委托方开具代销清单时，确认销售商品收入；受托方在商品销售后，按应收取的手续费确认收入。

【情景 13-6】华信食品股份有限公司委托顺凯生活购物超市销售蛋糕 3 000 箱，商品已经发出，成本为 43 元 / 箱。合同约定顺凯生活购物超市应按每箱 150 元对外销售，华信食品股份有限公司按售价的 10% 向顺凯生活购物超市支付手续费。顺凯生活购物超市对外实际销售 2 800 箱，销售价款 420 000 元，增值税税额 54 600 元，款项已经收取。华信食品股份有限公司收到顺凯生活购物超市开具的代销清单，开出同样金额的增值税发票给顺凯生活购物超市，假定华信食品股份有限公司发出商品时纳税义务尚未发生，不考虑手续费缴纳增值税等其他因素。

华信食品股份有限公司的账务处理如下：

（1）发出商品时：

借：发出商品——顺凯生活购物超市　　129 000

　　贷：库存商品——蛋糕　　129 000

（2）收到代销清单，同时发生增值税纳税义务：

借：应收账款——顺凯生活购物超市　　474 600

　　贷：主营业务收入——蛋糕　　420 000

　　　　应交税费——应交增值税（销项税额）　　54 600

同时结转成本：

借：主营业务成本——蛋糕　　120 400

　　贷：发出商品——顺凯生活购物超市　　120 400

结算应支付的手续费时：

借：销售费用　　42 000

　　贷：应收账款——顺凯生活购物超市　　42 000

（3）收到顺凯生活购物超市支付的货款时：

借：银行存款　　432 600

　　贷：应收账款——顺凯生活购物超市　　432 600

顺凯生活购物超市的账务处理如下：

（1）收到商品时：

借：受托代销商品——华信食品股份有限公司　　450 000

　　贷：受托代销商品款——华信食品股份有限公司　　450 000

（2）对外销售时：

借：银行存款　　474 600

　　贷：主营业务收入——蛋糕　　420 000

　　　　应交税费——应交增值税（销项税额）　　54 600

（3）收到增值税发票时：

借：受托代销商品款——华信食品股份有限公司　　420 000

　　应交税费——应交增值税（进项税额）　　54 600

　　贷：应付账款——华信食品股份有限公司　　474 600

（4）支付货款并计算代销手续费时：

借：应付账款——华信食品股份有限公司　　474 600

　　贷：银行存款　　432 600

　　　　其他业务收入　　42 000

13.2.2 提供劳务收入的核算

1. 提供劳务取得收入的确认和计量

企业提供劳务的种类有很多，如运输、旅游、饮食、照相、培训、广告等。有的劳务一次就能完成，如饮食、照相等；有的劳务则需较长的时间才能完成，如培训、远洋运输等。因此，企业提供劳务收入确认可以分为跨年度和不跨年度两种。

1）在同一会计年度内开始并完成的劳务

这种情况应在劳务完成时确认收入，确认的金额为合同或协议总金额，确认方法可参照商品销售收入的确认原则。

2）劳务的开始和完成分属不同的会计年度

若劳务的开始和完成分属不同的会计年度，且在资产负债表日能对该项交易的结果做出可靠估计，应按完工百分比法确认收入。

提供劳务的结果能否可靠估计，依据下列条件进行判断。若同时满足以下条件，则交易结果能够可靠估计。

（1）合同总收入和总成本能够可靠地计量。合同总收入一般根据双方签订的合同或协议注明的交易总金额确定。随着劳务的不断提供，可能会根据实际情况增加或减少交易总金额，企业应及时调整合同总收入。合同总成本包括至资产负债表日止已经发生的成本和完成劳务将要发生的成本。

（2）与交易相关的经济利益能够流入企业。只有当与交易相关的经济利益能够流入企业时，企业才能确认收入。企业可以从接受劳务方的信誉、以往的经验及双方就结算方式和期限达成的协议等方面进行判断。

（3）劳务的完成程度能够可靠地确定。劳务的完成程度可以采用以下方法确定：第一，已完工作的测量；第二，已经提供的劳务占应提供劳务总量的比例；第三，已经发生的成本占估计总成本的比例。

2. 完工百分比法的运用

完工百分比法，是指按劳务的完成程度确认收入和费用的方法。企业在资产负债表日，如能对提供劳务的交易结果做出可靠估计，应采用完工百分比法确认收入，同时结转相应的成本。完工百分比法下，收入和相关成本费用可按下列公式计算：

本年确认的收入 = 劳务总收入 × 本年年末止劳务的完成程度 - 以前年度已确认的收入本年确认的费用 = 劳务总成本 × 本年年末止劳务的完成程度 - 以前年度已确认的费用

【情景 13-7】华信食品股份有限公司的子公司华信机械股份有限公司于 2018 年 12 月 16 日接受一项产品安装任务，安装期限为 3 个月，合同总收入 800 000 元，至年底已预收款项 500 000 元，实际发生成本 350 000 元（均为安装人员工资），估计还会发生 150 000 元。按实际发生的成本占总成本的比例确定完成进度。华信食品股份有限公司的账务处理如下：

（1）实际发生劳务成本时：

借：劳务成本	350 000	
贷：应付职工薪酬		350 000

（2）预收劳务款：

借：银行存款	500 000	
贷：预收账款		500 000

（3）2018 年 12 月 31 日确认劳务收入和结转劳务成本：

借：预收账款	593 600	
贷：主营业务收入		560 000
应交税费——应交增值税（销项税额）		33 600
借：主营业务成本	350 000	
贷：劳务成本		350 000

13.2.3 让渡资产使用权收入的核算

1. 概念

让渡资产使用权收入，是指企业将本企业的资产使用权让渡给他人而产生的收入，包括利息收入、使用费收入等。利息收入主要是指金融企业存、贷款形成的利息收入及同业之间发生往来形成的利息收入等。使用费收入主要是指企业转让无形资产（如商标权、专利权、专营权、软件、版权）等资产的使用权形成的使用费收入。

2. 确认条件

让渡资产使用权收入同时满足下列条件，才能予以确认：

（1）与交易相关的经济利益很可能流入企业。

这是指让渡资产使用权收入金额收回的可能性大于不能收回的可能性。企业在确定让渡资产使用权收入金额能否收回时，应从对方企业的信誉情况和生产经营情况，以及双方约定的结算方式、付款期限等达成的协议等方面进行判断。若企业估计收入收回的可能性不大，则不应确认收入。

（2）收入的金额能够可靠地计量。

利息收入金额按照他人使用本企业货币资金的时间和实际利率计算确定；使用费收入金额按照有关合同或协议约定的收费时间和方法计算确定。只有收入的金额能够可靠地计量时，企业才能进行确认。

【情景 13-8】2019 年 7 月 16 日，华信食品股份有限公司将一项专利技术出租给华信烘焙厂使用，收取 50 000 元专利技术使用费，增值税 6 500 元。转让该项无形资产过程中，用银行存款支付咨询费等 500 元。

（1）确认收入：

借：银行存款	56 500	
贷：其他业务收入		50 000
应交税费——应交增值税（销项税额）		6 500

（2）支付咨询费：

借：其他业务成本	500	
贷：银行存款		500

13.3 费用的核算

——费用如何进行账务处理

cfo 要求你知道

营业成本如何进行账务处理——营业成本的核算

税金及附加如何进行账务处理——税金及附加的核算

期间费用如何进行账务处理——期间费用的核算

关键术语

营业成本（Operating Cost）

税金及附加（Tax and Additional）

期间费用（Cost of the Period）

13-3

13.3.1 营业成本的核算

为了反映销售商品、提供劳务的成本，需要设置“主营业务成本”账户和“其他业务成本”账户。“主营业务成本”账户属于损益类账户，用以核算企业销售商品、提供劳务等日常活动发生的实际成本，账户结构如图13-23所示。该账户结转后无余额，应按主营业务的种类设置明细账，进行明细核算。

借　　主营业务成本	贷
借方登记已销售的商品成本	贷方登记月末结转到“本年利润”的商品成本

图13-23 “主营业务成本”账户

“其他业务成本”账户属于损益类账户，用以核算企业确认的除主营业务活动外的其他经营活动所发生的支出，账户结构如图13-24所示。该账户结转后无余额，应按其他业务的种类（如材料销售、包装物出租等）设置明细账，进行明细核算。

借　　其他业务成本	贷
借方登记企业发生的其他业务支出，包括相关的成本、费用及相关税费等	贷方登记月末结转到“本年利润”的其他业务支出

图13-24 “其他业务成本”账户

可以在确认销售收入时逐笔结转销售成本，也可以月末一次结转，发出商品的销售成本。月末一次结转销售成本可采用先进先出法和月末一次加权法。企业一般通过月末汇总编制销售产品成本计算表，一次结转销售成本。

13.3.2 税金及附加的核算

“税金及附加”账户主要用来核算企业销售商品、销售材料、提供劳务等日常营业活动中的业务交易所负担的销售税金及附加，包括消费税、城市维护建设税、资源税、教育费附加及房产税、土地使用税、车船使用税、印花税等相关税费。该账户结转后应无余额。账户结构如图13-25所示。借方登记按照规定计算出的企业日常营业活动应负担的税金及附加，贷方反映期末转入“本年利润”账户的税金及附加。

借　　税金及附加	贷
借方登记按照规定计算出的企业日常营业活动应负担的税金及附加	贷方反映期末转入“本年利润”账户的税金及附加

图13-25 “税金及附加”账户

【情景13-9】华信食品股份有限公司销售商品实际应交增值税为400 000元，应交消费税为250 000元，提供运输劳务实际应交增值税为100 000元。该公司适用的城市维护建设税税率为7%，假定不考虑其他因素，有关的会计分录如下：

（1）计算应交城建税时，税费计算表如图 13-26 所示。

借：税金及附加　　52 500

　　贷：应交税费——应交城市维护建设税　　52 500

城建税、教育费附加计算表

2018 年 12 月 1 日至 2018 年 12 月 30 日　　单位：元

计税税额	城建税适用税率	税　额	教育费附加适用税率	税　额	合　计
750 000.00	7%	52 500.00			52 500.00
合计		52 500.00			52 500.00

财务主管 李海洋　　制表 王宏宇

图 13-26　税费计算表

（2）以存款上交城建税时，完税证明如图 13-27 所示。

借：应交税费——应交城建税　　52 500

　　贷：银行存款　　52 500

中华人民共和国
税收完税证明

NO. 010025190300126412O

填发日期：2018 年 12 月 30 日　税务机关：国家税务总局北京市通州区税务局

纳税人识别号	110202523113659		纳税人名称	华信食品股份有限公司	
原始凭证编号	税　种	品目名称	税款所属时期	入（退）库日期	实缴（退）金额
20020181230	城市维护建设税	购销合同	2018-12-01至2018-12-30	2018-12-30	¥52 500.00
金额合计	（大写）伍万贰仟伍佰元整				¥52 500.00
	填票人 宋晓月		备注		

收据联　交纳税人作完税证明

妥善保管、手写无效

图 13-27　完税证明

【情景 13-10】沿用情景 13-9，适用的教育费附加率为 3%，华信食品股份有限公司公司有关的会计分录如下：

（1）计算应交教育费附加时，税费计算表如图 13-28 所示。

借：税金及附加　　22 500

贷：应交税费——应交教育费附加 22 500

城建税、教育费附加计算表

2018 年 12 月 1 日至 2018 年 12 月 30 日 单位：元

计税税额	城建税适用税率	税　额	教育费附加适用税率	税　额	合　计
750 000.00			3%	22 500.00	22 500.00
合计				22 500.00	22 500.00

财务主管 李海洋　　　　制表 王宏宇

图 13-28　税费计算表

（2）以存款上交教育费附加时，完税证明如图 13-29 所示。

借：应交税费——应交教育费附加 22 500

贷：银行存款 22 500

中华人民共和国
税收完税证明

NO. 010025190300126412 50

填发日期：2018 年 12 月 30 日　税务机关：国家税务总局北京市通州区税务局

纳税人识别号	110202523113659		纳税人名称	华信食品股份有限公司	
原始凭证编号	税种	品目名称	税款所属时期	入（退）库日期	实缴（退）金额
20020181230	教育费附加	购销合同	2018-12-01至2018-12-30	2018-12-30	¥22 500.00
金额合计	（大写）贰万贰仟伍佰元整				¥22 500.00
	填票人 宋晓月		备注		

收据联　交纳税人作完税证明

妥善保管、手写无效

图 13-29　完税证明

13.3.3　期间费用的核算

期间费用的核算包括管理费用的核算、销售费用的核算和财务费用的核算。

1. 管理费用的核算

企业应设置“管理费用”账户，核算管理费用的发生和结转情况，账户结构如图 13-30 所示。

借　　　　管理费用	贷
借方登记企业发生的各项管理费用	贷方登记期末结转入“本年利润”账户的管理费用

图 13-30 “管理费用”账户

企业发生管理费用时，借记“管理费用”账户，贷记有关账户。在期末，应将“管理费用”的余额转入“本年利润”账户，结转后“管理费用”账户应无余额。“管理费用”按费用项目设置明细账，进行明细分类核算。

【情景 13-11】华信食品股份有限公司 12 月根据发生的管理费用，做如下账务处理：

（1）以现金支付业务招待费 3 000 元。

借：管理费用——招待费	3 000	
贷：库存现金		3 000

（2）筹建期间发生办公费、差旅费等开办费 20 000 元。

借：管理费用——开办费	20 000	
贷：银行存款		20 000

（3）以银行存款支付中介机构咨询服务费 4 000 元。

借：管理费用——咨询费	4 000	
贷：银行存款		4 000

2. 销售费用的核算

企业应设置“销售费用”账户，核算销售费用的发生和结转情况，账户结构如图 13-31 所示。

借　　　　销售费用	贷
借方登记实际发生的销售费用	贷方登记期末结转入“本年利润”账户的销售费用

图 13-31 “销售费用”账户

企业发生销售费用时，借记“销售费用”账户，贷记有关账户。在期末，应将“销售费用”的余额转入“本年利润”账户，结转后“销售费用”账户应无余额。“销售费用”按费用项目设置明细账，进行明细分类核算。

【情景 13-12】华信食品股份有限公司用现金支付广告宣传费 3 000 元。会计分录如下：

借：销售费用	3 000	
贷：库存现金		3 000

3. 财务费用的核算

企业应设置“财务费用”账户，核算财务费用的发生和结转情况，账户结构如图 13-32 所示。该账户可按财务费用的项目设置明细账，进行明细核算。

借　　　　财务费用	贷
借方登记实际发生的财务费用	贷方登记期末结转入“本年利润”账户的财务费用

图 13-32 “财务费用”账户

【情景 13-13】华信食品股份有限公司支付本期短期借款利息 2 000 元。

借：财务费用　　2 000

　　贷：应付利息　　2 000

13.4 利润的核算

——利润如何进行账务处理

cfo 要求你知道

如何计算本年的净利润——结转本年利润的核算

净利润如何在企业和投资者之间分配——利润分配的核算

没有分配完的净利润如何处理——年终利润的结转

关键术语

表结法（Table Knot Method）

账结法（Bill of Accounts）

利润分配（Profit Distribution）

利润总额（Total Profit）

未分配利润（Undistributed Profit）

13.4.1 结转本年利润的核算

1. 结转本年利润的方法

会计期末结转本年利润的方法有表结法和账结法两种。

表结法下，各损益类账户每月月末只需结计出本月发生额和月末累计余额，不结转到“本年利润”账户，只有在年末时才将全年累计余额结转记入“本年利润”账户。但每月月末要将损益类账户的本月发生额合计数填入利润表的本月数栏，同时将本月末累计余额填入利润表的本年累计数栏，通过利润表计算反映各期的利润（或亏损）。表结法下，年中损益类账户无须转入“本年利润”账户，从而减少了转账环节和工作量，同时并不影响利润表的编制及有关损益指标的利用。

账结法下，每月月末均需编制转账凭证，将在账上结计出的损益类账户的余额转入“本年利润”账户。结转后“本年利润”账户的本月合计数反映当月实现的利润或发生的亏损，“本年利润”账户的本年累计数反映本年累计实现的利润或发生的亏损。账结法下，各月均可通过“本年利润”账户提供当月及本年累计实现的利润或发生的亏损额，但增加了转账环节和工作量。

2. 结转本年利润的账务处理

企业应设置“本年利润”账户，核算企业本年度实现的净利润（或发生的净亏损），账户结构如图 13-33 所示。

借　　　　本年利润	贷
借方登记各成本、费用类账户的余额	贷方登记收入类账户的余额
期末借方余额，反映本期实现的净亏损	期末贷方余额，反映本期实现的净利润

图 13-33　“本年利润”账户

会计期末，企业应将“主营业务收入”“其他业务收入”“营业外收入”等账户的余额分别转入“本年利润”账户的贷方；将“主营业务成本”“其他业务成本”“税金及附加”“销售费用”“管理费用”“财务费用”“资产减值损失”“营业外支出”“所得税费用”等账户的余额分别转入“本年利润”账户的借方。企业还应将“公允价值变动损益”“投资收益”等账户的净收益分别转入“本年利润”账户的贷方，将“公允价值变动损益”“投资收益”账户的净损失转入“本年利润”账户的借方。结转后，“本年利润”账户如为贷方余额，表示当年实现的净利润；如为借方余额，表示当年发生的净亏损。

年度终了，企业应将“本年利润”账户的本年累计余额转入“利润分配——未分配利润”账户。

1）借方余额

借：利润分配——未分配利润

　　贷：本年利润

如“本年利润”为贷方余额，借记“本年利润”账户，贷记“利润分配——未分配利润”账户。

2）贷方余额

借：本年利润

　　贷：利润分配——未分配利润

如为借方余额，做相反的会计分录。结转后，“本年利润”账户无余额。

13.4.2　利润分配的核算

利润分配是指企业按照国家规定的政策和企业的章程，对已实现的净利润（包括本年的净利润和以前年度积累的未分配利润）在企业和投资者之间进行分配。

1. 利润分配的程序

企业当年实现的净利润加上年初的未分配利润（或减去以年初未弥补的亏损），为可供分配的利润。可供分配的利润应按下列顺序分配：

（1）弥补以前年度的亏损。企业纳税年度发生亏损，准予向以后年度结转，用以后年度的所得弥补，但结转年限最长不得超过 5 年。

（2）提取法定盈余公积金。企业按照本年实现的税后利润的 10% 提取法定盈余公积金。企业提取的法定盈余公积金累计额达到注册资本 50% 以上的可以不再提取。

（3）提取任意盈余公积金。企业在从税后利润中提取法定盈余公积金后，经股东大会决议，可以提取任意盈余公积金。

（4）向投资者分配利润或股利。企业弥补亏损和提取公积金后的所余税后利润，有限责任公司按照投资比例分配，股份有限公司按照股东持有的股份比例分配。企业发生亏损，可以用以后年度实现的利润弥补，也可以用以前年度提取的盈余公积弥补。

企业以前年度亏损未弥补完的，不能提取法定盈余公积，在提取法定盈余公积前，不得向投资者分配利润。

2. 利润分配的账务处理

企业的利润分配通过“利润分配”账户进行，账户结构如图 13-34 所示。为了详细反映企业利润的分配情况，“利润分配”账户应按利润的分配去向设置的明细账户有“提取法定盈余公积”“提取任意盈余公积”“应付现金股利或利润”“转为股本的股本和”“盈余公积补亏”“未分配利润”等。

借　　　　　　利润分配	贷
借方登记企业本期利润分配数（包括提留企业的盈余公积金、公益金、分配给投资者的利润等）	贷方登记企业年终结转的利润总额数
期末借方余额，表示的是未弥补亏损额	期末贷方余额，表示的是企业历年积存的未分配利润额

图 13-34 “利润分配”账户

【情景 13-14】华信食品股份有限公司 2018 年实现税后利润 50 000 000 元，以前年度无未弥补的亏损。按 10%提取法定盈余公积，按 5%提取任意盈余公积。

借：利润分配——法定盈余公积　　5 000 000
　　　　　　——任意盈余公积　　2 500 000
　贷：利润分配——未分配利润　　7 500 000

【情景 13-15】华信食品股份有限公司年初未分配利润 0 元，当年实现税后净利润 50 000 000 元，提取盈余公积 7 500 000 元。公司决定将其中的 40% 分配给投资者。会计处理如下：

借：利润分配——应付股利　　17 000 000
　贷：应付股利　　17 000 000

13.4.3 年终利润的结转

年终，企业应首先将全年的净损益自“本年利润”账户转入“利润分配——未分配利润”明细账户；其次，将“利润分配”各明细账户（“未分配利润”账户除外）的余额结转至“未分配利润”明细账户。结转后，“本年利润”“利润分配”各明细账户（除“未分配利润”账户外）均无余额。如“利润分配——未分配利润”账户为贷方余额，则表示企业累计未分配利润；如“利润分配——未分配利润”账户为借方余额，则表示企业累计未弥补的亏损。

【情景 13-16】华信食品股份有限公司 2018 年年初未分配利润 520 000 元。2018 年度华信食品股份有限公司实现税后利润 50 000 000 元，提取法定盈余公积 7 500 000 元，向投资者分配利润 17 000 000 元。提取盈余公积、向投资者分配利润已经进行了相应的账务处理。2018 年年终结转利润时，华信食品股份有限公司应做如下账务处理：

借：利润分配——未分配利润　　24 500 000

　　贷：利润分配——法定盈余公积　　5 000 000

　　　　　　　　——任意盈余公积　　2 500 000

　　　　　　　　——应付股利　　17 000 000

14 财务报告

——反映企业财务状况、经营成果和现金流量的文件

CFO 导语

作为一个会计要知道：

1. 什么是财务报告？财务报告包括哪些内容？
2. 资产负债表的内容、结构及其编制方法是什么？
3. 利润表的格式、内容及其编制方法是什么？
4. 现金流量表的格式、内容及其编制方法是什么？
5. 所有者权益变动表的列报、主要项目填列及其编制方法是什么？

本项目架构

- 什么是财务报告
- 资产负债表
- 利润表
- 现金流量表
- 所有者权益变动表

14.1 什么是财务报告
——编制财务报告是一项怎样的工作

cfo 要求你知道

什么是财务报告——财务报告概念
财务报告有哪些内容——财务报告的组成
财务报告如何分类——财务报表的种类

关键术语

财务报告（Financial Report）
报表附注（Explanatory Note）

14-1

14.1.1 财务报告的概念

财务报告是指企业对外提供的反映企业某一特定日期的财务状况和某一会计期间的经营成果、现金流量等会计信息的文件。财务报告的目标，是向财务报告使用者提供与企业财务状况、经营成果和现金流量等有关的会计信息，反映企业管理层受托责任履行情况，帮助财务报告使用者做出经济决策。财务报告使用者通常包括投资者、债权人、政府及其有关部门和社会公众等。

14.1.2 财务报告的组成

财务报告主要包括财务报表、报表附注和其他需要披露的资料。

1. 财务报表

财务会计报表，由主表、附表两部分组成。其中主表包括资产负债表、利润表、所有者权益变动表和现金流量表。附表根据各行业、各企业的特点编制，如各种明细表等。

2. 报表附注

报表附注是对在资产负债表、利润表和所有者权益变动表、现金流量表中列示项目的文字描述或明细资料，以及对未能在这些报表中列示项目的说明等。附注应当披露财务报表的编制基础，相关信息应当与资产负债表、利润表和所有者权益变动表、现金流量表等报表中列示的项目相呼应。

报表附注披露的内容有财务报表的编制基础；遵循会计准则的声明；重要会计政策的说明，包括财务报表项目的计量基础和会计政策的确定依据；重要会计估计的说明，包括下一会计期间内可能导致资产、负债账面价值重大调整的会计估计的确定依据等；会计政策和会计估计变更及差错更正的说明；对已在资产负债表、利润表和所有者权益变动表、现金流量表中列示的重要项目的进一步说明；或有和承诺事项、资产负债表日后事项非调整事项、关联方关系及其交易等需要说明的事项。此外企业应当在附注中披露在资产负债表日后、财务报告报出前提议或宣布发放的股利总额和每股股利金额。

3. 其他需要披露的资料

除上述信息以外，企业还应针对会计信息使用者的需要披露一些相关信息，如企业注册地、组织形式和总部地址；企业的业务性质和主要经营活动；母公司及集团最终母公司的名称等。小企业的财务会计报告至少应当包括下列组成部分：资产负债表；利润表；现金流量表。

14.1.3 财务报表的种类

企业的财务报表可以按照其反映的内容、编报时间、编制单位和服务对象进行分类。

1. 按反映的内容不同

会计报表可分为资产负债表、利润表、现金流量表、所有者权益（或股东权益）变动表和报表附注。

2. 按编报时间不同

会计报表可分为年度会计报表和中期会计报表。

年度会计报表是指年度终了对外提供的会计报表。

中期报表是指一年以内的报表，主要包括月度报表、季度报表和半年度报表。年度报表要求揭示完整、反映全面；月度报表是按月编报的报表，要求简明扼要、及时编报；季度报表和半年度报表的详细程度介于年度报表与月度报表之间。

3. 按编制单位的不同

会计报表可分为单位报表和合并报表。

单位报表是在自身会计核算基础上对账簿记录进行加工编制的会计报表，反映企业自身的财务状况、经营成果和现金流量情况。

合并报表是以母公司和子公司组成的企业集团为会计主体，根据母公司和子公司的会计报表，由母公司编制的综合反映企业集团财务状况、经营成果和现金流量情况的会计报表。

4. 按服务对象的不同

会计报表可分为对外报表和内部报表。

对外报表一般是按照会计准则所规定的格式和编制要求编制的公开报告的会计报表。

内部报表是根据企业内部管理需要而编制的会计报表，一般不需要对外报告，没有统一的编制要求与格式。

14.2 资产负债表

——反映企业财务状况的报表

cfo 要求你知道

什么是资产负债表——资产负债表的概念
财务报告有哪些内容——资产负债表的结构
财务报告如何分类——资产负债表的编制方法

关键术语

资产负债表（Balance Sheet）

14-2

14.2.1 资产负债表的概念

资产负债表，是指反映企业在某一特定日期（如月末、季末、年末）财务状况的会计报表。

该表根据“资产＝负债＋所有者权益”会计恒等式设计，依据一定的分类标准和顺序，将企业在一定日期的资产、负债和所有者权益各项目予以适当排列，并对日常核算中形成的大量数据进行整理汇总，反映企业资产、负债、所有者权益的总体规模和结构，是静态报表。

14.2.2 资产负债表的结构

资产负债表由表头、表身、表尾组成。表头部分应列明报表名称、编制单位名称、编制日期、金额计量单位；表身反映资产、负债、所有者权益的内容；表尾为补充说明。其中，表身是资产负债表的主体和核心。

我国企业的资产负债表采用账户式结构，可以概括为以下几个方面：

（1）资产负债表分为左右两方，左方为资产项目，右方为负债和所有者权益项目，左方的资产总计等于右方的负债和所有者权益总计。

（2）资产项目按照各项资产的流动性的大小或变现能力的强弱顺序排列。流动性大、变现能力强的项目排前面，流动性小、变现能力弱的项目排后面，依次，先是流动资产，后是非流动资产。

（3）负债与所有者权益项目按照权益顺序排列。由于负债是必须清偿的债务，属于第一顺序的权益，具有优先清偿的特征，而所有者权益则是剩余权益，在正常经营条件下不需要偿还，所以负债在先、所有者权益在后。

（4）负债内部项目按照偿还的先后顺序排列。按照到期日由近至远的顺序，偿还期近的负债项目排前面，偿还期较远的负债项目排后面，依次，先是流动负债，后是非流动负债。

14.2.3 资产负债表的编制方法

1. 年初余额的填列方法

资产负债表的“年初余额”栏是根据上年年末资产负债表的“期末余额”栏直接填列的。如果本年度资产负债表规定的各个项目的名称和内容同上年度不一致，应对上年年末资产负债表各项目的名称和数字按本年度的规定进行调整，按调整后的数字填入资产负债表“年初余额”栏内。

2. 期末余额的填列方法

“期末余额”栏的填列，可以分为以下几种情况。

（1）根据总账账户余额直接填列，如交易性金融资产、应收票据、应收股利、应收利息、短期借款、应付票据、应付职工薪酬、应交税费、应付利息、应付股利、其他应付款、实收资本、资本公积、盈余公积等项目。应注意的是“应付职工薪酬”和“应交税费”项目，应分别根据“应付职工薪酬”账户和“应交税费”账户的期末贷方余额填列。如果“应付职工薪酬”账户或“应交税费”账户期末为借方余额，则以“—”号填列。

（2）根据总账账户的余额计算填列，如：

货币资金：应根据“库存现金”“银行存款”“其他货币资金”账户的期末余额合计数填列。

存货：反映企业期末在库、在途和在加工中的各项存货的可变现价值。应根据“材料采购”“在途物资”“原材料”“库存商品”“发出商品”“委托加工物资”“周转材料”“生产成本”等账户的期末借方余额合计，减去“存货跌价准备”账户期末贷方余额后的金额填列。

长期股权投资：反映企业不准备在一年内变现的各种股权性质的投资的可收回金额。应根据“长期股权投资”账户的借方余额，减去“长期股权投资减值准备”账户的期末贷方余额后填列。

固定资产：反映企业固定资产可收回的金额。应根据“固定资产”账户的期末借方余额，减去“累计折旧”账户和“固定资产减值准备”和“累计摊销”账户的期末贷方余额填列。

无形资产：反映企业各项无形资产的期末的可收回金额。应根据“无形资产”账户的期末借方余额，减去“无形资产减值准备”账户期末贷方余额后的金额填列。

未分配利润：反映企业尚未分配的利润。应根据“本年利润”账户期末贷方余额，减去“利润分配”账户的期末借方余额后的金额填列。未弥补的亏损，在未分配利润中以“—”号填列。

（3）根据有关账户所属明细账户余额分析填列，如应付账款根据“应付账款”所属各明细账户的期末贷方余额合计数填列，而“应付账款”所属明细账户期末有借方余额的，应在资产负债表“预付账款”项目内填列。

（4）根据总账账户和明细账户余额分析计算填列，如：

应收账款：反映企业因销售商品、提供劳务等而向购买单位收取的各种款项，减去已计提的坏账准备后的净额。应根据“应收账款”所属明细账户的期末借方余额，减去“坏账准备”账户中有关应收账款计提的坏账准备期末余额后的金额填列；如果“应收账款”所属明细账户期末为贷方余额，应在资产负债表“预收账款”项目内填列。

其他应收款：反映企业对其他单位和个人的应收暂收款项，减去已计提的坏账准备后的净额。应根据“其他应收款”账户的期末余额，减去“坏账准备”账户中有关其他应收款计提的坏账准备期末余额后的金额填列。

债权投资：反映企业持有的划分为债权投资的摊余成本。应根据“债权投资”账户的期末借方余额，减去“债权投资减值准备”账户的期末贷方余额，再减去将于一年内到期的投资项目金额的金额填列。对于一年内到期的“债权投资”项目的期末借方余额，减去“债权投资减值准备”账户中该投资项目计提的减值准备后的余额，在资产负债表“一年内到期的非流动资产”项目内填列。

长期待摊费用：反映企业尚未摊销的摊销期限在一年以上的各项费用。应根据“长期待摊费用”账户期末余额减去将于一年内摊销的数额后的金额填列。长期待摊费用中将于一年内摊销的部分，应在资产负债表“一年内到期的非流动资产”项目内填列。

长期借款：反映企业借入尚未归还的一年期以上的借款本息。应根据“长期借款”账户的期末余额减去将于一年内到期本息后的余额填列。将于一年以内到期的长期借款部分，合并在资产负债表“一年内到期的非流动负债”项目内填列。

应付债券：反映企业发行的尚未偿还的各种长期债券的本息。应根据“应付债券”账户的期末余额减去将于一年内到期债券本息后的余额填列。将于一年以内到期的应付债券本息，合并在“一年内到期的非流动负债”项目内填列。

14.3 利润表
——反映企业经营成果的报表

cfo 要求你知道

什么是利润表——利润表的概念
利润表有哪些内容——利润表的结构
如何编制利润表——利润表的编制方法

关键术语

利润表（Profit Statement）

14.3.1 利润表的概念

利润表又称损益表、收益表，是指反映企业在一定会计期间经营成果的报表。它是根据“收入 - 费用 = 利润”的会计等式设计的，属于动态报表。通过利润表，可以了解企业的经营成果及盈亏形成情况，了解资本的保值增值情况，借以评价企业管理者的经营业绩；通过对不同时期报表数据的对比，可以进行企业获利能力分析，借以预测企业的未来收益能力及发展趋势。

14.3.2 利润表的结构

利润表的结构主要有单步式和多步式两种。在我国，企业采用的是多步式利润表结构，主要包括以下五个方面的内容。

1. **营业收入**

营业收入由主营业务收入和其他业务收入组成。

2. **营业利润**

营业收入减去营业成本（主营业务成本、其他业务成本）、税金及附加、销售费用、管理费用、研发费用、财务费用，加上其他收益、投资收益、净敞口套期收益、公允价值变动收益、信用减值损失、资产减值损失、资产处置收益，即营业利润。

3. **利润总额**

营业利润加上营业外收入，减去营业外支出，即利润总额。

4. **净利润**

利润总额减去所得税费用，即净利润。

5. **每股收益**

每股收益包括基本每股收益和稀释每股收益两项指标。

企业需要提供比较利润表，报表使用者通过比较不同期间利润的实现情况，可判断企业经营成果的未来发展趋势，因此，利润表还就各项目再细分为“本期金额”和“上期金额”两栏。

14.3.3 利润表的编制方法

利润表中的“上期金额”栏内各项数字，应根据上期利润表的“本期金额”栏所列各项目数字填列。如果上期利润表规定的各项目的名称和内容与本期不一致，应对上期利润表各项目的名称和数字按本期规定进行调整，填入利润表的“上期金额”栏内。利润表“本期金额”各项目的内容及填列方法说明如下：

（1）营业收入项目，反映企业经营主要业务和其他业务所确认的收入总额。应根据“主营业务收入”和“其他业务收入”账户的发生额之和填列。

（2）营业成本项目，反映企业经营主要业务和其他业务发生的实际成本。应根据“主营业务成本”和“其他业务成本”账户的发生额之和填列。

（3）税金及附加项目，反映企业经营业务应负担的、消费税、城市维护建设税、资源税、土地使用税和教育费附加等。应根据“税金及附加”账户的发生额填列。

（4）销售费用项目，反映企业在销售商品过程中发生的包装费、广告费等费用和为销售本企业商品而专设的销售机构的职工薪酬、业务费等经营费用。该项目应根据“销售费用”账户的发生额分析填列。

（5）管理费用项目，反映企业为组织和管理生产经营活动发生的管理费用。该项目应根据“管理费用”账户的发生额分析填列。

（6）财务费用项目，反映企业筹集生产经营所需资金等而发生的筹资费用。该项目应根据“财务费用”账户的发生额分析填列。

（7）资产减值损失项目，反映企业根据资产减值等准则计提各项资产减值准备所形成的损失。

该项目应根据“资产减值损失”账户的发生额分析填列。

（8）公允价值变动收益项目，反映企业应当计入当期损益的资产或负债公允价值变动收益。该项目应根据“公允价值变动损益”账户的发生额分析填列，如为净损失，以“—”号填列。

（9）投资收益项目，反映企业以各种方式对外投资所取得的收益。该项目应根据“投资收益”账户目的发生额分析填列，如为投资损失，以“—”号填列。

（10）营业利润项目，反映企业实现的营业利润。如为亏损，以“—”号填列。

（11）营业外收入项目，反映企业发生的与经营业务无直接关系的各项收入。该项目应根据“营业外收入”账户的发生额分析填列。

（12）营业外支出项目，反映企业发生的与经营业务无直接关系的各项支出。该项目应根据“营业外支出”账户的发生额分析填列。

（13）利润总额项目，反映企业实现的利润总额。如为亏损，该项目以“—”号填列。

（14）所得税费用项目，反映企业应从当期利润总额中扣除的所得税费用。该项目应根据“所得税费用”账户的发生额分析填列。

（15）净利润项目，反映企业实现的净利润。如为亏损，该项目以“—”号填列。

（16）每股收益项目，包括基本每股收益和稀释每股收益两项指标，反映普通股或潜在普通股已公开交易的企业，以及正处在公开发行普通股或潜在普通股过程中的企业每股收益信息。

（17）其他综合收益的税后净额项目，反映企业根据《企业会计准则》规定未在损益中确认的各项利得和损失扣除所得税影响后的净额。

（18）综合收益总额项目，反映企业净利润与其他综合收益的合计金额。

14.4 现金流量表
——反映企业现金流入和流出的报表

cfo 要求你知道

什么是现金流量表——现金流量表的概念
有哪些现金流量表——现金流量表的分类
如何编制现金流量表——现金流量表的填列方法

关键术语

现金流量表（Cash Flow Statement）
经营活动现金流量（Operating Cash Flow）
投资活动现金流量（Investment Activities Cash Flow）
筹资活动现金流量（Financing Activities of Cash Flow）

14–4

14.4.1　现金流量表的概念

现金流量表，是以现金为基础编制的，反映企业在一定会计期间的现金及现金等价物（简称为现金）的流入和流出信息的会计报表，属于动态报表。

14.4.2　现金流量的分类

现金流量，是指现金和现金等价物的流入和流出，可以分为三类，即经营活动产生的现金流量、投资活动产生的现金流量和筹资活动产生的现金流量。

1. 经营活动产生的现金流量

经营活动，是指企业投资活动和筹资活动以外的所有交易和事项，包括销售商品或提供劳务、购买商品或接受劳务、收到的税费返还、支付职工薪酬、支付的各项税费、支付广告费用等。

2. 投资活动产生的现金流量

投资活动，是指企业长期资产的购建和不包括在现金等价物范围内的投资及其处置活动，包括取得和收回投资、购建和处置固定资产、购买和处置无形资产等。

3. 筹资活动产生的现金流量

筹资活动，是指导致企业资本及债务规模和构成发生变化的活动，包括发行股票或接受投入资本、分派现金股利、取得和偿还银行借款、发行和偿还公司债券等。

14.4.3　现金流量表的填列方法

编制现金流量表时，列报经营活动现金流量的方法有两种：一是直接法，二是间接法。

直接法是指按现金收入和现金支出的主要类别直接反映企业经营活动生的现金流量，如销售商品、提供劳务收到的现金，购买商品、接受劳务支付的现金等就是按现金收入和支出的类别直接反映的。在直接法下，一般以利润表中的营业收入为起算点，调节与经营活动有关的项目的增减变动，然后计算出经营活动产生的现金流量。

在具体编制现金流量表时，企业可根据业务量的大小及复杂程度，采用工作底稿法、T 形账户法，或直接根据有关账户的记录分析填列（分析填列法）。

工作底稿法是以工作底稿为手段，以利润表和资产负债表数据为基础，结合有关账户的记录，对现金流量表的每一项目进行分析并编制调整分录，从而编制出现金流量表的一种方法。在直接法下，整个工作底稿纵向分成三段，第一段是资产负债表项目，其中又分为借方项目和贷方项目两部分；第二段是利润表项目；第三段是现金流量表项目。工作底稿横向分为五栏，在资产负债表部分，第一栏是项目栏，填列资产负债表各项目名称；第二栏是期初数，用来填列资产负债表项目的期初数；第三栏是调整分录的借方；第四栏是调整分录的贷方；第五栏是期末数，用来填列资产负债表项目的期末数。在利润表和现金流量表部分，第一栏也是项目栏，用来填列利润表和现金流量表项目名称；第二栏空置不填；第三栏和第四栏分别是调整分录的借方和贷方；第五栏是本期数，根据这一栏的数字可直接编制正式的现金流量表。

采用工作底稿法编制现金流量表的步骤如下：

第一步，将资产负债表的期初数和期末数过入工作底稿的期初数栏和期末数栏。

第二步，对当期业务进行分析并编制调整分录。调整分录大体包含这样几类：第一类涉及利润表中的收入、成本和费用项目及资产负债表中的资产、负债及所有者权益项目，通过调整，将权责发生制下的收入、费用转换为现金基础；第二类是涉及资产负债表和现金流量表中的投资、筹资项目，反映投资和筹资活动的现金流量；第三类是涉及利润表和现金流量表中的投资和筹资项目，目的是将利润表中有关投资和筹资方面的收入和费用列入现金流量表投资、筹资现金流量中去。此外，还有一些调整分录并不涉及现金收支，只是为了核对资产负债表项目的期末、期初变动数。

在调整分录中，有关现金和现金等价物的事项，并不直接借记或贷记现金，而是分别记入“经活动产生的现金流量”“投资活动产生的现金流量”“筹资活动产生的现金流量”有关项目，借记表明现金流入，贷记表明现金流出。

第三步，将调整分录过入工作底稿中的相应部分。

第四步，核对调整分录，借贷合计应当相等，资产负债表项目期初数加减调整分录中的借贷金额以后，应当等于期末数。

第五步，根据工作底稿中的现金流量表项目部分编制正式的现金流量表。

T 形账户法，就是以 T 形账户为手段，以利润表和资产负债表数据为基础，结合有关账户的记录，对现金流量表的每一项目进行分析并编制调整分录，从而编制出现金流量表的一种方法。

采用 T 形账户法编制现金流量表的程序如下：

第一步，为所有的非现金项目（包括资产负债表项目和利润表项目）分别开设 T 形账户，并将各自的期末、期初变动数过入各该账户。

第二步，开设一个大的“现金及现金等价物”T 形账户，每边分为经营活动、投资活动和筹资活动三个部分，左边记现金流入，右边记现金流出。与其他账户一样，过入期末、期初变动数。

第三步，以利润表项目为基础，结合资产负债表分析每一个非现金项目的增减变动，并据此编制调整分录。

第四步，将调整分录过入各T形账户，并进行核对。该账户借贷相抵后的余额与原先过入的期末、期初变动数应当一致。

第五步，根据大的“现金及现金等价物”T形账户编制正式的现金流量表。

分析填列法是直接根据资产负债表、利润表和有关明细账户的记录，分析计算出现金流量表各项目的金额，并据以编制现金流量表的一种方法。

间接法是指以净利润为起算点，调整不涉及现金的收入、费用、营业外收支等有关项目，剔除投资活动、筹资活动对现金流量的影响，据此计算出经营活动产生的现金流量。由于净利润是按照权责发生制原则确定的，并且包括了与投资活动和筹资活动相关的收益和费用，将净利润调节为经营活动现金流量，实际上就是将按权责发生制原则确定的净利润调整为现金净流入，并剔除了投资活动和筹资活动对现金流量的影响。

采用直接法编制的现金流量表，便于分析企业经营活动产生的现金流量的来源和用途，预测企业现金流量的未来前景。而采用间接法不易做到这一点。

提示

我国企业会计准则规定企业应当采用直接法编报现金流量表。

直接法编制现金流量的过程如下：

1. 经营活动产生的现金流量

1）“销售商品、提供劳务收到的现金”项目

“销售商品、提供劳务收到的现金”项目，反映企业销售商品、提供劳务实际收到的现金（含销售收入和应向购买者收取的增值税额）。主要包括本期销售商品和提供劳务本期收到的现金、前期销售商品和提供劳务本期收到的现金、本期预收的商品款和劳务款等，本期发生销货退回而支付的现金应从销售商品或提供劳务收入款项中扣除。该项目可以根据“库存现金”“银行存款”“应收账款”“应收票据”“预收账款”“主营业务收入”“其他业务收入”等账户的记录分析填列。

销售商品、提供劳务收到的现金 = 当期销售商品和提供劳务收到的现金 + 当期收回前期的应收账款和应收票据 + 当期预收的款项 − 当期销售退回支付的现金 + 当期收回前期核销的坏账损失

销售商品、提供劳务收到的现金 = 销售商品、提供劳务产生的“收入和增值税销项税额” + 应收账款本期减少额（期初余额 − 期末余额）+ 应收票据本期减少额（期初余额 − 期末余额）+ 预收款项本期增加额（期末余额 − 期初余额）± 特殊调整业务

2）“收到的税费返还”项目

该项目反映企业收到返还的各种税费，包括收到返还的增值税、消费税、关税、所得税、教育费附加等。该项目可以根据“库存现金”“银行存款”“营业外收入”“其他应收款”等账户的记录分析填列。

3）“收到的其他与经营活动有关的现金”项目

该项目反映企业除上述各项目以外所收到的其他与经营活动有关的现金，如罚款收入、经营租赁收到的现金、流动资产损失中由个人赔偿的现金等。若某项流入金额较大，应单独列示。该项目可以根据“库存现金”“银行存款”“营业外收入”等账户的记录分析填列。

4）“购买商品、接受劳务支付的现金”项目

该项目反映企业购买商品、接受劳务支付的现金（包括支付的增值税进项税额）。主要包括本期购买商品接受劳务本期支付的现金、本期支付前期购买商品、接受劳务的未付款项和本期预付款项。本期发生购货退回而收到的现金应从购买商品或接受劳务支付的款项中扣除。该项目可以根据“库存现金”“银行存款”“应付账款”“应付票据”“主营业务成本”“其他业务成本”等账户的记录分析填列。

购买商品和接受劳务支付的现金＝购买商品和接受劳务产生的“销售成本和增值税进项税额”＋应付账款本期减少额（期初余额－期末余额）＋应付票据本期减少额（期初余额－期末余额）＋预付款项本期增加额（期末余额－期初余额）＋存货本期增加额（期末余额－期初余额）±特殊调整业务

5）“支付给职工及为职工支付的现金”项目

该项目反映企业实际支付给职工，以及为职工支付的现金，包括本期实际支付给职工的工资、奖金、各种津贴和补贴，以及为职工支付的其他费用。代扣代缴的职工个人所得税，也在该项目反映。不包括支付给离退休人员的各项费用及支付给在建工程人员的工资及其他费用。企业支付给离退休人员的各项费用，包括支付的统筹退休金及未参加统筹的退休人员的费用，在“支付的其他与经营活动有关的现金”项目中反映；支付给在建工程人员等的工资，在“构建固定资产、无形资产和其他长期资产所支付的现金”项目中反映。该项目可以根据“应付职工薪酬”“库存现金”和“银行存款”等账户的记录分析填列。

6）“支付的各项税费”项目

该项目反映企业按规定支付的各种税费，包括本期发生并支付的税费，以及本期支付以前各期发生的税费和本期预交的税费，包括所得税、增值税、消费税、印花税、房产税、土地增值税、车船税、教育费附加等，但不包括计入固定资产价值的实际支付的耕地占用税，也不包括本期退回的增值税、所得税。本期退回的增值税、所得税在“收到的税费返还”项目中反映。该项目可以根据“应交税费”“库存现金”“银行存款”等账户的记录分析填列。

7）“支付的其他与经营活动有关的现金”项目

该项目反映企业除上述各项目外所支付的其他与经营活动有关的现金，如经营租赁支付的租

金、支付的罚款、差旅费、业务招待费、保险费等。若其他与经营活动有关的现金流出金额较大，应单列项目反映。该项目可以根据“管理费用”“库存现金”“银行存款”和“营业外支出”等账户的记录分析填列。

2. 投资活动产生的现金流量

1）“收回投资收到的现金”项目

该项目反映企业出售、转让或到期收回除现金等价物以外的对其他企业的权益工具、债务工具和合营中的权益等投资收到的现金。收回债务工具实现的投资收益、处置子公司及其他营业单位收到的现金净额不包括在该项目内。该项目可以根据“其他债权投资”“其他权益工具投资”“债权投资”“长期股权投资”“库存现金”“银行存款”等账户的记录分析填列。

2）“取得投资收益所收到的现金”项目

该项目反映企业除现金等价物以外的对其他企业的权益工具、债务工具和合营中的权益投资分回的现金股利和利息等，不包括股票股利。该项目可以根据“库存现金”“银行存款”“投资收益”等账户的记录分析填列。

3）“处置固定资产、无形资产和其他长期资产而收到的现金净额”项目

该项目反映企业出售、报废固定资产、无形资产和其他资产收到的现金（包括因资产毁损收到的保险赔偿款），减去为处置这些资产而支付的有关费用后的净额。如所收回的现金净额为负数，则在“支付的其他与投资活动有关的现金”项目反映。该项目可以根据“固定资产清理”“库存现金”“银行存款”等账户的记录分析填列。

4）“处置子公司及其他营业单位收到的现金净额”项目

该项目反映企业处置子公司及其他营业单位所取得的现金，减去相关处置费用和子公司及其他营业单位持有的现金和现金等价物后的净额。该项目可以根据“长期股权投资”“银行存款”“库存现金”等账户的记录分析填列。

5）“收到的其他与投资活动有关的现金”项目

该项目反映除上述各项目以外，收到的其他与投资活动有关的现金流入。若其他与投资活动有关的现金流入金额较大，应单列项目反映，如收回购买股票和债券时支付的已宣告但尚未领取的现金股利或已到付息期但尚未领取的债券利息。该项目可以根据“应收股利”“应收利息”“银行存款”“库存现金”等账户的记录分析填列。

6）“购建固定资产、无形资产和其他长期资产支付的现金”项目

该项目反映企业购买及建造固定资产、取得无形资产和其他长期资产实际支付的现金，以及用现金支付的在建工程和无形资产负担的职工薪酬，不包括为构建固定资产而发生的借款利息资本化的部分，以及融资租入固定资产支付的租赁费。企业支付的借款利息和融资租入固定资产支付的租赁费，在筹资活动产生的现金流量中反映。该项目可以根据“固定资产”“在建工程”“无形资产”“库存现金”“银行存款”等账户的记录分析填列。

7）“投资支付的现金”项目

该项目反映企业取得除现金等价物以外的对其他企业的权益工具、债务工具和合营中的权益投资所支付的现金，以及支付的佣金、手续费等交易费用，但取得子公司及其他营业单位支付的现金净额除外。该项目可以根据“其他债权投资”“其他权益工具投资”“债权投资”“长期股权投资”“库存现金”“银行存款”等账户的记录分析填列。

8）“取得子公司及其他营业单位支付的现金净额”项目

该项目反映企业购买子公司及其他营业单位购买出价中以现金支付的部分，减去子公司及其他营业单位持有的现金和现金等价物后的净额。该项目可以根据“长期股权投资”“库存现金”“银行存款”等账户的记录分析填列。

9）“支付的其他与投资活动有关的现金”项目

该项目反映企业除上述个项目以外，支付的其他与投资活动有关的现金流出，如企业购买股票时实际支付的价款中包含的已宣告而尚未领取的现金股利，购买债券时支付的价款中包含的已到期尚未领取的债券利息等。若某项与投资活动有关的现金流出金额较大，应单列项目反映。该项目可以根据“应收股利”“应收利息”“银行存款”“库存现金”等账户的记录分析填列。

3. 筹资活动产生的现金流量

1）“吸收投资收到的现金”项目

该项目反映企业以发行股票、债券等方式筹集资金实际收到款项，减去直接支付的佣金、手续费、宣传费、咨询费、印刷费等发行费用后的净额。该项目可以根据“实收资本（或股本）”“库存现金”“银行存款”等账户的记录分析填列。

2）“取得借款收到的现金”项目

该项目反映企业举措各种短期、长期借款所收到的现金。该项目可以根据“短期借款”“长期借款”“库存现金”“银行存款”等账户的记录分析填列。

3）“收到的其他与筹资活动有关的现金”项目

该项目反映企业除上述各项目外，收到的其他与筹资活动有关的现金流入，如接受现金捐赠等。若某项其他与筹资活动有关的现金流入金额较大，应单列项目反映。该项目可以根据“银行存款”“库存现金”“营业外收入”等账户的记录分析填列。

4）“偿还债务支付的现金”项目

该项目反映企业偿还债务本金所支付的现金，包括偿还金融企业的借款本金、偿还债券本金等。企业支付的借款利息、债券利息，在“分配股利、利润或偿付利息所支付的现金”项目反映，不包括在该项目内。该项目可以根据“短期借款”“长期借款”“应付债券”“库存现金”“银行存款”等账户的记录分析填列。

5）“分配股利、利润和偿付利息支付的现金”项目

该项目反映企业实际支付的现金股利、支付给其他投资单位的利润或用现金支付的借款利息、债券利息等。该项目可以根据“应付股利”“应付利息”“财务费用”“库存现金”“银行存款”等账户的记录分析填列。

4. 汇率变动对现金的影响

该项目反映企业外币现金流量及境外子公司的现金流量折算为人民币时，所采用的现金流量发生日的即期汇率后按照系统合理的方法确定的、与现金流量发生日即期汇率近似汇率折算的人民币金额与“现金及现金等价物净增加额”中的外币现金净增加额按期末汇率折算的人民币金额之间的差额。

编制现金流量表时，可逐笔计算外币业务发生的汇率变动对现金的影响，也可不必逐笔计算而采用简化的计算方法，即通过现金流量表补充资料中的“现金及现金等价物净增加额”与现金流量表中“经营活动产生的现金流量净额”“投资活动产生的现金流量净额”“筹资活动产生的现金流量净额”三项之和进行比较，其差额即“汇率变动对现金影响”项目的金额。

5. 现金流量表补充资料

净利润 + 使净利润减少的项目（不影响经营活动现金流量）- 使净利润增加的项目（不影响经营活动现金流量）+ 使经营活动现金流量增加的项目（不影响净利润）- 使经营活动现金流量减少的项目（不影响净利润）= 经营活动现金流量净额

1）将净利润调节为经营活动现金流量

采用间接法列报经营活动产生的现金流量时，需要对四大类项目进行调整：一是实际没有支付现金的费用，二是实际没有收到现金的收益，三是不属于经营活动的损益，四是经营性应收应付项目的增减变动。

（1）“资产减值准备”项目，根据“资产减值损失”账户的记录分析填列。

（2）“固定资产折旧、油气资产折耗、生产性生物资产折旧”项目，根据“累计折旧”账户的贷方发生分析填列。

（3）“无形资产摊销”和“长期待摊费用摊销”项目，可以根据“累计摊销”和“长期待摊费用”账户的贷方发生额分析填列。

（4）“处置固定资产、无形资产和其他长期资产的损失”项目，根据“资产处置损益”账户的记录分析填列。

（5）“固定资产报废损失”项目，根据“营业外收入”和“营业外支出”等账户所属有关明细账户的记录分析填列。

（6）“公允价值变动损失”项目，根据“公允价值变动损益”账户的发生额分析填列。如为持有损失，在将净利润调节为经营活动现金流量时，应当加回；如为持有利得，在将净利润调节为经营活动现金流量时，应当扣除。

（7）“财务费用”项目，根据“财务费用”账户的借方发生额分析填列；如为收益，以“—”

号填列。

（8）“投资损失（减：收益）”项目，根据利润表中“投资收益”项目的数字填列；如为投资收益，以“—”号填列。

（9）“递延所得税资产减少（减：增加）”项目，根据资产负债表“递延所得税资产”项目期初、期末余额分析填列。

（10）“递延所得税负债增加（减：减少）”项目，根据资产负债表“递延所得税负债”项目期初、期末余额分析填列。

（11）“存货的减少（减：增加）”项目，根据资产负债表中“存货”项目的期初数、期末数之间的差额填列；期末数大于期初数的差额，以“—”号填列。如果存货的增减变化过程属于投资活动，如在建工程领用存货，应当将这一因素剔除。

（12）“经营性应收项目的减少（减：增加）”项目，根据有关账户的期初、期末余额分析填列；如为增加，以“—”号填列。

（13）“经营性应付项目的增加（减：减少）”项目，应当根据有关账户的期初、期末余额分析填列；如为增加，以“—”号填列。

（14）“不涉及现金收支的重大投资和筹资活动的披露”项目，反映企业一定期间内影响资产或负债但不形成该期现金收支的所有投资和筹资活动的信息。

2）不涉及现金收支的重大投资和筹资活动

该项目反映企业一定期间内影响资产或负债但不形成该期现金收支的所有投资和筹资活动的信息。

企业应当在补充资料中披露不涉及当期现金收支，但影响企业财务状况或在未来可能影响企业现金流量的重大投资或筹资活动，主要包括债务转为资本（反映企业转为本期资本的债务金额）；一年内到期的可转换公司债券（反映企业一年内到期的可转换公司债券的本息）；融资租入固定资产（反映企业本期融资租入的固定资产）。

3）现金及现金等价物净变动情况

该项目反映企业在一定会计期间现金及现金等价物的期末余额减去期初余额后的净增加额或净减少额，是对现金流量表中“现金及现金等价物净增加额”项目的补充说明。该项目的金额应与现金流量表“现金及现金等价物净增加额”项目的金额核对相符。

14.5 所有者权益变动表
——反映企业所有者权益变动的报表

cfo 要求你知道

什么是所有者权益变动表——所有者权益变动表的概念

所有者权益变动表项目如何列表——所有者权益变动表项目的列报方法

所有者权益变动表主要项目如何填列——所有者权益变动表主要项目说明

如何编制所有者权益变动表——所有者权益变动表的编制

关键术语

所有者权益变动表（Statement of Change in Owners’Equity）

14.5.1 所有者权益变动表的概念

所有者权益变动表是指反映构成所有者权益各组成部分当期增减变动情况的报表。所有者权益变动表应当全面反映一定时期所有者权益变动的情况，不仅包括所有者权益总量的增减变动，还包括所有者权益增减变动的重要结构性信息，让报表使用者准确理解所有者权益增减变动的根源。

14.5.2 所有者权益变动表项目的列报方法

所有者权益变动表各项目均需填列“本年金额”和“上年金额”两栏。

所有者权益表变动表“上年金额”栏内各项数字，应根据上年度所有者权益变动表“本年金额”内所列数字填列。上年度所有者权益变动表规定的各个项目的名称和内容同本年度不一致的，应对上年度所有者权益变动表各项目的名称和数字按照本年度的规定进行调整，填入所有者权益变动表的“上年金额”栏内。

所有者权益变动表“本年金额”栏内各项数字一般应根据“实收资本（或股本）”“资本公积”“其他综合收益”“盈余公积”“利润分配”“库存股”“以前年度损益调整”账户的发生额分析填列。

企业的净利润及其分配情况作为所有者权益变动的组成部分，不需要单独编制利润分配表列示。

14.5.3 所有者权益变动表主要项目说明

1.“上年年末余额”项目

该项目反映企业上年资产负债表中实收资本（或股本）、资本公积、库存股、其他综合收益、盈余公积、未分配利润的年末余额。

2.“会计政策变更”项目和“前期差错更正”项目

这两个项目分别反映企业采用追溯调整法处理的会计政策变更的累计影响金额和采用追溯重述法处理的会计差错更正的累积影响金额。这两个项目根据“盈余公积”“利润分配”“以前年度损益调整”等账户分析填列。

3.“本年增减变动金额”项目

（1）“综合收益总额”项目，反映企业当年实现的净利润（或净亏损）和其他综合收益扣除所得税影响后的净额相加后的合计金额，根据当年利润表填列，并对应列在“其他综合收益”栏和“未分配利润”栏。

（2）“所有者投入和减少资本”项目，反映企业当年所有者投入的资本和减少的资本。

“所有者投入资本”项目，反映企业接受投资者投入形成的实收资本（或股本）和资本溢价（或股本溢价），并对应列在“实收资本”栏和“资本公积”栏。

“股份支付计入所有者权益的金额”项目，反映企业处于等待期中的权益结算的股份支付当年计入资本公积的金额，并对应列在“资本公积”栏。

（3）“利润分配”项目，反映企业当年的利润分配金额。

“提取盈余公积”项目，反映企业当年按照规定提取的盈余公积金额，并对应列在“未分配利润”栏和“盈余公积”栏。

“对所有者（或股东）的分配”项目，反映企业对所有者（或股东）分配的利润（或股利）

金额，并对应列在“未分配利润”栏。

（4）“所有者权益内部结转”项目，反映企业构成所有者权益各组成部分之间的增减变动情况。

“资本公积转增资本（或股本）”项目，反映企业以资本公积转增资本或股本的金额，并对应列在“资本公积”栏和“实收资本”栏。

“盈余公积转增资本（或股本）”项目，反映企业以盈余公积转增资本或股本的金额，并对应列在“盈余公积”栏和“实收资本”栏。

“盈余公积弥补亏损”项目，反映企业以盈余公积弥补亏损的金额，并对应列在“盈余公积”栏和“未分配利润”栏。

4. “本年年末余额”项目

该项目反映企业本年资产负债表中实收资本（或股本）、资本公积、库存股、其他综合收益、盈余公积、未分配利润的年末余额。